GORESGYN DICTER A THYMER FLIN

Canllaw Hunangymorth sy'n defnyddio Technegau Ymddygiad Gwybyddol (CBT)

WILLIAM DAVIES

Cyhoeddwyd gyntaf yng Nghymru yn 2020
© Hawlfraint William Davies, 2016
Addasiad: Testun Cyf.

Nodyn Pwysig
Ni fwriedir i'r llyfr hwn gymryd lle cyngor neu driniaeth feddygol.
Dylai unrhyw un sydd â chyflwr sy'n gofyn am sylw meddygol ymgynghori
ag ymarferydd meddygol cymwys neu therapydd addas.

Dymuna'r cyhoeddwyr gydnabod cymorth ariannol Cyngor Llyfrau Cymru

Rhif Llyfr Rhyngwladol: 978-1-78461-923-7

Cyhoeddwyd gyntaf ym Mhrydain yn 2000 (argraffiad diwygiedig, 2016)
gan Robinson
Argraffnod o Little, Brown Book Group
Carmelite House
50 Victoria Embankment
Llundain EC4Y 0DZ

Un o gwmnïau Hachette UK
www.hachette.co.uk   www.littlebrown.co.uk

Cyhoeddwyd ac argraffwyd yng Nghymru
ar bapur o goedwigoedd cynaliadwy gan
Y Lolfa Cyf., Talybont, Ceredigion SY24 5HE
e-bost ylolfa@ylolfa.com
gwefan www.ylolfa.com
ffôn 01970 832 304
ffacs 01970 832 782

Graddiodd **Dr William Davies** mewn seicoleg o Goleg Prifysgol Llundain
Mhrify: gynghorol
a pher Seicolegol, un
o brif y yrnas Unedig ar gyfer gweithwyr proffesiynol ym maes Iechyd Meddwl. Cyn hynny roedd Dr Davies yn Bennaeth Seicoleg yn Ysbyty St Andrew's, Northampton – adnodd cenedlaethol ar gyfer cleifion sydd angen gofal arbenigol. Mae Dr Davies wedi ysgrifennu a chynnal nifer o gyrsiau a gweithdai, yn fwyaf nodedig Cwrs The RAID® ar weithio gydag ymddygiad eithafol, a 'Preventing Face-to-Face Violence', gydag ymhell dros 10,000 o weithwyr proffesiynol wedi mynychu pob un o'r ddau gwrs.

WITHDRAWN

Nod y gyfres **Goresgyn (Overcoming)** yw galluogi pobl sydd ag amrywiaeth o broblemau ac anhwylderau cyffredin i gymryd rheolaeth dros eu rhaglen adferiad eu hunain.

Mae pob teitl, sy'n cynnwys rhaglen wedi'i theilwra'n arbennig, wedi ei lunio gan glinigydd gweithredol gan ddefnyddio technegau diweddaraf therapi ymddygiad gwybyddol (CBT: *cognitive behavioural therapy*) – technegau sydd wedi profi'n hynod effeithiol wrth newid y ffordd y mae cleifion yn meddwl amdanynt eu hunain ac am eu problemau.

Mae llawer o'r llyfrau yn y gyfres Goresgyn yn cael eu hargymell gan Adran Iechyd y Deyrnas Unedig dan y cynllun Llyfrau ar Bresgripsiwn.

Mae'r teitlau yn y gyfres yn cynnwys:

GORESGYN DIFFYG HUNAN-WERTH
GORESGYN GORBRYDER
OVERCOMING ANOREXIA NERVOSA
OVERCOMING BODY IMAGE PROBLEMS INCLUDING BODY DYSMORPHIC DISORDER
OVERCOMING BULIMIA NERVOSA AND BINGEEATING, 2ND EDITION
OVERCOMING CHILDHOOD TRAUMA
OVERCOMING CHRONIC FATIGUE
OVERCOMING CHRONIC PAIN
OVERCOMING COMPULSIVE GAMBLING
OVERCOMING DEPERSONALIZATION AND FEELINGS OF UNREALITY
OVERCOMING DEPRESSION, 3RD EDITION
OVERCOMING DISTRESSING VOICES
OVERCOMING GRIEF
OVERCOMING HEALTH ANXIETY
OVERCOMING HOARDING
OVERCOMING INSOMNIA AND SLEEP PROBLEMS
OVERCOMING MILD TRAUMATIC BRAIN INJURY AND POSTCONCUSSION SYMPTOMS
OVERCOMING MOOD SWINGS
OVERCOMING OBSESSIVE COMPULSIVE DISORDER
OVERCOMING PANIC AND AGORAPHOBIA
OVERCOMING PARANOID AND SUSPICIOUS THOUGHTS, 2ND EDITION
OVERCOMING PERFECTIONISM
OVERCOMING PROBLEM DRINKING
OVERCOMING RELATIONSHIP PROBLEMS
OVERCOMING SEXUAL PROBLEMS
OVERCOMING SOCIAL ANXIETY AND SHYNESS, 2ND EDITION
OVERCOMING TRAUMATIC STRESS
OVERCOMING WEIGHT PROBLEMS
OVERCOMING WORRY AND GENERALISED ANXIETY DISORDER, 2ND EDITION
OVERCOMING YOUR CHILD'S FEARS AND WORRIES
OVERCOMING YOUR CHILD'S SHYNESS AND SOCIAL ANXIETY
OVERCOMING YOUR SMOKING HABIT

Cynnwys

RHAN TRI
Rhoi Pethau ar Waith

Diolchiadau

Mwy o deyrnged na diolch. I ddechrau i'r enwau mawr yn y therapïau y mae'r llyfr hwn yn seiliedig arnyn nhw: yn enwedig B.F. Skinner, A.T. Beck, Albert Ellis, Christine Padesky, a Marsha Linehan. Ac i enw mawr arall, Neil Frude. Fe wnes i gydysgrifennu 'Preventing Face-to-Face Violence' gyda Neil a byddaf yn ddyledus iddo am byth am ei haelioni wrth i ni weithio ar y cyd. Fe sy'n gyfrifol am gysyniad 'cythruddion, costau, camweddau', am ran helaeth o gonglfaen y model rwy'n ei arddel yn y llyfr hwn, ac yn sicr am lawer mwy. Nid hynny'n unig, ond wedyn aeth ymlaen i sefydlu'r cysyniad o therapi llyfrau (*bibliotherapy*) ac i hyrwyddo cynllun Llyfrau ar Bresgripsiwn y Deyrnas Unedig, ac mae'n bleser gen i ddweud fod y llyfr hwn wedi cael ei dderbyn ar y cynllun. Hefyd i enw mawr arall ym maes dicter, Raymond Novaco, am ei sylwadau defnyddiol a diddorol ar yr argraffiad cyntaf. Ac i'm cleifion sydd wedi rhoi cymaint o ddeunydd yr astudiaethau achos dwi'n ei ddefnyddio, ynghyd â'u cyfraniadau bwriadol ddiddan yn aml wrth weithio ar eu problemau – mae'n ymddangos fod gan bobl sydd â'r math yma o broblemau hefyd synnwyr digrifwch eithriadol. Ac yn bennaf oll i 'ngwraig Philippa, sy'n cyfrannu at beth wmbreth o'r hanesion, druan ('Ai fi sy'n flin neu ti sy'n fy mlino i?') ac sy'n gwneud hynny yn ymddangosiadol hapus a di-hid. Hefyd am iddi ddarllen y llyfr ac am y sylwadau amhrisiadwy a wnaeth arno. Yn olaf i Andrew McAleer yn Robinson, yn gyntaf am sbarduno'r ail argraffiad hwn a hefyd am oddef y 'terfynau amser' symudol, a hynny yn bendant heb ddicter a heb dymer flin hyd y gwelaf i. Dwi'n ddiolchgar i bob un ohonoch chi.

RHAN UN

DEALL BETH SY'N DIGWYDD

1

Beth yw dicter a thymer flin?

Mae dicter a thymer flin yn perthyn gyda'i gilydd am eu bod yn bwydo oddi ar ei gilydd. Ond maen nhw hefyd yn bodoli'n annibynnol, ac yn cysylltu â syniadau eraill, felly dwi'n credu ei bod yn ddefnyddiol i ni gnoi cil ar beth ydyn nhw; mae'n ein helpu i fynd i'r afael â rhywbeth os ydyn ni'n gwybod yn union ar beth rydyn ni'n edrych. Felly gadewch i ni edrych ar yr un symlaf gyntaf, a hwnnw yw ... dicter.

Mae dicter yn arbennig o ddiddorol oherwydd yn aml fe honnir ei fod yn unigryw ymhlith yr emosiynau 'negyddol' gan fod ganddo ochr gadarnhaol amlwg hefyd i rai. Y rheswm am hyn yw ein bod yn teimlo, pan fyddwn yn ddig iawn:

1. yn fyw iawn
2. yn llawn egni
3. yn hollol iawn!

Yr hyn sy'n ei wneud yn emosiwn mor beryglus yw ei fod yn amharu'n ddifrifol ar ein barn; felly, er ein bod efallai'n gwbl argyhoeddedig yng 'ngwres y foment' mai ni sy'n iawn, gwelwn yn ddiweddarach ein bod yn gwbl anghywir.

Ar ben hynny, dydy pobl ddim yn hoffi gweld pobl eraill yn ddig; mae'n gwneud iddyn nhw deimlo'n anesmwyth ac efallai'n ofnus. Yn sicr, dydy e ddim yn arwain at ymwneud hamddenol, cadarnhaol rhwng pobl!

I roi enghraifft i chi o'r ffordd y gall pobl deimlo eu bod yn iawn, dwi wedi gweithio gyda rhai dynion mewn carchar sydd wedi llofruddio'u gwragedd. Ac, yn aml, ar yr adeg y gwnaethon nhw hynny, dyna roedden nhw am ei wneud, roedden nhw'n argyhoeddedig eu bod yn iawn. Yn ddiweddarach, dydyn nhw ddim yn gallu credu beth maen nhw wedi'i wneud na sut gallen nhw fod wedi meddwl ei fod yn beth iawn i'w wneud ac, ar ben hynny, maen nhw'n awr yn wynebu cyfnod hir dan glo, gan golli'r union un a fyddai wedi dod â rhywfaint o gysur iddyn nhw.

Efallai eich bod yn teimlo bod y dynion hyn yn hollol wahanol i chi a fi, ond yn anffodus dydy hynny ddim yn wir; cyn y digwyddiad dan sylw roedd llawer ohonyn nhw'n bobl ddigon di-nod, yn union fel unrhyw un arall. Yn aml, mae rhywun yn clywed ffrindiau a chymdogion yn dweud, 'Fedra i ddim credu y byddai'n gwneud hynny'.

Felly, o'i gymryd i eithafion, dyna beth mae dicter yn gallu ei wneud, ac fel arfer mae'n gallu arwain at ganlyniadau sy'n bell iawn o'r hyn fydden ni'n ei ddymuno neu hyd yn oed yr hyn roedden ni'n ei fwriadu. Ystyriwch yr hanes isod:

Roedd hi'n nos Fercher ac aeth pedwar ohonon ni i lawr i'r dre am bryd o fwyd mewn bwyty Indiaidd; fi, fy ngwraig a'r ddau blentyn. Fe barcion ni'r car mewn stryd gefn; mae'n rhaid ei bod hi tua wyth o'r gloch y nos, a dyma gerdded i'r bwyty a chael pryd da iawn. Dyna'r

tro cyntaf i ni fod yno; roedden ni i gyd mewn hwyliau
da, wedi cael hwyl a chwerthin am ben popeth, hyd yn
oed ar ba mor drwchus a newydd oedd y carpedi, a
chael amser arbennig o dda. Tua hanner awr wedi naw
i ddeg o'r gloch, roedden ni newydd droi cornel y stryd
lle roedden ni wedi parcio'r car pan glywson ni sŵn
gwrthdrawiad ofnadwy a sŵn gwydr yn torri. Ond
doedd e ddim wir yn swnio fel gwydr, roedd yn gryfach,
yn uwch na hynny. Edrychon ni i lawr y stryd, ac roedd
rhyw foi a'i ben yn sownd drwy ffenest ein car ar ochr
y teithiwr, a boi arall yn sefyll wrth ei ochr. Doeddwn i
ddim yn deall beth oedd yn digwydd am eiliad; yna fe
sylweddolais mai'r sŵn roedden ni wedi'i glywed oedd
gwydr y ffenest yn torri, ac roedd y ddau yma wrthi'n
dwyn y radio o 'nghar. Roeddwn i'n teimlo'r cymysgedd
o deimladau sy'n mynd drwy eich corff pan fydd
pethau fel hyn yn digwydd; fe waeddais i, ond ddim yn
uchel iawn, a dechrau rhedeg ar ôl y ddau. Fe welodd
un boi fi ar ôl cwpwl o eiliadau a rhedodd i ffwrdd ar
unwaith. Roedd y boi arall yn dal â'i ben drwy'r ffenest,
yn gwneud ei orau i dynnu'r radio allan o'r car. Roedd
ei ben e'n dal drwy'r ffenest pan gyrhaeddais i yno, a
dyma fi'n cael gafael arno a'i dynnu allan – doedd dim
ots gen i a oedd ei ben e'n dal ar y darnau o wydr wedi
torri ai peidio – a dyma fi'n ei dynnu i'r llawr, yn gwbl
ddiofal. Erbyn hyn roedd fy ngwraig wedi cyrraedd
ac yn dweud wrtha i am bwyllo, ac roedd un o'r plant
eisoes wedi cael ei ffôn symudol allan i ffonio'r heddlu.
Doedd y bachgen roeddwn i wedi ei dynnu allan o'r car
ddim hŷn nag un ar bymtheg oed, ond roeddwn i wedi

ei gael ar y llawr a gallwn fod wedi ei dagu'n ddigon rhwydd. Beth ddaeth drostyn nhw, yn credu y gallen nhw fynd at eiddo rhywun arall a'i gymryd? Beth bynnag, fe eisteddais arno, yn ei fygwth ac yn dweud wrtho beth roeddwn i'n ei feddwl ohono nes i'r heddlu gyrraedd. Mae'n rhaid bod hanner dwsin o bobl wedi mynd heibio inni yn ystod hyn i gyd, ond doedd dim ots gen i am hynny. Pan gyrhaeddodd yr heddlu, o leiaf roedd hi'n ymddangos eu bod nhw'n cymryd fy ochr i; fe gymeron nhw'r manylion i gyd cyn mynd â'r bachgen i ffwrdd yn eu car.

Mae enghreifftiau fel hyn yn rhoi syniad i ni o beth sy'n digwydd yn yr ymennydd pan fyddwn ni'n mynd yn ddig. Credir mai'r amygdala (rhan fach o'r ymennydd, yr un maint a'r un siâp â chneuen almon) sy'n gyfrifol am lawer o'n hemosiynau, gan gynnwys dicter. Yn wir, pan fyddwn ni'n mynd yn ddig iawn, cyfeirir at hyn weithiau fel herwgipiad gan yr amygdala ac mae'n ffordd bwerus a chywir o feddwl amdano. I bob pwrpas, mae'r rhan fach hon o'r ymennydd (ynghyd â'i chymdogion agos) yn herwgipio gweddill yr ymennydd ac yn gorfodi ei ewyllys arno. Mae hyn yn arbennig o ddiddorol oherwydd bod yr amygdala yn perthyn i'r hyn y cyfeirir ato weithiau fel ein 'hymennydd cyntefig' yn yr ystyr ei fod yn hen yn esblygiadol; mae'n rhan o'r ymennydd sydd gan bob mamolyn. Felly, i bob pwrpas, yr hyn sy'n digwydd yw bod rhan gyntefig o'n hymennydd yn herwgipio'r gweddill – y cortecs cerebrol, y rhan o'r ymennydd sydd gennym ni yn unig. Felly, mae'n herwgipio'r rhan weithredol a rhesymol o'n hymennydd, y rhan sy'n meddwl ac yn cynllunio.

Mae hyn yn cael ei amlygu pan fyddwch chi'n clywed pobl yn dweud yn aml ar ôl iddyn nhw golli eu tymer, 'Dydw i ddim yn gwybod beth oedd yn fy meddwl i', a'r rheswm am hyn yw nad oedden nhw'n meddwl o gwbl: roedd y rhan o'r ymennydd sy'n meddwl wedi cael ei herwgipio gan yr ymennydd cyntefig. Mae ymadroddion eraill am ddicter yn dangos dirnadaeth ddigon tebyg. Er enghraifft, efallai y clywch chi'r sylw 'fe ffrwydrodd gyda chynddaredd', ac mae'r trosiad o ffrwydro'n un da oherwydd bod yr hyn sy'n digwydd yn yr ymennydd yn debyg iawn i hynny: mae'r amygdala a'r ymennydd cyntefig yn gyffredinol yn cynnal herwgipiad milain – drwy danio niwronau'n ffyrnig – o weddill yr ymennydd cyn iddo gael amser i ymateb. (Mae'r ymennydd cyntefig bob amser yn adweithio'n gyflymach o lawer na'r cortecs cerebrol, a dyna pam, ar ôl clywed sŵn uchel, y byddwch o bosib yn neidio mor gyflym fel eich bod bron yn symud ar yr un eiliad ag y mae'r sŵn yn digwydd. Mae hyn yn cael ei bweru gan yr ymennydd cyntefig, felly does dim meddwl y tu cefn iddo, ac efallai eich bod mewn gwirionedd yn neidio *i gyfeiriad* y taflegryn dychmygol rydych chi'n ceisio ei osgoi. Felly dydy hyn ddim yn ddefnyddiol, ond mae'n enghraifft dda o sut mae'r ymennydd cyntefig yn adweithio gymaint yn gyflymach na'r ymennydd sy'n meddwl. Mae'r ffenomen hon yn cael ei rhoi ar waith er budd i ni pan fyddwn yn dysgu pobl sydd dan fygythiad gan berson dig-ymosodol i 'chwarae am amser', oherwydd mwya'n y byd o amser sy'n mynd heibio, mwya'n y byd y caiff yr ymennydd sy'n meddwl gyfle i adennill rheolaeth ym meddwl yr ymosodwr dig.

Felly, pan fyddwn ni'n ei 'cholli hi', mae hyn yn ddigwyddiad go fawr y tu mewn i'n pen. Mae hefyd yn ieithwedd addas iawn oherwydd mai'r 'peth' rydyn ni'n ei golli yw 'rheolaeth droson ni ein hunain'. Mae'r rheolaeth sydd gennym ni fel arfer yn digwydd drwy'r rhan o'r ymennydd sy'n meddwl, y swyddogaeth weithredol (y cortecs cerebrol), a dyma rydyn ni'n ei golli pan fydd yr amygdala'n herwgipio'r broses gyfan. Ac nid dim ond yn yr ymennydd, oherwydd mae adrenalin a sylweddau eraill yn cael eu pwmpio drwyddon ni, mae'n pibellau gwaed yn newid ac ati. Mae hyn weithiau'n cael ei alw'n ymateb 'ymladd neu ffoi' ond gyda dicter, dydw i ddim wedi fy argyhoeddi fod yr ymadrodd byr yma'n gwneud cyfiawnder ag ef: pan fyddwn ni'n ei 'cholli hi' rydyn ni'n colli llawer iawn.

Byddwn wrth fy modd yn stopio fan hyn a dod i'r casgliad mai dim ond rhywbeth drwg yw dicter a bod rhaid i ni ddysgu cael gwared ag ef. Ond mae'r ffaith eich bod chi'n darllen hwn yn golygu eich bod yn gwybod yn well na hyn, ac ydyn, mae pethau'n fwy cymhleth na hynny. Un o'r cymhlethdodau mwyaf perthnasol yw bod y dicter sy'n deillio o'r ymennydd cyntefig yn gallu cael ei gysylltu â'r cortecs cerebrol neu'r ymennydd sy'n meddwl, a chaiff hyn ei gydnabod yn y dywediad 'mae dial yn bryd sy'n well o'i weini'n oer'. Ystyr hyn yw y gall llawer o bobl ddal gafael ar eu dicter dwys, ac yna defnyddio eu 'hymennydd sy'n meddwl' i gynllunio sut i ddial ar y sawl sydd wedi eu gwylltio nhw.

Mae ffilm Michael Winner o 1974, *Death Wish*, yn rhoi disgrifiad graffig o sut gallai hyn ddigwydd. Mae rhywun yn torri i mewn i gartref yr arwr (Charles Bronson) ac yn treisio ei wraig a llofruddio ei fam. Mae cymeriad Charles Bronson wedyn yn mynd ar gyrch dialgar lle mae'n denu mygwyr i ymosod arno, a phan fyddan nhw'n ceisio gwneud hynny, mae'n eu saethu. Dyma enghraifft gynnar o *genre* y ffilmiau dial, a gallaf gofio llawenydd pur cynulleidfa'r sinema bob tro y byddai Charles Bronson yn saethu 'dyn drwg' arall.

Efallai y byddech yn gwrthwynebu'r enghraifft hon ar y sail mai byd Hollywood yw hyn, nid bywyd go iawn, ond eto, yn y byd fforensig, dydy troseddau dial fel hyn ddim yn anghyffredin. Wrth gwrs, dydyn nhw ddim yn gyffrous a sgleiniog fel y fersiwn Hollywood, ond maen nhw'n gallu dilyn yr un egwyddor, sef yr ymennydd cyntefig yn cyfuno â'r ymennydd cerebrol. Gallech hefyd ddweud, yn ddigon teg, fod cymeriad Charles Bronson yn fwy na dig – roedd mewn galar, yn drallodus, wedi torri ei galon, ac yn y blaen. Ond mae hyn yn digwydd yn ddigon aml mewn bywyd go iawn hefyd; weithiau byddwn yn profi dicter cymharol 'bur'; ar adegau eraill bydd yn gymysg ag emosiynau megis siom, trallod, neu brofiad arall, ond yn y ddau achos y dicter yw'r symbylydd mwyaf pwerus o ran yr hyn a wnawn ni nesaf.

Yn anffodus, mae ffenomen debyg yn digwydd mewn bywyd go iawn gydag ysgariad. Senario mynych yw un lle mae un partner yn ceisio cadw'r briodas yn fyw, ac yna mae'r amynedd yn pallu yn y diwedd ac mae'n troi'n 'ddig'. Mae camau'r ysgariad yn cychwyn, cyfreithwyr yn cael eu penodi, ac mae dicter y person – a'i grebwyll – yn cael eu cyfeirio at achosi'r dioddefaint a'r golled fwyaf bosib i'r cyn-bartner.

Er mwyn i ni gael y termau'n iawn, rydyn ni nawr wrth gwrs wedi symud at siarad am ymosodedd a thrais. Yn yr achos hwn mae'r ymosodedd a'r trais yn cael eu *hyrwyddo* gan ddicter, ond mewn gwirionedd mae dicter yn emosiwn, ac oni bai ein bod yn ei fynegi, fydd neb arall o anghenraid yn gwybod ein bod ni'n ddig. Mae'n debyg eich bod wedi cael sgwrs gyda rhywun pan ddywedoch chi eich bod yn 'gynddeiriog' am rywbeth, a bod eich gwrandäwr wedi mynegi syndod – 'Fyddwn i byth wedi amau hynny'. A dyma yw natur emosiynau: os ydyn ni am wneud hynny, gallwn eu cadw i ni'n hunain. Felly, os ydyn ni am fod yn bedantig am y peth, roedd yr ymgyrch lladd yr aeth cymeriad Charles Bronson arni yn *fynegiant* o'i ddicter, yn hytrach na'r dicter ei hun. (Y rheswm y mae'r gwahaniaeth hwn yn cael ei nodi weithiau yw ein bod yn gweld ymosodedd a thrais yn *absenoldeb* dicter. Er enghraifft, mae pobl sy'n lladrata o fanciau o anghenraid yn defnyddio ymosodedd neu drais – fel arall byddai'n cael ei alw'n ddwyn syml – er nad ydyn nhw'n ddig gyda gweithwyr y banc; mewn gwirionedd, mae'n debyg na fydden nhw wedi cwrdd â'r staff erioed o'r blaen.)

Ond rydyn ni'n gwyro oddi ar y trywydd. I grynhoi: mae dicter yn emosiwn enfawr sy'n golygu bod pethau mawr yn digwydd yn sydyn yn ein hymennydd a hefyd yn gorfforol. Mae hefyd yn emosiwn sy'n gallu cael effeithiau sy'n newid ein bywyd o ganlyniad i'r pethau a wnawn pan fyddwn ni'n ddig. Mewn amgylchiadau eithafol mae'n gallu ein harwain at gael ein carcharu; yn llawer mwy arferol, mae'n gallu arwain at chwalu ein perthnasoedd a niweidio ein hapusrwydd ein hunain.

Dicter 'cyfiawn': ymateb cymesur?

Pan welwn ni rywun yn ymddwyn yn ymosodol neu'n elyniaethus, rydyn ni'n barnu a oes *cyfiawnhad* dros ei ymddygiad. Os ydyn ni o'r farn fod cyfiawnhad, yna mae'n debyg na fyddwn yn meddwl fod gan y person hwnnw broblem gyda'i ddicter. Wedi'r cyfan, mae pawb yn digio o bryd i'w gilydd; fyddwn ni ond yn meddwl fod gan rywun broblem pan fydd yn elyniaethus, yn ddig neu'n ymosodol *heb achos da*. Os credwn fod gan y person gyfiawnhad dros fod yn ddig neu'n ymosodol, yna ein tuedd yw gweld dim byd o'i le ar hynny. Felly os gwelwn ni fod gan David (y boi oedd yn gweld ei radio'n cael ei ddwyn) gyfiawnhad dros ei ddicter, mae'n debyg na fyddwn ni'n ei feio am ddal y lleidr ar y llawr nes i'r heddlu gyrraedd. Efallai y bydden ni'n gweld hynny fel ymateb cymesur. Ar y llaw arall, pe bai wedi dechrau curo pen y bachgen un ar bymtheg oed ar y pafin gan regi'n uchel arno, efallai y bydden ni wedi gweld hynny'n anghymesur a heb gyfiawnhad.

Fodd bynnag, weithiau bydd ein barn yn mynd braidd yn niwlog. Gallaf gofio'r tro cyntaf i mi weld y clasur o ffilm *One Flew Over the Cuckoo's Nest*, lle mae cymeriad Louise Fletcher, Nyrs Ratched, yn poenydio grŵp o gleifion sydd â salwch meddwl sy'n cael eu harwain gan gymeriad Jack Nicholson, Randall P. McMurphy. Yn bendant, roedd y cleifion yn llawn teimladau drwg tuag at Nyrs Ratched tua awr i mewn i'r ffilm, ond ddim hanner cymaint â'r gynulleidfa. Ar y pwynt yma, ar ôl triniaeth eithriadol o frwnt Nyrs Ratched o un o'r cleifion, fe wnaeth McMurphy gyrraedd pen ei dennyn, ac fe afaelodd ynddi, ei thaflu i'r llawr a dechrau ei thagu hyd at farwolaeth. Roedd hanner cynulleidfa'r sinema ar ei thraed, yn gweiddi anogaeth ac yn gobeithio y byddai'n gorffen y gwaith cyn i'r ddau nyrs gwryw oedd yn rhuthro i helpu Ms Ratched allu cyrraedd. Wnaeth e ddim, a deliodd yr awdurdodau ag ef, ac yn ddiweddarach cerddodd pawb allan o'r sinema yn teimlo'n anhapus.

Er bod ymddygiad Nyrs Ratched yn eithafol, efallai fod ymateb McMurphy braidd yn anghymesur. Wrth gwrs, mewn achos fel hyn mae'n barn ni'n cael ei chymylu gan yr hyn sy'n digwydd ar y sgrin yn hytrach na'i fod yn digwydd mewn bywyd go iawn. Ond y 'cymylu barn dros dro' yma yw'r union broblem; oherwydd, yn anffodus, mae'n digwydd mewn bywyd go iawn hefyd ac nid dim ond ar y sgrin. Ar yr adegau hyn rydyn ni'n mynd yn edifeiriol ac yn feirniadol ohonom ein hunain drosodd a throsodd. Byddwn yn dweud ein bod wedi 'gorymateb' neu nad oedden ni'n gwybod beth ddaeth droson ni. Fe deimlwn fod ein hymateb yn anghymesur â'r digwyddiad; doedd dim *cyfiawnhad* drosto.

Mae'r rhain yn themâu fydd yn rhedeg drwy'r llyfr hwn. Sut rydyn ni'n cael ein hunain i ymateb i ddigwyddiadau negyddol mewn ffordd sy'n *gymesur* â nhw? Mewn ffordd y bydden ni, ac eraill, yn dweud bod *cyfiawnhad* drosti?

Weithiau rydyn ni'n hoffi gweld pobl yn mynd yn ddig, cyn belled â'u bod nhw ar ein hochr ni. Byddai Margaret Thatcher yn aml yn trin ei chymheiriaid o wledydd eraill Ewrop mewn modd digon ymosodol – 'handbagging' oedd y term – er mwyn gwarchod beth yr oedd llawer ym Mhrydain yn eu gweld fel eu hawliau, a phrin oedd y bobl a gwynai am hynny ar y pryd. (Roedd ei chyfoeswr, Ronald Reagan, yn gwneud rhywbeth tebyg ar ochr arall yr Iwerydd, ond mewn ffordd fwy dymunol.) Roedd olynydd Margaret Thatcher, John Major, ar y llaw arall, yn cael ei ddarlunio fel cymeriad llawer mwy llwyd (yn llythrennol yn achos y rhaglen

Spitting Image): mor llwyd, mewn gwirionedd, fel y byddai'n annhebygol o fynd yn ddig gydag unrhyw un yn gyhoeddus. Mater arall yw a oedd y canfyddiad hwn yn gywir, ond cywir neu beidio, roedd i'w weld yn gyfrif yn ei erbyn. Ar ben hyn, roedd y canfyddiad negyddol hwn o John Major yn cael ei waethygu gan sïon ei fod yn gallu bod yn biwis yn breifat – ychydig yn bigog ar adegau pan nad oedd rheswm dros hynny, efallai. Eto, mater arall yw a oedd y canfyddiad hwn yn wir, ond mae'n darlunio'r pwynt mai'r hyn nad yw pobl yn ei hoffi yw nid y ffaith bod pobl eraill yn mynd yn ddig, ond y ffaith eu bod yn ymateb mewn ffordd nad oes cyfiawnhad drosti, neu sy'n anghymesur â'r sefyllfa.

Un peth olaf, ond pwysig: sut rydyn ni i fod i farnu beth sy'n rhesymol ac yn gymesur? Rydyn ni eisoes wedi gweld fod beth sy'n ymddangos yn hollol resymol 'yng ngwres y foment' i'w weld yn orymateb trasig yn ddiweddarach. Felly beth yw ein ffon fesur? Dyma rai syniadau.

Fy hunan, dwi'n hoffi meddwl am hen farnwr doeth yn gwrando'n ddistaw arna i yn disgrifio'n union beth ddigwyddodd ac yna'n dod i ddyfarniad. Er enghraifft, gyda David, efallai y byddai'n dweud, 'Ie, dwi'n credu pe byddwn i'n iau ac yn dod ar draws rhywun yn torri i mewn i 'nghar i, y byddwn innau hefyd eisiau ei dynnu allan ac eistedd arno nes i'r heddlu gyrraedd. Dwi'n credu bod hyn yn ymateb rhesymol a chymesur.' Dwi'n cael hyn yn ffon fesur dda iawn.

Mae llawer o bobl yn defnyddio Facebook mewn ffordd debyg. Mewn geiriau eraill, maen nhw'n disgrifio digwyddiad a'u hymateb iddo ac yna'n gweld beth mae eu ffrindiau Facebook yn ei feddwl ohono. Fel ffon fesur ar gyfer barnu pa mor gymesur yw ymateb, dwi'n credu bod hyn yn go addawol. Yn wir, cyn belled â'n bod ni'n adrodd yn ddiduedd beth ddigwyddodd a beth oedd ein hymateb, a chyn belled ag y bydd ein ffrindiau yn gynrychiolaeth resymol o gymdeithas, yna gall hyn fod yn wych. Yn wir, does dim rhaid i ni hyd yn oed ddefnyddio Facebook; gallwn *ddychmygu* beth fyddai'r ymateb cyffredinol ar Facebook pe baem yn disgrifio digwyddiad a'n hymateb iddo. Gallwn farnu'n fewnol a yw'r hyn a wnaethon ni – neu'r hyn rydyn ni'n ystyried ei wneud – yn rhesymol ac yn gymesur.

Tymer flin

Mae'n bosib fod tymer flin yn fwy diddorol hyd yn oed na dicter. Sawl blwyddyn yn ôl, pan oedd cyhoeddwyr gwych y llyfr hwn yn fy annog i'w ysgrifennu, fe ddywedon nhw wrtha i mai 'tymer flin yw'r ail broblem fwyaf cyffredin y mae pobl yn mynd i weld eu meddyg yn ei chylch'. Dyna benderfynodd y mater i mi ac, er nad oes gen i syniad o ble y cawson nhw'r 'ystadegyn' hwnnw, fe gytunais i'w ysgrifennu ar unwaith, heb oedi dim ond i ofyn 'Beth oedd rhif un?' (Mae'n debyg mai 'Doctor, dwi'n teimlo'n flinedig drwy'r amser' yw rhif un; mae mor gyffredin, medden nhw wrtha i, fel bod meddygon yn ei dalfyrru i TATT (*tired all the time*).)

Roeddwn i hefyd yn teimlo ei bod yn rhaid bod pobl dda Robinson wedi synhwyro fy mod i'n arbenigwr naturiol ar dymer flin. Wedi'r cyfan, pan oeddwn i'n ifanc, byddai fy mam yn aml yn dweud wrthyf pa mor gythruddgar oeddwn i, a dwi'n siŵr fod ganddi bwynt. Felly roeddwn wedi meistroli'r grefft o gythruddo eraill yn ifanc iawn, ond roeddwn i hefyd yn gwybod am yr ochr arall – sef cael fy nghythruddo a bod â thymer flin. Dwi'n cofio'n glir bod yn bymtheg oed ac eistedd o amgylch y bwrdd bwyd teuluol, yn meddwl pa mor drist oedd hi na allwn i fyth briodi am fy mod i mor flin fel nad oedd posib y byddai yna ferch yn unman yn y byd y gallwn ei goddef am weddill fy oes.

Felly, i mi, mae tymer flin, bod yn biwis, yn gythruddgar, yn eiriau cyffredin nad oes angen eu hesbonio o gwbl; yn ystod fy magwraeth, roeddwn i'n cythruddo eraill ac yn rhywun oedd â thymer flin ei hunan. Ond mae'n ymddangos nad yw hyn yn gyffredinol wir. Er enghraifft, dwi wedi ysgrifennu cwrs tri diwrnod yn seiliedig ar y llyfr hwn ar gyfer fy nghyd-weithwyr proffesiynol, ac yn ystod un o'r sesiynau cyntaf cefais alwad ffôn gan y dyn oedd yn fy hyfforddi ar ôl hanner diwrnod i ddweud, 'Maen nhw eisiau gwybod beth yw tymer flin'. Fy ymateb cyntaf oedd sylweddoli bod yr holwr ei hun yn seicolegydd ymgynghorol clinigol a fforensig ac yn sicr yn gwybod beth oedd tymer flin. Fy ail ymateb oedd, os nad oedd *e*'n gwybod yn ddigon clir beth yw tymer flin, yna mae'n debyg fod yna lawer o bobl sydd yn yr un sefyllfa.

Felly, beth yw tymer flin? Dywedodd cyd-weithiwr clyfar wrthyf fod tymer flin, yn wahanol i ddicter, yn 'rhagdueddiad yn hytrach nag emosiwn'. Ond, er ei bod hi'n bosib bod hyn yn wir, dydw i ddim yn argyhoeddedig ei fod yn diffinio natur tymer flin yn llwyr. Felly gadewch i ni newid y gair ychydig, a gofyn beth mae'n ei olygu os ydyn ni'n dweud fod rhywun yn flin ei dymer. Efallai mai rhywun sy'n flin ei dymer yw rhywun sy'n mynd yn ddig yn rhy hawdd. Mae hynny'n rhannol wir, er 'mod i'n credu y bydden ni'n fwy tebygol o ddisgrifio rhywun fel hyn yn berson 'byr ei dymer' yn hytrach na blin ei dymer. Mae 'tymer flin' yn ymddangos yn ymadrodd rhy ysgafn i ddisgrifio rhywun sy'n mynd yn ddig yn rhy hawdd. Efallai y byddai defnyddio 'tymer flin' i ddisgrifio rhywun sy'n mynd yn biwis yn rhy hawdd yn nes ati. Felly efallai y byddai 'piwis' yn air arall i'w ddefnyddio am fod â thymer flin.

Fe wnes i chwilio am gyfystyron i dymer flin a dyma rai o'r geiriau: dig, drwg ei dymer, croes, anynad, piwis, digywilydd; cynhennus, yn aflonyddu, anogol i wrthryfel, sarrug, anniddig, anfoddog, croendenau, gwenwynllyd. Maen nhw i gyd yn dda, on'd ydyn nhw, ond dwi'n dal i feddwl bod dweud bod rhywun â thymer flin yn rhywun sy'n gwylltio'n hawdd yn crynhoi'r peth fwy neu lai.

A beth sy'n gallu ein gwneud ni'n flin ein tymer? Yr ateb wrth gwrs yw, os ydyn ni'n flin ein tymer, y gall llawer o bethau fod yn gyfrifol am hynny. Er enghraifft, yn y Deyrnas Unedig, hyd yn oed mewn cyfnod o galedi, mae'n ymddangos fod gennym ddigon o arian o hyd fel y gallwn ei ddefnyddio i godi twmpathau'n fwriadol ar ffyrdd sy'n ddifai. Mae'n debyg nad oes gennym ddigon o arian i lenwi'r tyllau yn y ffyrdd, ond mae gennym ddigon i adeiladu twmpathau. (Rhag ofn eich bod yn darllen hwn mewn gwlad sy'n ddigon call i beidio ag adeiladu twmpathau ar ei ffyrdd, yn y Deyrnas Unedig mae gennym y system yma o arafu'r traffig gan adeiladu twmpathau sy'n ysgwyd y car pan fyddwch yn mynd drostyn nhw, felly rhaid i chi yrru'n araf. 'Onid yw hynny'n niweidio sysbension y car, y llywio, a'r teiars?' meddech chi, a'r ateb wrth gwrs yw 'Ydy'.)

Ond mae yna bethau llai hefyd, on'd oes? Dwi'n hoffi crys neis, felly, y tro diwethaf i ni ymweld â Fenis, wedi cynilo am ryw 50 mlynedd, fe benderfynais y gallwn i brynu crys

Eidalaidd hyfryd i mi fy hun. Felly, fe es i mewn i un o'r llu o siopau crysau smart a dewis un roeddwn yn ei hoffi a thalu amdano. Wrth gerdded allan o'r siop dyma fi'n troi yn ôl at y siopwraig a gofyn iddi a oedd fy nghrys wedi ei wneud yn yr Eidal (roeddwn wedi sylwi bod gan rai siopau arwyddion oedd yn dweud 'Mae ein holl grysau yn cael eu gwneud yn yr Eidal'). 'Na,' atebodd hi. 'Mae'n ddefnydd Eidalaidd ond mae'r crys wedi ei wneud mewn gwlad arall' (gan enwi'r wlad).

Mae hynny'n iawn, meddyliais, a dywedais, 'Mae honno'n wlad berffaith iawn hefyd' (dwi'n osgoi dweud pa wlad oherwydd un o'r pethau sy'n fy rhyfeddu i yw bod y llyfr hwn yn cael ei brynu mewn sawl iaith wahanol, a dydw i ddim eisiau gelyniaethu cenedl gyfan). Felly fe es i adref â'r crys a'i wisgo, ac roedd yn grys hyfryd wedi ei wneud o ddefnydd braf, oedd yn ffitio'n dda, ac roedd yn edrych yn iawn hyd yn oed gyda fi'n ei wisgo. Felly roedd popeth yn iawn? Na, ddim yn hollol, oherwydd roedd y tyllau botymau yn fach iawn a doedd hi ddim yn hawdd cau'r botymau. Mae cau pob botwm yn golygu brwydr bob tro. Fe brynais y crys flwyddyn yn ôl ac mae'n dal yn frwydr i'w wisgo. Felly mae hyn yn fy ngwylltio. Mae'n fy nghythruddo braidd. Mae'n wahanol i grysau eraill sydd gen i sy'n gwbl i'r gwrthwyneb: mae ganddyn nhw dyllau botwm fertigol y mae'r botymau'n mynd trwyddyn nhw'n hawdd ac, i goroni'r cyfan, mae'r twll botwm olaf yn mynd ar draws, felly rydych chi'n gwybod yn awtomatig pan fyddwch chi wedi gorffen eich tasg o gau'r botymau. Mae hyn bob amser yn cael yr effaith sy'n groes i wylltio – mae bob amser yn fy mhlesio braidd bod gwneuthurwyr crysau'n gallu bod mor ystyriol ac mor drylwyr.

Wrth i chi ddarllen hyn mae'n rhaid eich bod yn meddwl, 'Er mwyn dyn, mae 'na bethau pwysicach i boeni amdanyn nhw nag union faint y tyllau botymau ar eich crys' ac rydych chi'n iawn wrth gwrs. Hyd yn oed wrth i mi ei ysgrifennu, dwi'n meddwl yn union yr un peth. Ond mae hyn yn un o'r nodweddion am 'bethau sy'n ein cythruddo' sy'n rhoi eu pŵer iddyn nhw: nid yn unig maen nhw'n cythruddo ond, i roi halen ar y briw, rydyn ni'n teimlo ein bod yn creu stŵr am ddim byd. Rydyn ni'n teimlo'n wael ac eto rydyn ni'n gwybod nad oes neb ar fin gwneud i ni deimlo'n well – ddim hyd yn oed ni ein hunain. Ar ben hynny, mae cymaint o bethau i'n cythruddo fel eu bod yn gallu difetha ansawdd ein bywydau'n llwyr. Wedi'r cyfan, os gall rhywun gael ei gythruddo am faint tyllau botymau, does dim byd yn ddiogel.

Mae tymer flin yn deimlad paradocsaidd hefyd. Er enghraifft, yn ddiweddar fe ddarllenais i fywgraffiad o P.G. Wodehouse lle dywedodd yr awdur amdano ei fod 'wedi byw bywyd hir a phleserus oherwydd iddo ddysgu'n gynnar nad oes ots am ddim byd mewn gwirionedd'. Ar yr olwg gyntaf mae hynny'n ymddangos yn ddelfrydol – ni fyddai byth yn gwylltio nac yn poeni felly – ond o feddwl eto, fydden ni wir eisiau byw bywyd lle nad oes dim i'w weld yn cyfrif? Wrth gwrs, y gwir am dymer flin yw bod pethau bach yn gallu ymddangos yn rhy bwysig. Ond siawns nad yw hynny'n well na bod dim ots amdanyn nhw o gwbl? Ac eto, mae meddwl bod pethau'n rhy bwysig hefyd yn arwain at wewyr, a dyma'r benbleth: os yw pethau'n rhy bwysig mae yna broblem; os nad oes digon o ots am bethau mae yna broblem. Cael hyn yn hollol iawn yw'r broblem y mae'n rhaid i ni ei datrys.

Os ydych chi'n rhywun anarferol o garedig, efallai eich bod yn meddwl, wrth ddarllen hyn, 'Na, mae hyn i gyd yn gwbl resymol, dwi'n mynd yn flin iawn gyda thwmpathau ar y ffordd, a byddwn i'n flin iawn pe bai'r tyllau botymau ar fy nghrys – neu flows – yn rhy fach.' Os felly, gwych, ond mae'n rhaid i mi ddweud wrthych chi fod pethau ar fin gwaethygu ...

Mae'n bosib bod yn flin am ddim byd o gwbl. Gallaf eich sicrhau bod hyn yn wir, oherwydd mae gen i brofiad personol ohono; mae'n hollol bosib deffro yn flin eich tymer. Ddim yn flin â neb na dim byd, dim ond yn ymwybodol eich bod yn teimlo'n flin eich tymer ar hyn o bryd – gan wybod, os bydd y peth pryfoclyd lleiaf posib yn digwydd, y byddwch yn mynd yn *wirioneddol* flin. Mae'n wahanol i deimlo'n isel neu'n bryderus; mae'n deimlad hollol wahanol i bopeth arall. Efallai fod iselder a gorbryder yn gallu achosi i bobl fod yn bigog, ond dydyn nhw ddim yr un peth, a gall pobl heb iselder a gorbryder – yn ogystal â'r rhai sy'n dioddef – fod yn flin eu tymer ac yn ddig hefyd. Mae pob math o bethau y byddwn yn eu harchwilio yng ngweddill y llyfr hwn yn gallu achosi dicter a thymer flin.

Yn olaf am y tro, un o'r pethau gwych am ysgrifennu'r llyfr hwn yw'r teimlad o ddilysrwydd dwi'n ei gael wrth wneud hynny. Dwi'n gwybod fod y ffaith eich bod yn ei ddarllen – naill ai am ei fod yn arbennig o berthnasol i chi, neu i ffrind neu berthynas, neu i glaf – yn golygu eich bod wedi adnabod grym tymer flin yn ogystal â grym dicter, sy'n cael ei gydnabod yn ehangach. Dwi'n gobeithio y bydd y llyfr yn unol â'ch disgwyliadau. I dawelu eich meddwl, er gwaethaf fy mhryder pan oeddwn yn bymtheg oed, dwi wedi llwyddo i fod yn briod am dros 40 mlynedd (neu efallai mai fy ngwraig sydd wedi llwyddo), felly mae hynny'n dangos bod modd datrys y problemau hyn!

Crynodeb

- Mae sawl math o dymer flin a dicter. Mae'r ddau yn emosiynau y mae'r rhan fwyaf o bobl wedi eu teimlo.
- Does dim o'i le ar fod yn ddig ynddo'i hun; weithiau mae'n amlwg bod cyfiawnhad drosto. Wrth orymateb, gan ymateb mewn ffordd sy'n anghymesur â'r sefyllfa, byddwn yn ein gosod ein hunain yn agored i feirniadaeth. Ac weithiau ni ein hunain yw ein beirniaid llymaf.
- Mae'r term 'tymer flin' yn awgrymu nad oes cyfiawnhad dros yr ymateb. Fel arfer, mae'n awgrymu bod rhywun yn flin a byr ei dymer pan nad oes angen bod felly. O'r herwydd mae'n methu'r prawf 'Oes cyfiawnhad?'; mae pobl bron bob amser yn cael eu beirniadu am fod yn flin. Unwaith eto, efallai mai ni fydd ein beirniaid llymaf yn hyn o beth.
- Mae yna adegau pan fyddwn, drwy rwystredigaeth neu am resymau eraill, yn colli ein hymdeimlad o bersbectif.
- Ar yr adegau hynny cawn ein hunain yn methu barnu beth sy'n bosib ei gyfiawnhau. Ac yna gwelwn ein hunain yn gwneud pethau y teimlwn eu bod yn gyfiawn ar y pryd ond yn ddiweddarach – unwaith y bydd ein gwir farn yn dod yn fwy cytbwys – cawn ein dychryn gan yr hyn wnaethon ni.

Gair i gloi

Mae'r rhan fwyaf ohonom yn teimlo braidd yn feirniadol o bobl sy'n flin ac yn ddig heb gyfiawnhad, bron fel pe baen nhw'n ei wneud yn fwriadol er mwyn gwneud ein bywydau ni'n ddiflas. Ac, yn sicr, dydy byw gyda pherson sy'n flin ac yn ddig heb gyfiawnhad ddim yn hwyl o gwbl.

Un pwynt sy'n cael ei anghofio weithiau, fodd bynnag, yw nad yw *bod* yn rhywun sy'n flin ac yn ddig yn hwyl chwaith! Mae bywydau llawer iawn o bobl yn cael eu difetha gan eu tymer flin a'u dicter eu hunain. Felly, mae'r llyfr hwn wedi ei ysgrifennu ar eu cyfer nhw *ac* ar gyfer y rhai sy'n agos atyn nhw.

Ymarferion dewisol

A: Naill ai ysgrifennwch neu wneud nodyn meddyliol o'ch atebion i'r canlynol:

1. Ydych chi'n pryderu'n bennaf am eich dicter, eich tymer flin, neu'r ddau?
2. Pam ydych chi'n pryderu amdano (neu amdanyn nhw)?
3. Beth ydych chi'n credu yw'r rhesymau dros eich problemau dicter neu dymer flin?
4. Mor gynnar â hyn wrth ddarllen y llyfr, beth ydych chi'n meddwl allai eich helpu gyda'ch dicter neu'ch tymer flin?

B: Chwiliwch drwy YouTube a gwyliwch y cyfweliadau hyn lle nad yw pethau'n mynd yn ôl y bwriad:

1. Clive Anderson yn cyfweld y Bee Gees
2. Russell Harty yn cyfweld Grace Jones
3. Michael Parkinson yn cyfweld Rod Hull ac Emu

Ydych chi'n cytuno â mi fod dicter y Bee Gees yn gyfiawn ac yn gymesur ac nad oedd dicter Grace Jones felly? (Does dim ots os nad ydyn ni'n cytuno – mae gan bob un ohonom ein barn ein hunain ac mae hynny'n beth pwysig.) Beth am Rod Hull yn defnyddio Emu i ymosod ar Michael Parkinson? Dwi'n credu mai ymosodedd heb ddicter oedd hynny – beth yw eich barn chi?

2

Gelyniaeth, ymosodedd a thrais

Dyma dri gair arall y mae angen i ni eu hystyried. Dewch i ni edrych ar elyniaeth i ddechrau. Mae digon o dystiolaeth i ddangos ein bod ni fel pobl yn elyniaethus tuag at ein gilydd, p'un a ydyn ni'n ddig ai peidio. Amcangyfrifir bod yr Unol Daleithiau'n gwario $1.5 triliwn ar 'amddiffyn' yn flynyddol. Felly os gallwch chi ddychmygu $1000 ac wedyn lluosi hynny gyda 1000, ac yna lluosi eto gyda 1000, ac yna lluosi eto gyda 1000, ac yna ychwanegu hanner cymaint eto, dyna faint mae'r Unol Daleithiau yn ei wario bob blwyddyn. Byddai'n wych meddwl mai chwiw'r Unol Daleithiau yw hyn, ond yn anffodus nid dyna'r gwir; chwiliwch ar-lein am y 100 gwlad uchaf o ran gwariant.

Felly ble mae'r holl arian yma'n mynd? Mae'n mynd yn bennaf ar ymchwil, datblygu a chynhyrchu arfau. Ac nid pobl ddig sy'n gwneud y gwaith yma; pobl yw'r rhain sy'n codi yn y bore ac yn teithio i'r gwaith, i gael cyfarfodydd am beth ellid ei wneud i wella effeithiolrwydd y dronau maen nhw'n gweithio arnyn nhw, neu'r model nesaf o Kalashnikovs maen nhw'n ei ddatblygu, neu'r bomiau baril maen nhw'n ystyried eu gwthio allan o awyrennau, neu beth bynnag. Ac yna efallai y byddan nhw'n cael paned o goffi, cyn mynd yn ôl i weithio ar wella elfen angheuol beth bynnag maen nhw'n gweithio arno. Felly dydy'r bobl hyn ddim yn gweithredu mewn pwl o gynddaredd, gan ddifaru am weithred ddi-hid yn ddiweddarach; maen nhw'n gweithio am gyflog, gweithio gan wneud rhywbeth maen nhw'n ei fwynhau, mae'n debyg, a rhywbeth y maen nhw'n dda am ei wneud – yn wir, byddan nhw wedi cael eu dewis oherwydd eu bod nhw'n arbennig o dda am wneud hyn. Mae hyn yn ymddangos i mi fel gweithgaredd arbennig o elyniaethus.

Efallai y byddwch chi'n dweud, fel y mae llawer o bobl yn ei wneud, nad ydy hyn yn weithgaredd gelyniaethus o gwbl, ond yn rhagofal angenrheidiol yn erbyn gelyniaeth eraill. Felly, mae holl wledydd y byd yn gwario llawer o arian ar arfau, i'w gwarchod yn erbyn gelyniaeth gwledydd eraill. Golyga hyn, sut bynnag yr edrychwch chi ar y peth, ei bod hi'n ymddangos bod llawer o gytundeb, ym mhedwar ban, fod yna lawer iawn o elyniaeth yn yr hen fyd yma.

Unwaith y dechreuwch chi chwilio, mae gelyniaeth ym mhob man. Mae cynorthwyydd newydd dorri ar fy nhraws, ac ar ôl delio â'r mater dan sylw, buon ni'n trafod y gêm bêl-droed gafodd ei chwarae ddoe. Ugain munud o'r diwedd roedd ein tîm ni'n colli 2-0. Erbyn diwedd y gêm roedd ein tîm ni wedi ennill 3-2. Dywedais wrth fy nghynorthwyydd, 'Glywaist ti beth ddywedodd rheolwr y tîm arall neithiwr? Fe ddywedodd e nad oedd e erioed wedi teimlo mor wael yn ei fywyd.' Beth ydych chi'n meddwl oedd ymateb fy nghynorthwyydd? A ddywedodd hi, 'O, dyna drueni, ond dwi'n dal i fod yn falch ein bod ni wedi ennill'? A ddywedodd hi, 'O na, mae hynny wedi sbwylio'r cyfan i mi'? Neu a wnaeth hi chwerthin dros y lle? Mae'n siŵr eich bod wedi dyfalu'n gywir.

Wrth gwrs, rydyn ni'n dechrau gwneud esgusion dros hyn hefyd. Gallwn ddweud, 'Na, wrth gwrs, doedd e ddim yn teimlo'n waeth nag y gwnaeth erioed yn ei fywyd' neu gallwn ddweud, 'Ie, ond dim ond gêm yw hyn, nid gelyniaeth mewn gwirionedd – dyma fyddwch chi'n ei wneud pan fyddwch chi'n siarad am bêl-droed' ac felly ymlaen. Mewn gwirionedd, bob tro y byddwn yn gweld gelyniaeth ynom ein hunain ac mewn eraill, mae'n hawdd ei rhesymoli; rydyn ni'n dod yn dda iawn am wneud hynny. (Yn ddiweddarach, byddaf yn dadlau nad ydyn ni'n gwneud ffafr â ni ein hunain drwy wneud hyn; dwi'n meddwl ei bod hi'n well fel arfer os ydyn ni'n agored gyda'n gilydd am ein hemosiynau ac yna'n edrych ar sut i ymdrin â nhw.)

Dyma enghraifft arall. Roedd fy ngwraig a minnau yn Llundain yn ddiweddar, yn cerdded yn ôl i'r orsaf ar ôl noson allan. Roedd hi'n dywyll erbyn hynny, ac fe gyrhaeddon ni bwynt lle roedd dewis rhwng dwy stryd: roedd un wedi ei goleuo'n dda a'r llall yn dywyll. Yn naturiol (ddywedwn i) fe ddewison ni'r stryd olau. Ai'r rheswm dros hyn oedd ein bod yn ofni y bydden ni, wrth fynd i lawr y stryd dywyll, yn cwrdd â phobl orgyfeillgar fyddai eisiau siarad gyda ni ac a fyddai felly'n achosi i ni golli ein trên? Na, y rheswm oedd y gallen ni ddod ar draws rhywun oedd eisiau ymosod arnon ni neu ddwyn oddi arnon ni. Ydy hyn i gyd yn dangos fy mod i'n berson arbennig o baranoid? Na, dydw i ddim yn credu. Dwi'n meddwl y byddai'r rhan fwyaf o bobl wedi dewis mynd i lawr y stryd olau, am yn union yr un rhesymau.

Un enghraifft olaf: *schadenfreude*. Fel y gwyddoch, rwy'n

siŵr, ystyr *schadenfreude* yw 'ymhyfrydu yn anffawd eraill'. Peth eithaf gelyniaethus i'w wneud, fyddech chi'n cytuno? Dyna dwi'n ei gredu hefyd, ac eto mae'n gyffredin iawn. Dydw i ddim yn cofio gorfod esbonio i neb erioed pam y dylai anffawd pobl eraill fod yn bleserus, na chlywed neb yn mynegi syndod fod pobl yn cael anffawd pobl eraill yn bleserus mewn unrhyw ffordd. Yn wir, mae llawer o raglenni comedi gwych yn seiliedig ar wylio pobl yn baglu, yn syrthio, ac yn cael anffawd o ryw fath. Yn wir, mae'r holl raglenni sy'n defnyddio ffilmiau cartref 'camera cudd' yn dibynnu ar yr union beth. Ac wrth gwrs, yr eisin ar y gacen yw ein bod, yn Gymraeg ac yn Saesneg, yn cadw'r gair Almaeneg amdano, fel rhyw gyfeiriad bach gelyniaethus at yr Almaenwyr. (Os ydych chi'n darllen hwn mewn Almaeneg, mae'n ddrwg gen i orfod dweud wrthych chi mai dyma'n union sy'n digwydd; rydyn ni'n dyfeisio llawer o eiriau newydd bob blwyddyn ond rydyn ni wedi bod yn hapus i gadw *schadenfreude*, fel pe bai'r chwiw yma yn y natur ddynol yn unigryw i siaradwyr Almaeneg. Ond gallaf eich sicrhau nad yw hynny'n wir.)

Felly gadewch i ni dderbyn fy mod i wedi profi fod yna ddigon o elyniaeth yn y byd. Gallech chi wneud y pwynt yn yr un modd fod yna ddigon o garedigrwydd yn y byd. Bydd y rhan fwyaf o bobl yn teimlo gwewyr os yw eu teulu'n dioddef gwewyr. Bydd pobl yn peryglu eu bywydau – ac weithiau felly'n colli eu bywydau – mewn ymdrech i helpu pobl eraill. Bydd pobl yn cyfrannu un o'u harennau iach er mwyn i rywun dydyn nhw erioed wedi cyfarfod ag ef allu elwa o hynny, a hyd yn oed yn peidio â chaniatáu i'r dieithryn wybod pwy ydyn nhw; maen nhw mor anhunanol fel nad ydyn nhw hyd yn oed yn ceisio diolchgarwch. Rydw i weithiau wedi casglu dros elusen y tu allan i archfarchnad fawr, ac yn aml bydd pobl yn dod allan o'r siop wedi eu llwytho â'u siopa a bydd ganddyn nhw berffaith hawl i beidio â sylwi arna i yn sefyll yno. Ond eto, yn ddigon aml, byddan nhw'n dod draw ata i yn fwriadol, yn rhoi eu holl fagiau siopa i lawr, yn mynd i'w bag llaw (fel arfer menywod sy'n gwneud hyn) ac yn tynnu arian allan, symiau sylweddol weithiau. Dydyn nhw byth yn mynd i 'ngweld i eto, ond maen nhw'n dal i wneud hyn.

Felly beth wnawn ni o hyn? Ai bod yna lawer o bobl elyniaethus o gwmpas ond bod yna hefyd lawer o bobl hyfryd? Na, dydw i ddim yn credu. Dwi'n credu mai'r un bobl yw'r rhain i gyd. A siarad yn bersonol, rydw i wedi gwneud pethau y mae gen i gywilydd ohonyn nhw a dwi wedi cael meddyliau y byddai gen i gywilydd ohonyn nhw pe bai unrhyw un arall yn gwybod amdanyn nhw; ond rydw i hefyd wedi gwneud pethau y byddwn wrth fy modd yn dweud wrthych chi amdanyn nhw ac wedi treulio llawer o amser yn meddwl sut galla i helpu pobl. A dwi'n amau fy mod i'n nodweddiadol, dwi'n amau bod bron pawb yn gallu bod yn elyniaethus a hefyd yn gallu dangos caredigrwydd mawr. Mewn gwirionedd, mae gan y rhan fwyaf o bobl amrywiaeth mor eang o rolau gwahanol i'w llenwi, cymaint o bwysau sy'n eu tynnu bob ffordd, fel ei bod hi'n anhygoel ein bod yn gallu cadw cydbwysedd rhwng y pethau hyn o gwbl. I mi, does dim rhyfedd ein bod yn 'ffrwydro' yn eithaf aml a bod y system gyfan yn chwalu; i mi, y syndod yw ein bod, y rhan fwyaf o'r amser, yn gallu cadw popeth dan reolaeth.

Sy'n dod â ni at pam dwi'n credu ei bod hi'n syniad da i ni gyfaddef ein gelyniaeth os bydd yn digwydd. Dwi'n credu mai'r hyn sy'n gweithio orau os byddwn ni'n teimlo'n elyniaethus heb unrhyw reswm da yw dim ond derbyn y ffaith honno. Y perygl yw ein bod yn cael ein hunain yn teimlo'n elyniaethus tuag at rywun ac yn dod i'r casgliad ar sail hynny ein bod yn ddig tuag at y person hwnnw, mae'n rhaid. Ar ben hyn, mae'n rhaid felly ei fod wedi gwneud rhywbeth i'n gwneud ni'n ddig. Felly nid yn unig rydyn ni'n teimlo'n elyniaethus, rydyn ni hefyd yn ddig, a hefyd yn beio'r person arall am fod wedi gwneud rhywbeth drwg. Gall meddwl fel hyn fynd allan o reolaeth yn gyflym iawn. Mae'n llawer gwell ein bod yn derbyn – os gallwn ni – ei fod weithiau'n rhan o'r cyflwr dynol; mai dyma sut mae bywyd weithiau.

Mae gelyniaeth, fel dicter, yn rhywbeth y gallwn ei gadw i ni'n hunain os ydyn ni am wneud hynny. Does dim angen i neb wybod ein bod ni'n teimlo'n ddig neu'n elyniaethus oni bai ein bod yn dewis dweud wrthyn nhw, neu oni bai ein bod yn gadael y gath allan o'r cwd drwy'r hyn sy'n cael ei alw'n 'ollwng dieiriau', neu oni bai ein bod yn ymddwyn mewn modd dig neu elyniaethus. Ac mae'r term 'gelyniaeth' yn cael ei ddefnyddio amlaf mewn perthynas â gweithredoedd yn hytrach na meddyliau a theimladau, yn debyg i'r term 'ymosodedd', sydd bron yn ddieithriad yn cael ei ddefnyddio ar gyfer gweithredoedd, a dyma'r term y byddwn yn edrych arno nesaf.

Felly gall pobl eraill wybod neu beidio â gwybod pan fyddwn ni'n ddig, efallai y byddan nhw'n gwybod neu beidio ein bod yn teimlo'n elyniaethus, ond byddan nhw'n bendant yn gwybod pan fyddwn ni'n ymosodol. Dyna holl bwynt bod yn ymosodol. A gall ymosodedd ymddangos ar sawl ffurf. Mae'n cynnwys trais, lle mae un person yn ymosod ar un arall naill ai'n uniongyrchol neu drwy ddefnyddio arf, ond mae hefyd yn cynnwys dulliau geiriol lle gall un person weiddi ar berson arall, neu ei sarhau, ei feirniadu neu aflonyddu arno rywsut neu'i gilydd. Ond nid dyna ben draw ymosodedd; mae 'pwdu', yn nodweddiadol, yn weithred ymosodol ac mae'n gallu bod yn un bwerus iawn i bobl sy'n eu gweld eu hunain mewn safle llai pwerus, plant er enghraifft. Mae ei grym yn deillio o'r ffaith ei bod hi'n anodd iawn i darged y pwdu wneud dim byd amdano; wedi'r cyfan, dydy'r person sy'n pwdu ddim yn 'gwneud dim byd'. Felly mae'n weithred ymosodol iawn ac yn un y mae rhai pobl yn hoffi ei defnyddio drwy gydol eu bywydau. (Beth sy'n digwydd yw bod y weithred o bwdu'n cael ei chysylltu â theimladau da – teimladau o bŵer ac effeithiolrwydd – yn rhannau mwyaf cyntefig yr ymennydd. Mae hyn yn golygu y gallwn fynd i ddibynnu ar bwdu'n afresymol, gan nad rhan ddyfnaf yr ymennydd yw'r rhan resymol. Dywedodd un o fy nghleifion ei bod yn gallu dechrau pwdu 'heb reswm o gwbl' a disgrifiodd fel y cyrhaeddodd hi'r gwaith un diwrnod a'i chael ei hun mewn pwd a barhaodd am oriau lawer, heb reswm o gwbl. Mae Sami, rhywun dwi'n ei adnabod yn dda, yn dweud am ei dad ei fod yn gallu pwdu am dri diwrnod, ac mewn gwirionedd mai dyna oedd hyd nodweddiadol ei gyfnod o bwdu; roedd ei fam yn ei ddisgrifio fel 'bod mewn hwyl ddrwg'.)

Mae math arall o weithred elyniaethus neu ymosodol yn golygu dinistrio eiddo pobl eraill. Mae'r papurau newydd poblogaidd yn hoff iawn o hyn, gan eu bod wrth eu bodd bob tro y bydd y cariad neu'r wraig a adawyd yn dial ar y cyn-gariad drwy dorri'r coesau a'r breichiau oddi ar ei hoff siwtiau, malu ei Lamborghini, neu ddifrodi ei hoff eiddo rywsut arall. Mae'r rhan fwyaf o bobl, sy'n byw mewn amgylchiadau llai cyfoethog, wrth gwrs yn dod o hyd i weithredoedd cyfatebol, sy'n rhoi'r un boddhad ond yn cyrraedd y penawdau'n llai aml.

Y weithred elyniaethus, neu'r weithred ymosodol, olaf yr wyf am edrych arni yw siarad yn faleisus am bobl eraill. Hyd yn ddiweddar roedden ni'n gallu gwneud hyn y tu ôl i gefnau pobl ac mae'n dal i weithio yn yr un ffordd yn union; mae hel clecs maleisus y tu ôl i gefn y person arall yn amlwg yn weithred elyniaethus neu ymosodol y mae hi'n eithaf anodd i'r dioddefwr ymateb iddi. Hyd yn oed os yw'n herio'r clecs, maen nhw fel arfer yn cael eu gwadu. Mae'r oes ddigidol wedi darparu sianel ychwanegol ar gyfer y math yma o weithgaredd. Mae'n hawdd anfon neges destun neu e-bost gyda chlecs am gydnabod cyffredin, ond dim ond ffurf ddigidol yw hyn o'r hyn sydd wedi bod yn digwydd ers canrifoedd. Mae'r elfen ychwanegol yn digwydd drwy 'adolygiadau' a thrwy safleoedd cymdeithasol fel Facebook. Mae safleoedd gwe tebyg i Tripadvisor wedi rhoi ymdeimlad newydd o rym i bobl gyda rhai'n ei ddefnyddio'n arbennig o dda, ond fel erioed gyda grym, mae rhai pobl yn awyddus i'w gamddefnyddio. Efallai y bydd yr elfen gymharol ddienw yn denu hynny oherwydd ofn dial o bosib pe baech chi'n cwyno'n bersonol.

Mae yna un maes eithriadol, fodd bynnag, lle nad yw'r ofn yma o ddial i'w weld yn dal unrhyw rym o gwbl. Mae gen i fam a mab yn gleifion ar hyn o bryd, ac mae'r mab tair ar ddeg oed yn cael amser caled iawn gan ei 'ffrindiau' yn yr ysgol, yn cynnwys drwy gyfrwng Facebook. Mae ei rieni'n ymwybodol o hyn ond yn teimlo'n ddiymadferth; maen nhw'n teimlo pe bydden nhw'n gweithredu y byddai hynny'n gwneud pethau'n waeth i'w mab, a hyd yn oed pe baen nhw'n mynd i siarad gyda rhieni'r drwgweithredwyr, y byddai hynny hefyd yn cyrraedd yn ôl at eu mab ac mai fe fyddai'n dioddef. Ac nid nhw ydy'r unig rai; mae hon yn broblem gyffredin dros ben. Mae fy nghyfaill a'm cyd-weithiwr Paul Gaffney yn amcangyfrif nad oes rhyw fil o blant y flwyddyn yn ei gwneud hi o'r ysgol gynradd i'r ysgol ganolradd yn Iwerddon lle mae e'n byw. Mae poblogaeth o ryw bum miliwn yn Iwerddon, felly gallwn addasu'r ffigurau ar gyfer gwledydd eraill. (Cyn belled ag y gwn i, dydy'r broblem ddim yn un sy'n unigryw i Iwerddon.) Er bod hon yn amlwg yn weithred elyniaethus ac ymosodol, dydy hi ddim yn cael ei sbarduno gan ddicter, does dim awgrym bod 'ffrindiau' fy nghlaf yn ddig wrtho, ac mae hyn yn ymddangos yn normal yn y digwyddiadau bwlio erchyll yma.

Bod yn ymosodol ond nid yn ddig

Pan fyddwn ni'n ddig efallai y byddwn ni'n dweud ac yn gwneud pethau gelyniaethus ac ymosodol, ond er y gall hyn fod yn syniad gwael iawn i ni, mewn ffordd mae'n ddealladwy. Ond beth am bobl sy'n elyniaethus ac ymosodol heb fod yn ddig? Sut mae esbonio hynny?

Yr ateb cyntaf yw bod yna fudd ynddo ar gyfer y person dan sylw. Er enghraifft, efallai y bydd lleidr banc yn elyniaethus ac ymosodol (yn wir, fel y dywedais i eisoes, mae'n rhaid iddo fod, neu fel arall dydy'r peth ddim yn cael ei alw'n lladrad), ond fel arfer fydd e ddim wedi cwrdd â staff y banc o'r blaen, felly mae'n debygol nad yw'n ddig gyda nhw. Mae'r elyniaeth a'r ymosodedd yn ffordd o gyrraedd y nod, yn ffordd o gael y staff i roi'r arian i'r lladron.

Ar lefel ychydig yn wahanol, gallen ni fod yn elyniaethus ac ymosodol wrth fynd yn ôl i siop i fynnu ad-daliad am nwyddau diffygiol. Fel arfer, fydden ni ddim wrth gwrs; bydden ni'n mynd yn ôl a gofyn am ad-daliad. Ond beth os nad yw'r ad-daliad yn cael ei roi, beth fyddwn ni'n ei wneud wedyn? Mae'r ateb yn dibynnu ar bwy ydyn ni, wrth gwrs; bydd rhai ohonom yn cerdded allan yn siomedig, ond bydd eraill yn troi at elyniaeth ac ymosodedd i weld a fydd hyn yn rhoi gwell canlyniad i ni. Cyfeirir at hyn yn aml fel 'mynd yn ddig', ond mae p'un a oes dicter yn gysylltiedig â hyn ai peidio yn gwestiwn agored. Yn bendant mae yna elyniaeth ac ymosodedd, ond ydy hyn yn cael ei syntheseiddio er mwyn cael canlyniad da, neu ydy e wir yn cael ei sbarduno gan ddicter?

Mae'r un peth yn wir yn y cartref. Bydd rhieni'n aml yn dweud sut roedd rhaid iddyn nhw 'fynd yn ddig' gyda'u mab neu ferch cyn y byddai'n fodlon tacluso'r ystafell wely. Ac eto, mae'r geiriau bod 'rhaid iddyn nhw' fynd yn ddig yn bradychu'r ffaith mai rhywbeth oedd dan reolaeth lwyr oedd hyn a oedd yn cael ei ddefnyddio i gyrraedd y diben a ddymunid yn hytrach nag am unrhyw reswm arall.

Weithiau gwahaniaethir rhwng 'ymosodedd dig' (gelyniaeth ac ymosodedd sy'n cael eu tanio gan ddicter) ac 'ymosodedd cyfryngol' (gelyniaeth ac ymosodedd sy'n gyfrwng i ennill yr hyn mae ar berson ei eisiau). O safbwynt y llyfr hwn, mae'r cliw yn y teitl; byddwn yn canolbwyntio'n bennaf ar ddicter a thymer flin a phethau sy'n deillio o hynny. Ond byddwn yn gwneud ychydig mwy na hynny, fodd bynnag, oherwydd mae ymosodedd, gelyniaeth a thrais yn agweddau mor bwysig ac yn rhyngweithio cymaint gyda dicter a thymer flin fel na fyddai'n ddefnyddiol i ni gyfyngu gormod arnon ni'n hunain. Sut bynnag, bydd gan y rhan fwyaf o bobl gymysgedd o gymhellion am eu hymosodedd neu elyniaeth: weithiau dicter, weithiau rhyw reswm arall.

Trais

Mae trais, mewn ffordd, yn fwy syml. Mae pawb yn gwybod beth yw trais, sef cyswllt corfforol niweidiol – naill ai gydag arf neu heb arf – rhwng un person ac un arall. Weithiau bydd pobl yn cyfeirio at 'drais geiriol' i wneud y pwynt bod geiriau'n gallu bod yn niweidiol iawn, ond dwi'n credu bod hynny'n ddiangen ac yn ddryslyd; mae'r rhan fwyaf ohonom yn hollol fodlon derbyn bod geiriau'n gallu bod yn niweidiol heb godi'r syniad o drais geiriol.

Mae yna bwynt amlwg am drais sy'n werth ei nodi, er ei fod yn amlwg: mae trais yn beryglus. Mae pobl yn gallu, ac yn, colli eu bywyd neu ddioddef anafiadau sy'n newid bywyd o ganlyniad i drais. Mae hi hefyd yn bwysig nodi mai'r person sy'n cael ei niweidio fwyaf weithiau yw'r person sy'n cychwyn y trais. Er enghraifft, gallai David, a oedd wedi gafael yn y bachgen a oedd yn dwyn ei radio o'i gar, fod wedi gosod ei hun mewn perygl mawr. Fel y digwyddodd hi, nid dyna oedd y canlyniad, ond roedd wedi ei ddallu gan gynddaredd i'r graddau nad oedd wedi asesu unrhyw risg oedd ynghlwm wrth ei weithredoedd. Pe bai'r lleidr wedi bod yn gryfach yn gorfforol, gallai dioddefwr y dwyn yn hawdd fod wedi colli ei fywyd neu gael ei anafu'n ddifrifol. Mae hyn yn digwydd yn aml, felly mae angen i ni ei gadw mewn cof yn gyson.

Crynodeb

- Weithiau gallwn deimlo'n elyniaethus heb reswm o gwbl, ac efallai ei bod hi'n beth da ein bod yn cydnabod hyn yn hytrach na meddwl ei bod yn rhaid bod rhywun wedi gwneud rhywbeth i'n gwneud ni'n ddig.
- Mae ymosodedd yn wahanol i ddicter a thymer flin. Bydd pobl bob amser yn gwybod os ydyn ni'n ymosodol. Mae pob math o ymosodedd, yn cynnwys trais corfforol ond hefyd geiriau a gweithredoedd ymosodol, ac 'ymosodedd goddefol', sydd fel arfer yn cael ei alw'n bwdu.
- Mae trais yn un ffurf ar ymosodedd ac mae'n golygu bod un person yn ymosod ar berson arall naill ai gydag arf neu heb arf. Mae bod yn rhan o drais yn beryglus; mae trais yn weithgaredd ac iddo risg uchel iawn.

Ymarferion dewisol

Tua dechrau'r bennod hon fe soniais nad yw hi'n syndod ein bod weithiau'n ei 'cholli hi'; y syndod mewn gwirionedd yw sut rydyn ni'n llwyddo i gadw pethau dan reolaeth am gymaint o'r amser. Mae Paul Gilbert yn ysgrifennu'n dda iawn am hyn yn ei lyfr ar therapi sy'n canolbwyntio ar dosturi.

(Y syniad yma yw bod rhywun yn dysgu bod yn dosturiol tuag ato'i hun, i ddeall y gwahanol bethau sy'n rhoi pwysau arnon ni.) Lle mae hynny'n berthnasol, rwy'n ymgorffori rhai o syniadau Paul yn y llyfr hwn, ond efallai y byddwch am eu darllen eich hun ac os felly, chwiliwch ar-lein am 'Paul Gilbert compassion focused therapy'.

Rhai cwestiynau y gallech fod am eu hateb:

1. Ydych chi'n gweld eich bod chi weithiau'n teimlo'n elyniaethus heb unrhyw reswm, h.y. pan nad ydych chi'n ddig?
2. Os ydych chi weithiau'n teimlo'n elyniaethus heb unrhyw reswm, ydych chi wedi tybio yn y gorffennol ei bod yn rhaid bod rhywun wedi gwneud i chi deimlo fel hyn?
3. Os ydych chi weithiau'n teimlo'n elyniaethus heb unrhyw reswm, ydych chi'n meddwl y gallech chi dderbyn hynny a dyna ni?
4. Ydych chi weithiau'n ymosodol tuag at bobl eraill? Os felly, pa ffurf mae'ch ymosodedd yn ei chymryd fel arfer?
5. Os ydych chi weithiau'n ymosodol tuag at eraill, beth yw'r prif reswm dros roi'r gorau i hyn, yn eich barn chi?
6. Ydych chi weithiau'n cymryd rhan mewn gweithredoedd treisgar? Os felly, ydych chi wedi sylweddoli'r risg i chi'ch hun yn sgil hynny, naill ai yn nhermau niwed corfforol neu yn nhermau niweidio perthnasoedd pwysig neu yn nhermau cael eich arestio?

3

Beth sy'n ein gwneud ni'n ddig?

Mae'n bwysig gwybod yn union beth sy'n eich gwneud chi'n ddig, oherwydd pan fyddwch yn dechrau gwneud rhywbeth am hyn, bydd hwn yn fan cychwyn pwysig iawn. Yn amlwg, os ydych chi'n gwybod pa bethau sy'n eich gwneud chi'n ddig, gallwch naill ai osgoi'r pethau hynny (os yn bosib!) neu weithio allan sut byddai'n well gennych chi ymateb iddyn nhw pan fyddan nhw'n digwydd.

Felly am ba fath o bethau ydyn ni'n chwilio? Dywedir ein bod ni i gyd yn wahanol, ond mewn gwirionedd mae tuedd i themâu arbennig gynhyrchu dicter yn y rhan fwyaf o bobl. A chofiwch, fel y gwnaethon ni sôn ym Mhennod 1, does dim byd yn bod ar ddicter ynddo'i hun, cyn belled â'i fod yn gymesur â'r digwyddiad. Beth sy'n gwneud i ni deimlo'n ddrwg yw gweithredu'n gwbl anghymesur â'r hyn sy'n digwydd: pan fyddwn ni'n 'bigog' heb fod unrhyw beth yn ein pryfocio, neu'n ddig mewn ymateb i rywbeth na fyddai fel arfer ond yn cythruddo pobl eraill ryw fymryn, neu'n 'colli'n limpin' yn llwyr mewn ymateb i rywbeth na fyddai'r rhan fwyaf o bobl ond yn teimlo ychydig yn flin yn ei gylch.

Cythruddion, costau a chamweddau

Felly beth sy'n gwneud y rhan fwyaf ohonon ni'n ddig? Mae fy nghyd-weithiwr, Neil Frude, a gydysgrifennodd 'Preventing Face-to-Face Violence' â mi, yn tynnu sylw at dri phrif gategori: cythruddion, costau a chamweddau, neu yn y Saesneg gwreiddiol, 'irritants, costs and transgressions'.

Cythruddion

Mae nifer y *cythruddion* yn ein bywydau'n ddiderfyn. Yn ddiweddar bues i'n siarad gydag Aisha a ddywedodd nad oedd hi bellach yn gallu dioddef y ffordd roedd ei gŵr hi'n bwyta. Roedd y sŵn yr oedd ei geg yn ei wneud wrth gnoi ei fwyd yn ei gyrru hi'n wallgof. Ar ben hyn, fel sy'n digwydd mor aml, nawr ei bod hi wedi sylwi ar hyn, roedd hi'n gwrando amdano bob pryd bwyd; ac roedd hynny'n gwneud pethau ganwaith gwaeth. Roedd wedi troi'n symbol o bopeth oedd yn bod arno (hunanol, barus) ac ar eu priodas (roedd hi'n ei weld yn fath gwahanol o berson iddi hi).

Gall pobl sy'n sniffian, yn pesychu, yn chwythu trwyn hefyd ein cythruddo. Roedd hyn yn bendant yn arfer bod yn wir amdana i. Weithiau byddaf yn trefnu digwyddiadau hyfforddi lle dwi'n treulio tridiau gyda rhyw ddwsin o bobl. Yn achlysurol bydd gan un o'r dwsin beswch cronig, cas sy'n para am y tridiau i gyd, ac yn hirach cyn belled ag y gwn i. Heb os, roeddwn i'n arfer cael fy nghythruddo gan hyn. Mae peswch yn gallu bod mor swnllyd; ac weithiau roedd y pesychwr yn gallu ymddangos fel petai'n pesychu'n fwriadol ar yr union eiliad pan fyddwn i'n mynd i ddweud rhywbeth pwysig iawn! Felly byddai'n rhaid imi ei ailadrodd a byddai hynny'n difetha'r ergyd. (Fe wnes i roi stop ar y sensitifrwydd hwn pan sylweddolais i y byddai'r person oedd yn pesychu, yn aml iawn, wedi bod â'r hawl i aros gartre, ar absenoldeb salwch, am y tridiau. Roeddwn i felly'n gallu ailddehongli ei bresenoldeb pesychlyd fel teyrnged i mi: tystiolaeth nad oedd e'n gallu dioddef colli'r digwyddiad. Does gen i ddim ots mewn gwirionedd ydy hyn yn wir ai peidio; dwi'n teimlo ei fod yn wir – neu o leiaf y gallai fod yn wir – ac mae hynny'n ddigon i mi.)

Mae cymdogion yn ffynhonnell ragorol arall ar gyfer cythruddo pobl. Mae fflatiau a thai trefi'n cynnig cyfle arbennig i bobl gythruddo ei gilydd. Ar ôl i ni briodi roedd fy ngwraig a mi'n byw mewn tŷ lle roedden ni hyd yn oed yn gallu clywed y cymdogion yn troi'r switsys trydan yn y wal ymlaen ac yn eu diffodd, mor glir â phe baen nhw yn yr ystafell gyda ni. Dydy hynny ddim ynddo'i hun yn cyfrif fel rhywbeth i'n cythruddo, ond mae digon o botensial ar gyfer cythruddo difrifol: cerddoriaeth uchel, lleisiau croch, curo hoelion i mewn i waliau, DIY, chwarae gemau pêl yn y stryd (ac yn eich gardd *chi*) ac yn y blaen ac yn y blaen. Yn aml mae bywydau pobl yn troi'n wewyr a diflastod pur, diolch i lefel y cythruddo sy'n cael ei achosi gan eu cymdogion.

Costau

Gall ymddygiad rhywun arall gostio i chi'n llythrennol, yn ariannol, neu gall gostio i chi o ran amser, neu o ran colli 'wyneb', neu yn wir o ran unrhyw golled arall. Yr hyn sy'n gyffredin yma yw bod rhywun yn costio i chi mewn rhyw ffordd, drwy'r hyn y mae'n ei wneud; ac mae hyn yn eich gwneud chi'n ddig. Mae enghreifftiau'n cynnwys rhieni'n ddig gyda'u plant pan fyddan nhw'n torri rhywbeth (oherwydd y gost ariannol o gael un newydd); neu eich partner yn ddig oherwydd eich bod wedi crasio'r car (eto, oherwydd cost trwsio'r car, neu'r cynnydd yn yr yswiriant yn sgil y ddamwain).

Yn ddiddorol, mae'r math yma o achosion dicter weithiau'n cyfleu effaith 'gwaddol'. Dywedodd Lola wrtha i pa mor ddig oedd hi bod ei mab tair ar ddeg oed wedi torri mẁg drwy ei ollwng ar lawr y gegin yn ddamweiniol. Pan ofynnais iddi yn union pam ei bod wedi mynd yn ddig, atebodd 'Wel, mae'n fater o gost prynu pethau newydd; mae'n mynd o gwmpas y lle fel petai arian yn tyfu ar goed, yn meddwl y bydd beth bynnag y bydd yn ei dorri yn golygu y bydd un newydd yn cael ei brynu'n awtomatig.' Roeddwn i'n gweld hyn yn od gan fod Lola ymhell o fod yn dlawd, ac yn gallu prynu mẁg neu ddau newydd heb broblem o gwbl. Ond doedd hi ddim wedi bod yn gyfoethog erioed; ar un adeg yn ei bywyd byddai gorfod prynu mẁg newydd wedi cael effaith sylweddol ar ei chyllid, ac roedd y meddylfryd hwnnw wedi aros gyda hi. Anodd newid hen arferion. Ac mae yna un esboniad arall posib, efallai eich bod wedi sylwi arno; ond fe ddown yn ôl at hwnnw'n ddiweddarach.

Roedd Nicole yn adrodd ei hanes wrtha i amdani'n mynd â'i merch bump oed i glinig cleifion allanol yn yr ysbyty. Fe gyrhaeddodd yn brydlon ar gyfer ei hapwyntiad 2 p.m. ond chafodd hi mo'i gweld tan ryw ddwyawr yn ddiweddarach, am 4 p.m. Yr hyn â'i gwylltiodd hi fwyaf oedd ei bod wedi sylweddoli ar ôl sbel fod pob un person yn y clinig wedi cael apwyntiad am 2 p.m., ac roedd oriau'r clinig i fod rhwng 2 p.m. a thua 5 p.m. Felly roedd awdurdodau'r ysbyty wedi trefnu'r sesiwn yn fwriadol mewn ffordd oedd yn golygu y byddai rhai'n aros am dair awr. Roedd y costau i Nicole yn niferus, yn cynnwys colli amser pryd y gallai fod wedi bod yn gwneud rhai o'r holl dasgau oedd yn pwyso arni gartref; gorfod diddanu ei merch bump oed yn gyson am ddwy awr i'w hatal rhag mynd yn ddiflas ac aflonydd; a'r colli wyneb oedd ymhlŷg yn agwedd ymddangosiadol awdurdodau'r ysbyty sef nad oedd ots os oedd hi'n cael ei chadw i aros am awr, dwy awr neu dair awr.

Roedd Brandon, sy'n drydanwr, yn ddig am fod gofyn iddo wneud gormod yn y gwaith. Roedd ei fòs yn gofyn mewn ffordd uniongyrchol iawn, rhywbeth fel, 'Oes gen ti amser i wneud galwad ychwanegol a galw gyda chwsmer sydd angen trwsio ei switsys golau?', ac roedd yn ddigon parod i dderbyn na fel ateb; byddai wastad yn gallu gofyn i un o'r trydanwyr eraill. Serch hynny, roedd Brandon yn dal yn ddig oherwydd cost y cais iddo fe. Beth oedd y gost honno? Fel y gwelai ef bethau, gallai ddewis un o ddau beth: naill ai byddai'n dioddef cost yr amser, lle byddai'n gwneud tasg ychwanegol nad oedd mewn gwirionedd yn gallu ei ffitio i mewn i'w amserlen; neu byddai'n dioddef cost euogrwydd wrth wrthod cais syml gan ei fòs. Yn amlwg, roedd angen dysgu technegau pendantrwydd sylfaenol ar Brandon, er mwyn iddo allu teimlo bod ganddo'r hawl i ddweud 'na' heb deimlo'n euog am hynny.

Dwi wedi cwrdd â llawer o bobl sy'n mynd yn ddig ac yn flin pan fydd eu partneriaid yn eu cywiro yn gyhoeddus. Y gost yma, fel arfer, yw colli wyneb – yn enwedig pan fydd y cywiro yn awgrymu bod y siaradwr cyntaf yn dweud celwydd, hyd yn oed dim ond celwydd golau er mwyn gor-ddweud a gwneud stori fyddai fel arall yn ddiflas yn fwy diddorol. Ond cafodd Errol ei yrru'n benwan gan ba mor fychan oedd y cywiro. Fe roddodd enghraifft i mi o achlysur pan oedd ef a'i wraig yn sgwrsio â ffrindiau ac yntau'n adrodd stori am rywbeth oedd wedi digwydd y dydd Mercher cynt. Cyn gynted ag y dywedodd y geiriau 'dydd Mercher', torrodd ei wraig ar ei draws a dweud, 'Na, nid dydd Mercher, dydd Mawrth oedd hi.' Mae'n anodd dychmygu y gallai fynd yn ddig ddim ond am fod ei wraig wedi torri ar ei draws fel hyn: wedi'r cyfan, does fawr o golli wyneb ynghlwm wrth gamgymryd dydd Mawrth am ddydd Mercher. Efallai mai mater syml o gael ei gythruddo oedd e (bod rhywun yn torri ar draws llif ei feddwl) – neu efallai ei fod yn rhywbeth gwahanol: camwedd.

Camweddau

Mae camwedd yn golygu torri rheol. Efallai fod Errol yn credu yn y rheol na ddylai gwŷr a gwragedd wrth-ddweud ei gilydd yn gyhoeddus – sydd ddim yn rheol anarferol i'w harddel. Felly, wrth i'r rheol gael ei thorri, drosodd a throsodd, aeth yn fwy a mwy dig.

Rheol gyffredin arall sydd gan ffrindiau da a phartneriaid yw na ddylai cyfrinachau gael eu torri. Mewn geiriau eraill, os yw eich partner yn gwybod rhywbeth yn rhinwedd bod yn bartner i chi, yna ni ddylai fynd o gwmpas y lle yn dweud wrth bobl eraill amdano. Gallai hyn gynnwys manylion personol am eich iechyd, eich hoffterau a'ch casbethau, neu'n syml, rhywbeth mae'n ei wybod am eich profiadau neu'ch barn na fyddech chi eisiau ei rannu gyda neb heblaw'r rhai agosaf atoch chi. Mae torri ymddiriedaeth fel hyn yn cael ei ystyried yn dabŵ yn ddieithriad fwy neu lai, yn gamwedd mawr – ac mae'n un o'r ffyrdd cyflymaf o ffraeo gyda'ch partner.

Yn amlwg, mae'r enghraifft ym Mhennod 1 am y dyn a ddigiodd gyda'r bachgen ifanc a ddaliodd yn ceisio dwyn radio ei gar hefyd yn enghraifft o gamwedd. Yn yr achos hwnnw roedd y bachgen nid yn unig yn torri rheol oedd gan y dyn dan sylw – roedd hefyd yn torri'r gyfraith: camwedd ffurfiol iawn.

Dydy'r tri chategori hyn ddim yn cau allan y naill a'r llall: mae sawl achos sy'n croesi'r ffiniau. Er enghraifft, os bydd eich partner yn fflyrtio â rhywun sy'n ddeniadol iddo/iddi, mae hynny fel arfer yn cael ei ystyried yn gamwedd; mewn geiriau eraill, mae'n erbyn y rheolau i nifer o bobl. Ond mae hefyd yn cynnwys cost – colli wyneb, yr argraff bod eich partner rhywsut yn anfodlon gyda chi ac yn chwilio am gysur yn rhywle arall. (Wrth gwrs, efallai nad yw hynny'n wir; ond mae'n hawdd ei ystyried felly.)

Enghraifft arall sy'n croesi ffiniau yw'r hanes am fab Lola a ollyngodd fŵg ar y llawr a'i dorri yn ddamweiniol. Efallai mai cost prynu mŵg newydd oedd wedi gwneud ei fam yn ddig, fel yr honnodd hi; ond gan ei bod yn amlwg y gallai fforddio gwneud hynny heb hyd yn oed sylwi ar y pris, mae hynny i'w weld braidd yn annhebygol. Esboniad mwy tebygol yw ei bod hi'n flin am ei fod wedi camweddu yn erbyn rheol ddieiriau, sef bod rhywun yn cymryd gofal rhesymol i beidio ag achosi anghyfleustra i bobl eraill yn y cartref. Y 'diffyg gofal' oedd yr hyn a'i digiodd hi.

Crynodeb

- Mae'n bwysig gwybod pa fathau o bethau sy'n eich gwneud chi'n ddig, oherwydd byddwch yn defnyddio'r wybodaeth hon er eich lles eich hun yn ddiweddarach.

- Yn nodweddiadol, mae yna dri chategori o bethau sy'n gwneud pobl yn ddig: cythruddion, costau a chamweddau.

- Mae pob math o gythruddion: pobl yn gadael drysau ar agor drwy'r amser, cymdogion swnllyd, hyd yn oed y modd y mae pobl yn bwyta neu'n pesychu.

- Yn yr un modd, mae pob math o bethau mae pobl yn eu gwneud sy'n golygu cost i ni: ein plant yn torri pethau a'r gost ariannol sy'n dilyn hynny; ein partneriaid yn ein cywiro a'r gost o golli wyneb a ddaw yn ei sgil; gorfod gwneud pethau'n annisgwyl, sy'n costio amser i ni.

- Bydd gennych chi, fel pawb arall, gyfres o reolau rydych chi'n disgwyl i bobl eraill eu dilyn. Pan fydd rhywun yn torri un o'r rheolau hyn, fe'i gelwir yn gamwedd. Pan fyddwch chi'n gweld camwedd, neu'n credu eich bod yn gweld un, mae'n debygol y byddwch yn ddig.

- Mae rhai pethau sy'n ein gwneud ni'n ddig yn croesi'r ffiniau rhwng y categorïau hyn. Er enghraifft, gall plentyn yn torri rhywbeth ein gwneud yn ddig oherwydd y gost o gael un newydd, ond hefyd oherwydd nad yw, yn ein barn ni, wedi bod yn ddigon gofalus.

4

Pam nad ydw i'n ddig drwy'r amser?

Mae hi'n ymddangos fod y byd yn llawn dop o bethau sy'n ein cythruddo, o bobl sy'n gwneud pethau sy'n arwain at gostau i ni i bobl sy'n torri'r rheolau rydyn ni wedi eu creu i ni'n hunain. Felly pam nad ydyn ni mewn cyflwr parhaus o ddicter a chynddaredd?

Ataliadau mewnol ac allanol

Ydych chi'n cofio Nicole, a aeth â'i merch fach i'r clinig cleifion allanol yn yr ysbyty ac a fu'n aros am ddwy awr? Fe ddisgrifiodd hi'r digwyddiad i mi fel un o'r adegau pan oedd hi'n fwy dig nag y bu erioed o'r blaen. Roedd nifer o ffactorau wnaeth arwain at hyn. Pan gyrhaeddodd hi'r clinig fe welodd fod yr ystafell aros yn orlawn, ond meddyliodd efallai fod llawer o ddoctoriaid a nyrsys yn gweithio yno ac y byddai'n clirio'n fuan. Yn raddol daeth i sylweddoli, i'r gwrthwyneb, fod y ciw yn symud yn araf dros ben; a phan ddechreuodd hi siarad gyda rhai o'r bobl eraill oedd yn aros, fe sylweddolodd fod gan bob un ohonyn nhw apwyntiad am 2 p.m. Achosodd hynny newid mawr yn lefel ei dicter, o fod yn dawel i fod yn 'eithaf dig'. Ond nid yn 'berwi': digwyddodd hynny o gwmpas 3 p.m. pan stopiodd yr unig ddoctor a nyrs oedd, mewn gwirionedd, yn gweithio yn y clinig y diwrnod hwnnw i gael eu te prynhawn. A pham na ddylen nhw, meddech chi; mae'r rhan fwyaf ohonom yn cymryd egwyl fach yn y prynhawn, ac roedden nhw wedi bod yn gweithio'n galed. Pam lai, yn wir; ond y ffordd y gwnaethon nhw hyn gythruddodd Nicole. Roedden nhw'n eistedd yn ystafell y clinig yn sgwrsio â'i gilydd gyda'r drws led y pen ar agor, fel bod yr holl gleifion yn gallu eu gweld nhw'n cael eu hegwyl – y mamau i gyd (yn bennaf) gyda'u plant yn mynd yn fwyfwy cwynfanllyd tra bod y doctor a'r nyrs i'w gweld yn glir yn ymarfer eu hawl i gael paned o de. Doedd hi ddim yn syndod felly, erbyn i Nicole fynd â'i merch fach i mewn i weld y meddyg, ei bod yn gynddeiriog? Felly, a ddywedodd hi wrth y doctor sut roedd hi'n teimlo? Naddo; ddywedodd hi'r un gair am y peth.

Nawr, mae hyn yn syndod ar yr olwg gyntaf, oherwydd os byddwch chi'n siarad gyda Nicole heddiw, ddeng mlynedd ar ôl y digwyddiad hwnnw, mae hi'n dal i ddechrau berwi wrth gofio. Roedd hi mor *ddig*. Ac eto soniodd hi'r un gair am y peth pan aeth hi i mewn at y doctor. Pam felly?

Yr ateb byr yw: oherwydd ei *hataliadau (inhibitions)*. Nid bod Nicole yn berson a oedd yn cnoi ei thafod, ond roedd yna ataliadau ar waith a oedd yn ei dal hi'n ôl, rhyw fath o fecanwaith hunanreolaeth. Mae'n debyg y gallwn ni ddyfalu pa fath o feddyliau oedd yn gwibio drwy ei phen – pethau fel: 'Os bydda i'n cythruddo'r doctor, fydd fy mhlentyn yn cael y driniaeth orau y gall ei rhoi?' Mae Nicole ei hun yn cadarnhau bod hyn yn wir, mai dyna'r union beth oedd flaenaf yn ei meddwl ar y pryd. Ond mae hi hefyd yn cyfaddef bod yna ail ataliad, sef: 'Dydy rhywun ddim yn mynd ar hyd y lle yn mynd yn ddig gyda doctoriaid.' Yn gam neu'n gymwys, roedd hi'n arddel hyn fel rheol iddi ei hun, rheol oedd yn dal yn wir hyd yn oed pan oedd hi'n cael ei thrin mor wael gan ddoctor.

Mae'r ail ataliad ('dydy rhywun ddim yn mynd yn ddig gyda doctoriaid') yn cael ei alw'n ataliad *mewnol*: mewn geiriau eraill, ataliad sy'n bodoli'n gwbl fewnol, yn y meddwl. Does dim bygythiad allanol, fel yr heddlu'n dod i'w harestio hi, fyddai'n ei hatal rhag bod yn ddig gyda'r doctor; dim ond rheol fewnol oedd ganddi ar ei chyfer ei hun.

Beth am yr ataliad cyntaf, yr un oedd yn dweud efallai na fyddai ei phlentyn yn cael y driniaeth orau un pe byddai hi'n mynd yn ddig gyda'r doctor? Ydy, mae hwn yn ataliad *allanol,* yn yr ystyr mai ofni'r canlyniadau oedd wedi ei hatal rhag mynegi ei dicter.

Dewch i ni edrych nawr ar yr enghraifft ym Mhennod 1 lle daeth David rownd y gornel a gweld bachgen ifanc yn malu ffenest ei gar a dechrau tynnu ei stereo allan. Daliodd David y bachgen, ac wrth eistedd ar ei ben ar y llawr, fe ddisgrifiodd ei hun fel rhywun wedi'i orlethu'n llwyr gan ddicter yn erbyn y bachgen yma oedd yn teimlo y gallai gymryd pethau nad oedden nhw'n eiddo iddo. Felly, ac yntau wedi ei gael ar y llawr, ar ei drugaredd, pam na fyddai'n ei dagu neu'n bwrw ei ben yn erbyn y pafin? Eto, yr ateb yw 'ataliadau': ond oedden nhw'n fewnol neu'n allanol? Ai'r ofn o gael ei lusgo o flaen y llys ei hun ar gyhuddiad llawer mwy difrifol na dwyn, neu ai rhyw reol fewnol ddofn oedd yn dweud nad yw rhywun i fod i fwrw pennau pobl ar y pafin waeth beth maen nhw wedi'i wneud?

Pwy a ŵyr? Cyfuniad o'r ddau, mae'n debyg. Y naill ffordd neu'r llall, mae'r hanes yma'n dangos yn glir bŵer ataliadau o'r fath oherwydd roedd David, yn ôl ei ddisgrifiad ei hun, yn gwbl gynddeiriog.

Mae enghraifft arall o bŵer ataliadau mewnol – rheolau syml rydyn ni'n eu creu i ni'n hunain – yn dod gan foi roeddwn i'n siarad ag ef yn ddiweddar sy'n gweithio mewn bar. Fe ddisgrifiodd sut roedd un o'i gwsmeriaid yn dadlau'n uchel gyda chwsmer arall ac ar fin ei daro. Roedd y dyn oedd ar fin cael ei daro wedi cymryd cam yn ôl, wedi codi ei ddwylo mewn symudiad cymodlon, gan ddweud, 'Hei, hei, hei ... Dwi dros ddeugain oed.' Mae'n debyg mai achosi saib wnaeth y sylw yma, wrth i'r darpar ymosodwr chwilio ei gof i weld a oedd yna reol go iawn yn erbyn taro rhywun dros ddeugain oed. Yn ddiddorol, ac yn sicr er mawr ryddhad i'r darpar ddioddefwr, erbyn iddo sylweddoli nad oedd rheol o'r fath yn bodoli mewn gwirionedd, roedd yr eiliad wedi mynd heibio ac fe drodd ar ei sawdl a cherdded i ffwrdd.

Mae ataliadau'n rhoi'r brêcs ar ddicter

Felly mae ataliadau, mewn gwirionedd, yn bethau gwych – ychydig fel y brêcs ar y car, maen nhw'n ein hatal rhag mynd yn rhy bell yn rhy gyflym. Yn ddiweddarach yn y llyfr hwn rydyn ni'n mynd i weld sut gallwch chi ddefnyddio ataliadau er eich lles eich hun, felly mae'n syniad da'n awr dod i arfer â'r syniad fod ataliadau'n fecanweithiau angenrheidiol a defnyddiol sydd wedi eu hadeiladu i mewn i strwythur ein hymennydd. Mae hi hefyd yn werth pwysleisio bod cyfeirio at 'ataliadau' yn yr ystyr yma yn wahanol i gyfeirio at rywun sy'n cnoi ei dafod neu'n 'ataliedig' fel term beirniadol. Beth rydyn ni'n aml yn ei feddwl yn y cyd-destun hwnnw yw bod y person yn cael ei ddal yn ôl rhag arddangos unrhyw emosiwn, nid dicter yn unig, fel ei fod yn ymddangos yn oer, yn ddigyffro, wedi ymgolli ynddo'i hun ac yn methu 'gadael i'w hun fynd'. Ond yn y cyd-destun o gadw ein hymatebion dig dan reolaeth, ataliadau – mewnol ac allanol – yw'r union bethau sydd eu hangen arnon ni.

Dewch i ni edrych ar un enghraifft o berson oedd heb ddatblygu ei ataliadau'n ddigon cryf, ac o ganlyniad, rhywun roeddwn i'n siarad ag ef mewn carchar. Adroddodd Terry'r hanes amdano un noson yn sefyll wrth far, yn cael diod gyda ffrind. Mae'n meddwl ei fod wedi cael pedwar neu bum peint o gwrw erbyn i'r digwyddiad nesaf yma ddigwydd. Esbonia ei fod yn codi ei beint i'w geg pan gafodd bwniad yn ei benelin gan rywun wrth ei ymyl a achosodd i gryn dipyn o gwrw sarnu dros ei wyneb a'i frest. Y peth nesaf, roedd Terry wedi chwalu ei wydr peint yn erbyn y bar a'i wthio i wyneb y dyn – gan achosi anaf difrifol iawn, wrth gwrs. Canlyniad yr ychydig eiliadau hyn i Terry oedd dedfryd o bum mlynedd yn y carchar. Roedd hi'n drueni mawr i'r ddau ddyn nad oedd yr ymosodwr wedi gweithio ar ddatblygu ei ataliadau. Unwaith eto, gallai'r ataliadau hynny fod wedi bod yn rhai allanol (byddaf yn gorfod mynd i'r carchar, fe gaf fy nhaflu allan o'r bar, bydd yr heddlu'n cael eu galw) neu'n fewnol (dydy hi ddim yn iawn i rywun fynd o gwmpas yn ymosod ar bobl).

I'r rhan fwyaf o bobl, wrth gwrs, mae canlyniadau bod ag ataliadau heb eu datblygu yn llai dramatig na hyn: dim ond byw bywyd sy'n cael ei amharu flwyddyn ar ôl blwyddyn yn sgil cythruddo pobl eraill! Felly mae yna fanteision enfawr i'w hennill o ddysgu am ataliadau ac am yr holl dechnegau eraill y byddwn yn edrych arnyn nhw'n ddiweddarach. Am y tro, mae'n ddigon i ni wybod amdanyn nhw a gwybod pa mor bwysig ydyn nhw.

Beth sy'n ein dal ni'n ôl?

A ninnau nawr wedi gweld sut mae ataliadau'n gweithio, efallai y gallwn ni geisio canfod beth sy'n dal pobl yn ôl ym mhob un o'r sefyllfaoedd rydyn ni wedi edrych arnyn nhw.

- Pam nad yw'r person sy'n clywed cerddoriaeth swnllyd o'r tŷ drws nesaf yn mynd yno ar unwaith i gwyno'n ddig? *Ateb:* ataliad mewnol: 'Mae'n iawn bod yn oddefgar tuag at eich cymdogion'; ataliad allanol: 'Pe bawn i'n gwneud hynny mae'n debyg y byddai'n dod yma'n syth i gwyno cyn gynted ag y bydda i'n gwneud sŵn, ac mae'n debyg y byddai'n mynd o gwmpas yn dweud pethau cas amdana i wrth y cymdogion eraill i gyd.'

- Pam nad oedd Aisha wedi mynd yn fwy dig gyda'i gŵr oedd yn bwyta'n swnllyd? *Ateb:* ataliad mewnol: 'Rhaid i mi drio cyfyngu ar faint o gwyno dwi'n ei wneud, dim ond peth bach yw hwn'; ataliad allanol: 'Mae'n siŵr fod gen i arferion gwael hefyd, felly os bydda i'n cwyno am ei fwyta, mae'n debyg y bydd yntau'n dechrau cwyno am yr holl bethau dwi'n eu gwneud sy'n ei gythruddo fe.'

- Pan oedd pobl yn pesychu yn ystod fy sgyrsiau a hynny'n fy ngwylltio, pam na fyddwn i'n mynd yn ddig gyda nhw ac yn dweud wrthyn nhw am fod yn dawel neu am adael yr ystafell? *Ateb:* ataliad mewnol: 'Ddylwn i ddim bod yn anghwrtais gyda phobl sydd wedi dod i wrando arna i'n siarad'; ataliad allanol: 'Os bydda i'n gwneud hynny, yna fe fydd yna awyrgylch oeraidd am weddill y tridiau gyda phawb arall yn ofni pesychu'n ddamweiniol.'
- Pam na wnaeth Errol ateb yn ôl yn ddig wrth i'w wraig ei wrth-ddweud yn gyhoeddus? *Ateb:* ataliad mewnol: 'Dydych chi ddim yn golchi eich dillad budr yn gyhoeddus'; ataliad allanol: 'Bydd pobl yn meddwl llai ohono i os bydda i'n gwneud hynny.'
- Pam na wnaeth Brandon, y trydanwr oedd yn cael cais i wneud gormod o dasgau, ddweud 'na' wrth ei fòs ar unwaith? *Ateb:* ataliad allanol: gallai ei fòs feddwl llai ohono, a phan fyddai'n amser meddwl am ddiswyddiadau ...

Crynodeb

- Mae'r gallu i gyfyngu ar ein dicter neu ei reoli yn allu pwysig iawn i'w gael. Dydy hi byth yn syniad da bod yn ddiataliad wrth fynegi ein dicter.

- Dydy hyn ddim yn golygu na ddylech chi byth fynegi eich dicter; ond yn hytrach, eich bod yn gallu rheoli eich dicter. Fel y gwelsom ym Mhennod 1, pobl flin eu tymer a gor-ddig yw'r rhai y mae eu hymateb yn anghymesur â'r sefyllfa sy'n arwain at yr ymateb.

- Mae ataliadau fel brêcs car: weithiau maen nhw'n stopio'r car rhag symud, ond yn aml dim ond gwneud yn siŵr fod y car yn symud ar gyflymder priodol maen nhw'n ei wneud.

- Mae dau brif fath o ataliad: mewnol ac allanol.

- Ataliadau mewnol yw'r meddyliau a'r canllawiau moesol sydd gennym i ni ein hunain.

- Mae ataliadau allanol yn seiliedig ar yr ymwybyddiaeth o'r canlyniadau a fyddai'n dilyn pe bai eich ymateb yn cael ei ystyried yn anghymesur â'r hyn a'ch cythruddodd.

51

Ymarferion dewisol

Meddyliwch am adeg y gwnaethoch chi lwyddo i reoli eich tymer yn ddiweddar. Beth helpodd chi i wneud hynny? Ai'r ataliadau mewnol (y rheolau sydd gennych ar eich cyfer eich hun), ataliadau allanol (ofni'r canlyniadau) neu rywbeth arall yn llwyr?

Beth oedd yn arbennig am yr adeg honno wnaeth i chi allu rheoli eich tymer ar y pryd pan ydych chi wedi cael trafferth yn gwneud hynny ar adegau eraill (gan gymryd eich bod, gan eich bod yn darllen y llyfr hwn)?

5

Adeiladu system i esbonio dicter a thymer flin

Y 'bwced sy'n gollwng'

Os gallwn ni roi popeth rydyn ni wedi'i ddarganfod hyd yma mewn diagram, bydd yn ein helpu i ragweld pryd rydyn ni'n debygol o fod yn flin ein tymer neu'n ddig ac yn fwy perthnasol, sut i'w atal rhag digwydd. Felly dewch i ni edrych ar Ffigur 5.1 ar dudalen 54, sy'n crynhoi beth rydyn ni wedi'i ddweud hyd yma am achos Nicole.

Mae hon yn enghraifft arbennig o ddiddorol, oherwydd mae llawer o bobl yn gofyn: 'Beth sy'n digwydd i'r dicter?' Mewn geiriau eraill, mae llawer o bobl yn tybio oni bai eich bod yn 'ei adael allan' fod eich dicter yn crynhoi y tu mewn i chi ac yn gwneud niwed i chi mewn rhyw ffordd amhenodol. Felly maen nhw'n ei adael allan. Y drafferth yw bod 'ei adael allan' yn fwytheiriau; beth mae'n ei feddwl yn aml yw mynd yn ddig gyda phobl, efallai gweiddi a rhegi arnyn nhw, efallai dweud pethau sy'n brifo'r person arall, a choeliwch neu beidio – os gwnawn ni hyn dydy e ddim yn gwella pethau i ni

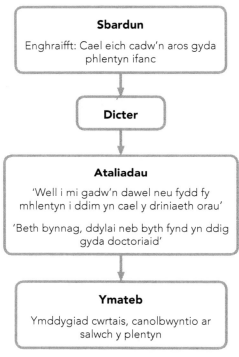

Sbardun

Enghraifft: Cael eich cadw'n aros gyda phlentyn ifanc

Dicter

Ataliadau

'Well i mi gadw'n dawel neu fydd fy mhlentyn i ddim yn cael y driniaeth orau'

'Beth bynnag, ddylai neb byth fynd yn ddig gyda doctoriaid'

Ymateb

Ymddygiad cwrtais, canolbwyntio ar salwch y plentyn

Ffigur 5.1 Cael eich cadw'n aros mewn ysbyty

fel arfer. Y newyddion da yw nad oes rhaid i ni wneud hyn; fydd dim byd drwg yn digwydd os byddwn yn ymatal rhag gweiddi, rhegi ac ati. Beth sy'n digwydd yw bod y dicter y tu mewn i ni'n diflannu'n araf – mae'n gollwng allan ohonom. Y gymhariaeth orau yw bwced o ddŵr sy'n gollwng. Yn achos Nicole roedd y bwced yn gorlifo, ac roedd hi'n eithriadol o ddig. Serch hynny, dros amser, yn raddol fe ddiflannodd y dicter, fel y mae dŵr yn dianc allan o fwced â thwll ynddo, ac erbyn hyn dydy hi ddim yn meddwl am y peth fel arfer.

(Mae'n werth nodi bod yna rai emosiynau y mae'n dda bod yn agored a gonest amdanyn nhw – eu 'gadael allan' – gan fod hyn yn arwain at well dealltwriaeth rhwng pobl, ac os ydych chi'n isel neu'n orbryderus, er enghraifft, gall arwain at dderbyn cefnogaeth. Mae dicter yn wahanol: mae ei adael allan fel arfer yn golygu beth rydyn ni newydd ei ddisgrifio – gweiddi a dweud pethau drwg, ac anaml y bydd hyn yn gweithio'n dda i ni nac i neb arall.)

Y cysyniad allweddol yw *gwneud beth rydych chi'n meddwl sy'n briodol yn y sefyllfa*. Yn yr achos hwn roedd y fam yn barnu bod ei hymddygiad yn briodol gan ei bod hi'n bosib na fyddai ei phlentyn wedi derbyn y driniaeth orau pe bai wedi creu ffwdan. Felly, hyd yn oed wrth edrych yn ôl, mae hi'n dal i farnu ei bod wedi gwneud y peth iawn. Yn yr un modd, rydyn ni'n mynd yn ddig tuag aton ni'n hunain pan fyddwn, wrth edrych yn ôl, yn credu na wnaethon ni ymddwyn yn iawn. Eto, y cysyniad pwysig yw ymddwyn yn gymesur â'r sefyllfa, gwneud beth rydych chi'n credu sy'n iawn yn y sefyllfa benodol. (Yn ddiweddarach byddwn yn ystyried pam mae ein barn weithiau'n mynd ar gyfeiliorn nes ein bod, ar adegau, yn gwneud cam difrifol â ni'n hunain.)

Mae Ffigur 5.2 yn dangos yr un model yn cael ei ddefnyddio mewn sefyllfa arall. Y prif wahaniaeth yma yw nad oedd yr ataliadau'n ddigon cryf i reoli lefel y dicter a brofodd Lola. Roedd y dicter felly wedi goresgyn ei hataliadau ac wedi arwain at ymateb o 'weiddi a sgrechian'.

A dweud y gwir, mae hyn ychydig yn annheg â Lola. Yn bendant, dyma sut y disgrifiodd hi'r digwyddiad – ei bod wedi ei 'cholli hi'; mewn geiriau eraill, fe gollodd hi bob rheolaeth.

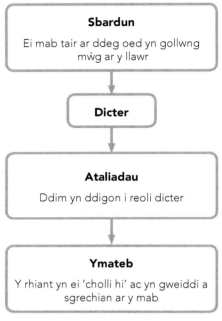

Ffigur 5.2 Mẁg yn torri ar y llawr

Ond os oedd hyn yn wir, pam na chododd hi'r gyllell fara (roedden nhw yn y gegin wedi'r cyfan) a thrywanu ei mab hanner cant o weithiau?

Testun myfyrdod

Ceisiwch ateb y cwestiwn hwn: Dywed Lola ei bod wedi ei 'cholli hi' yn yr ystyr nad oedd hi'n gallu rheoli ei thymer o gwbl a'i bod wedi 'gweiddi a sgrechian' ar ei mab; mae hi'n hynod edifar ond doedd ganddi mo'r help o gwbl am hyn. Does dim posib bod hyn yn wir, nac oes? *Pe bai hi wir yn methu rheoli ei hun pam na wnaeth hi rywbeth gwaeth o lawer fel trywanu ei mab i farwolaeth?* (Am ateb posib, gweler diwedd y bennod hon.)

Pan fydd y bwced yn gorlifo

Beth am ddilyn y trywydd yma ychydig ymhellach drwy ystyried achos Omar a drws gafodd ei adael ar agor mewn bar. Roedd Omar yn eistedd wrth y drws gyda'i ddau ffrind, ac roedd hi'n noson oer o aeaf y tu allan. Mae'r hyn a ddigwyddodd yn cael ei ddisgrifio yn Ffigur 5.3.

Ar yr wyneb, mae Ffigur 5.3 yn rhoi darlun cywir i ni o'r hyn ddigwyddodd. Yr union sefyllfa oedd mai dyma'r pumed tro i'r drws gael ei adael yn gilagored. Ar bob un o'r pedwar achlysur blaenorol, roedd rhywfaint o ddicter ychwanegol wedi cael ei roi yn y bwced. Felly, erbyn i berson rhif pump ddod heibio ac ychwanegu at y bwced, mae'r bwced yn llawn i'r ymylon ac yn barod i orlifo – ac mae Omar yn rhoi'r bwcedaid cyfan o ddicter i 'berson rhif pump'. Wrth adrodd yr hanes, dywedodd Omar mai dyn cymharol fach oedd y 'dioddefwr'. Beth pe bai wedi bod yn chwe throedfedd tair modfedd, yn fawr o gorffolaeth, a bod ganddo wregys du 6ed Dan mewn jiwdo? Ydych chi'n meddwl y byddai hynny wedi cryfhau ataliadau Omar? Mae'r rhan fwyaf o bobl yn teimlo ataliadau ynghylch dechrau ffeit gyda rhywun ddwywaith eu maint.

Mae'r cysyniad o ddicter yn cronni hyd at bwynt pan fydd yn gorlifo yn un pwysig. Roedd Adam yn un o brif werthwyr ei gwmni, a dywedodd wrtha i ei fod oddi cartref

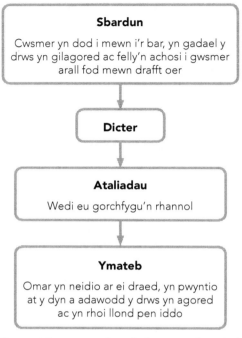

Ffigur 5.3 Drws yn cael ei adael yn agored mewn bar

yn aml ar fusnes, yn hedfan i bedwar ban byd i leoliadau ecsotig amrywiol am wythnosau bwygilydd. Tra'i fod i ffwrdd dechreuodd ei wraig ifanc ddeniadol, Lisa, gael un affêr ar ôl y llall. Yn raddol, dechreuodd Adam amau rhywbeth, ac ar ôl iddo ei holi sawl gwaith, cyfaddefodd Lisa beth oedd wedi bod yn digwydd. Er ei bod yn amlwg ei fod wedi ei frifo, roedd Adam yn credu y gallai ymdopi a dywedodd wrth ei wraig cyn belled ag y byddai hi'n dweud popeth wrtho y byddai'n fodlon dechrau o'r newydd pe bai hi'n gwneud hynny hefyd. Felly, y noson honno, fe gyffesodd Lisa iddi gael pedwar affêr. Fe siaradodd yn araf ac yn sensitif, ac yn raddol llwyddodd Adam i ddod i delerau â'r hyn oedd wedi digwydd. Fe aethon nhw i'r gwely, wedi penderfynu y gallen nhw roi'r cyfan y tu cefn iddyn nhw a dechrau o'r newydd.

Ond roedd Lisa wedi cofio pumed affêr, ac ar ôl iddyn nhw ddeffro fore trannoeth, yn ysbryd cyfaddef y cwbl, fe ddywedodd wrth Adam amdano. I Adam, roedd hyn yn ddigon i wneud i'r bwced orlifo, ac ysgarodd y ddau.

Beth sy'n eich gwneud chi'n ddig?

Erbyn hyn dylech allu dechrau gwneud dadansoddiad gofalus o'r hyn sy'n eich gwneud *chi*'n flin eich tymer ac yn ddig.

- Efallai y byddwch chi'n gallu adnabod sawl sbardun; i'r rhan fwyaf o bobl mae yna fwy nag un peth sy'n eu gwneud nhw'n ddig.
- Efallai y byddwch hyd yn oed yn gallu mesur faint o ddicter mae pob sbardun yn ei gynhyrchu'n nodweddiadol, o bosib gan ddefnyddio graddfa 10 pwynt lle mai 10 yw'r mwyaf dig y gallech chi fod erioed!
- Efallai y gallwch chi adnabod pryd mae ataliadau'n cychwyn: eich ataliadau mewnol (y moesoldeb a'r rheolau personol sydd gennych chi ar gyfer eich ymddygiad eich hun) a'r ataliadau allanol

---

(canlyniadau a all ddigwydd i chi os byddwch yn gorymateb).

- Efallai y byddwch hefyd yn gallu myfyrio ar y gwahanol ymatebion rydych wedi eu gwneud yn y gorffennol pan wnaeth y sbardunau hyn danio eich dicter.

Does dim angen gwneud hyn oll ar hyn o bryd os nad ydych chi eisiau; yn ddiweddarach byddwn yn edrych ar sut i ddadansoddi'r elfennau hyn yn ofalus, a beth i'w wneud unwaith y byddwch wedi eu dadansoddi. Gall gwneud hyn fod yn ddiddorol ac yn fuddiol. Ond am y tro gall ystyried y mathau o gwestiynau y byddwn yn eu holi fod yn ddefnyddiol.

Crynodeb

- Gallwn greu model realistig sy'n esbonio sut mae dicter a'n hymateb ni iddo wedyn yn digwydd.
- Mae gwneud hyn yn hynod fuddiol oherwydd gallwn wedyn ddadansoddi ein gweithredoedd a gweithredoedd pobl eraill. Wedi'n harfogi â'r ymwybyddiaeth yma, gallwn wedyn ymyrryd i leihau'r dicter a brofwn – ac ar ben hynny, i newid yr ymatebion y byddwn yn eu cael. Yr ymatebion hynny y mae pobl yn eu galw'n 'dymer flin' neu 'ddicter'.

- Byddwn yn datblygu'r model hwn wrth i ni fynd drwy'r llyfr. Y penawdau allweddol hyd yma yw: y sbardun (beth sy'n sbarduno ein dicter); y dicter ei hun (sy'n graddol grynhoi, fel dŵr yn cynyddu wrth iddo gael ei dywallt i mewn i fwced); ataliadau (sy'n ein hatal rhag rhyddhau ein dicter yn gyson); a'r ymateb (sy'n gallu amrywio o ddim byd o gwbl, pan fyddwn yn rheoli'n dicter yn llwyr, i ymatebion trychinebus pan fyddwn yn methu'n llwyr â'i reoli.)
- Mae'n bwysig cofio nad oes angen i ni 'ryddhau ein dicter'. Yn aml, mae 'rhyddhau ein dicter' yn ei wneud yn waeth. Mae'n well gadael iddo fynd yn raddol, fel dŵr yn llifo allan o fwced sy'n gollwng.

Awgrym o ateb i'r testun myfyrdod

Pe bai Lola wir yn methu â rheoli ei hun, pam na wnaeth hi rywbeth gwaeth o lawer fel trywanu ei mab i farwolaeth?

Efallai nad yw Lola'n gweld 'gweiddi a sgrechian' ar ei mab fel rhywbeth cynddrwg â'i drywanu i farwolaeth. Nawr efallai y byddech chi a fi'n dweud, 'Wel wrth gwrs nad yw hi, dydy hynny ddim hanner cynddrwg'. Ac eto, pan fyddwch chi'n siarad gyda Lola mae hi'n bendant nad yw hi eisiau ei 'cholli hi' gyda'i mab ddim mwy nag y mae eisiau ei drywanu. Ac eto, does dim modd i hyn fod yn wir, nac oes, oherwydd mae hi'n gwneud y cyntaf ond nid yr olaf.

Dwi'n credu bod y ddwy weithred wedi eu codio yn

ymennydd Lola fel pethau hollol wahanol. Mae trywanu wedi ei godio fel 'Wrth gwrs fyddwn i ddim yn gwneud hynny, fyddwn i byth yn gwneud hynny, fyddai'r un fam yn gwneud hynny,' ond mae ei cholli hi wedi ei godio fel 'Mae hyn yn rhywbeth dwi wir ddim eisiau ei wneud, dwi'n casáu fy hun am ei wneud'.

Beth ydych chi'n meddwl fyddai'n digwydd pe bai Lola'n llwyddo i ailgodio gweiddi a sgrechian ar ei mab fel 'Wrth gwrs fyddwn i ddim yn gwneud hynny, fyddwn i byth yn gwneud hynny, fyddai'r un fam byth yn gwneud hynny'?

6

Pam nad yw pobl eraill yn teimlo'n ddig am y pethau sy'n fy mlino i? Gwerthuso a barnu

Os gallwn ni ddidoli pethau mor dwt a thaclus ag a ddisgrifiwyd yn y bennod flaenorol, yna byddech chi'n meddwl y byddai'r hyn sy'n sbarduno dicter un person yn sbarduno'r un ymateb mewn person arall. Ac, i raddau helaeth, mae hyn yn wir. Er enghraifft, dydy'r rhan fwyaf o bobl ddim yn hoffi cael pobl eraill yn gweiddi a rhegi arnyn nhw. Mae'n eu gwneud nhw'n ddig; mae'n sbardun ar gyfer dicter. Dydy'r rhan fwyaf o bobl ddim yn hoffi bod pobl eraill yn dwyn eu pethau; mae hyn hefyd yn sbardun ar gyfer eu dicter. Dydy'r rhan fwyaf o bobl ddim yn hoffi eistedd mewn ciws traffig diddiwedd. Mae hyn hefyd yn gwneud y rhan fwyaf o bobl yn ddig, i raddau llai neu fwy. Ond mae hi hefyd yn wir fod pobl yn ymateb yn hollol wahanol i rai sbardunau. Er enghraifft, efallai y bydd un person yn mynd yn ddig wrth weld pobl ifanc yn chwarae pêl-droed y tu allan i'w dŷ, lle byddai rhywun arall yn ei weld fel rhan o fywyd y gymuned.

Gweld pethau'n wahanol

A dyna'r pwynt. Mae'r cyfan yn ymwneud â *sut rydyn ni'n gweld* y digwyddiad dan sylw. Os byddwn yn edrych arno'n elyniaethus, yna bydd, yn wir, yn dod yn sbardun i'n dicter. Os byddwn yn edrych arno'n oddefgar ac yn rhadlon, fydd e ddim.

Dydy hyn ddim yn golygu y dylen ni edrych ar bopeth mewn ffordd oddefgar a rhadlon. Fel y gwelwn yn ddiweddarach, mae dicter yn gallu bod yn ddefnyddiol a chynhyrchiol iawn. Serch hynny, am y tro, gadewch i ni edrych ar sut mae pethau'n gweithio fel arfer.

- Pam yr aeth un person a gafodd ei chadw'n aros yng nghlinig cleifion allanol ysbyty yn wirioneddol ddig tra oedd person arall heb ddigio? Ateb: oherwydd bod y person cyntaf yn ystyried bod trefnu i bawb gael apwyntiad am 2 p.m. mewn clinig sy'n para tair awr yn ddifeddwl ac yn drahaus, a'i bod yn credu y dylai pobl fod yn ystyriol o'i gilydd. Mae'r ail berson yn dweud, 'Wel fel 'na mae pethau,' heb ddisgwyl gwell gan bobl.
- Pam mae un dyn yn mynd yn hynod flin pan fydd pobl ifanc yn chwarae pêl-droed y tu allan i'w dŷ, ac nad yw ei gymydog drws nesaf yn teimlo hynny? Ateb: oherwydd bod y person cyntaf yn ei weld fel rhywbeth anystyriol o eraill oherwydd y sŵn sy'n cael ei greu, ac fel symbol o fyw mewn ardal fwy difreintiedig nag y byddai'n dymuno byw ynddi. Mae'r ail berson yn ei

weld fel rhan arferol o fyw mewn cymuned gyfeillgar a bywiog.

- Pam mae un dyn sy'n eistedd wrth ddrws bar yn codi a herio'r person wnaeth ei adael yn agored, lle nad oes ots gan y lleill? Ateb: oherwydd bod y dyn yn credu bod pob person oedd yn gadael y drws yn agored yn gwneud hynny'n fwriadol er mwyn pryfocio ac yn teimlo ei fod yn colli wyneb o flaen yr yfwyr eraill. Roedd y ddau arall yn teimlo na fwriadwyd unrhyw ddrwg – dim ond fod pobl sy'n dod i mewn i far fel arfer yn meddwl mwy am gael diod nag am gau'r drws.

- Pam mae un fenyw'n mynd yn ddig am fod ei gŵr yn bwyta'n swnllyd dros ben, ond nad yw'r un peth yn effeithio o gwbl ar filoedd o bobl eraill? Ateb: oherwydd ei bod hi'n ei weld fel symbol o'r gwahaniaeth rhwng eu cefndiroedd, awgrym cyson na ddylen nhw fod yn briod o gwbl; iddi hi, mae'n crynhoi'r gwahaniaeth rhyngddyn nhw. I eraill, does dim arwyddocâd i faint o sŵn mae rhywun yn ei wneud wrth fwyta.

- Pam es i'n arbennig o groendenau am bobl yn pesychu yn ystod fy sgyrsiau, pan nad oedd hynny'n fy mhoeni i'n ddiweddarach? Ateb: oherwydd yn wreiddiol roeddwn i'n meddwl nad oedden nhw'n talu digon o sylw i mi, neu hyd yn oed eu bod yn fy mhryfocio'n fwriadol, ond yn ddiweddarach fe deimlais eu bod nhw'n gwneud yn dda i ddod ar y cwrs pan allen nhw fod i ffwrdd yn sâl.

- Pam mae un rhiant yn mynd yn ddig pan mae ei fab yn gollwng mŵg ar y llawr gan ei dorri, lle mae un arall yn dweud 'Paid â phoeni', ac yn ei gael i frwsio'r darnau? Ateb: oherwydd bod y person cyntaf yn ei weld fel diofalwch bwriadol a diystyrwch o gost prynu pethau newydd, lle mae'r ail riant yn sylweddoli ei bod yn gallu fforddio prynu mẁg newydd yn hawdd heb sylwi ar y peth.

- Pam mae un dyn yn mynd yn ddig pan fydd ei bartner yn ei gywiro yn gyhoeddus lle nad yw un arall yn digio? Ateb: oherwydd bod y dyn cyntaf yn gweld y cywiro fel dweud wrth bawb sy'n bresennol nad yw ei wraig yn ei barchu, lle mae'r ail ddyn yn meddwl 'wel dyna fel mae hi'.
- Pam mae un fam yn mynd yn ddig pan mae'n gweld bod ei merch yn cael bath hamddenol braf, lle nad yw mam arall yn digio? Ateb: oherwydd bod y fam gyntaf wedi dweud wrthi'i hun mai'r unig reswm roedd ei merch yn cael bath oedd er mwyn osgoi tacluso ei hystafell, lle roedd yr ail fam yn hapus i weld ei merch yn gofalu amdani ei hun.
- Pam mae un tad yn mynd yn ddigon dig tuag at ei fab nes ei fod yn ei daro pan mae'n gweld nad yw wedi gorffen ei waith cartref, pan nad yw tad arall yn gwneud hynny? Ateb: oherwydd bod y tad cyntaf yn dweud bod ei fab yn fachgen diog, da-i-ddim sy'n ceisio ei dwyllo, a'r tad arall yn dweud bod unrhyw fachgen deuddeg oed normal yn siŵr o fod â mwy o ddiddordeb mewn gwylio'r teledu na gwneud ei waith cartref.

… ac yn y blaen. Mewn geiriau eraill, nid y sbardun *ynddo'i hun* sy'n cynhyrchu'r dicter, ond yr hyn sy'n mynd drwy feddwl y person pan gaiff ei gyffwrdd gan y sbardun.

Gwerthuso a barnu

Gan fynd yn ôl at ein model a gafodd ei ddisgrifio ym Mhennod 4, gallwn nawr ei ymestyn i'w ddefnyddio gyda'r tri achos rydyn ni wedi edrych arnyn nhw, fel mae Ffigurau 6.1–6.3 yn ei ddangos.

Mae'r blwch ychwanegol rydyn ni wedi ei roi yn ein model, gyda'r pennawd 'Gwerthusiad/Barn', yn un pwysig iawn. Mae'n golygu nad ydyn ni bellach ar drugaredd digwyddiadau, neu 'sbardunau'. Nawr gallwn weld mai ni ein hunain sy'n gallu penderfynu beth i'w wneud o'r digwyddiadau hyn, sut i'w gwerthuso neu eu barnu. Ein gwerthusiad neu'n barn fydd yn pennu a fyddwn ni'n mynd yn ddig ac i ba raddau. Ar ben hyn, gallwn *gymharu ein gwerthusiad* â gwerthusiad pobl eraill. Er enghraifft, gallai'r dyn yn y bar fod wedi dweud wrth ei ddau ffrind: 'Ydych chi'n meddwl bod y bobl yma'n gadael y drws ar agor yn fwriadol er mwyn ein gwylltio ni … ydych chi'n meddwl bod pawb yn chwerthin arnon ni tu ôl i'n cefnau?' Ac mae'n debyg y byddai wedi cael ei sicrhau nad dyma'r gwir, mai ar y drws roedd bai am nad oedd yn gweithio'n iawn, a gallai hyn fod wedi ei atal rhag mynd yn ddig.

Mae yna bwynt pwysig fan hyn. Mae llawer o bobl yn meddwl oherwydd eu bod yn credu bod rhywbeth yn wir, yna ei *fod* yn wir: er enghraifft, yn yr achos yma, 'Am fy mod i'n credu ei fod wedi gadael y drws ar agor i 'ngwylltio i,

Ffigur 6.1 Cael eich cadw'n aros mewn ysbyty

Ffigur 6.2 Mẁg yn torri ar y llawr

Ffigur 6.3 Drws yn cael ei adael yn agored mewn bar

mae'n wir ei fod mewn gwirionedd wedi gadael y drws ar agor er mwyn fy ngwylltio i.' Mae hyn ymhell o fod yn wir; ond mae'n fagl sy'n hawdd syrthio iddi nes ein bod yn dod i arfer â chwestiynu ein barn a'i gwirio gyda phobl eraill.

Crynodeb

- Mae'r bennod hon wedi ychwanegu un blwch arall i'n model, ac mae'n flwch pwysig.
- Mae'r blwch pwysig yma, 'Gwerthusiad/Barn', yn mynd rhwng 'Sbardun' a 'Dicter', a gall atal y sbardun yn llwyr rhag cynhyrchu dicter.
- Yn ddiweddarach, byddwn yn edrych ar ffyrdd o archwilio a newid ein gwerthusiadau/barnau. Am y tro, mae'n ddigon ein bod yn gwybod nad yw'r ffaith ein bod yn meddwl bod rhywbeth yn wir yn ei wneud yn wir mewn gwirionedd.
- Rydyn ni'n awr yn gweithio tuag at fodel cynhwysfawr a fydd yn archwilio digwyddiadau sy'n ein gwneud yn ddig, a hynny'n anghymesur â'r hyn y byddai rhywun yn ei ddisgwyl yn rhesymol.

Awgrym am brosiect

Mae yna sylw allweddol yn y bennod hon, sef 'Dydy'r ffaith ein bod ni'n meddwl bod rhywbeth yn wir ddim yn ei wneud e'n wir.' Felly, er ein bod ni'n argyhoeddedig bod rhywun wedi gwneud rhywbeth i'n gwylltio ni'n fwriadol, dydy hynny ddim yn golygu mai dyna a wnaeth! Felly dyma'r prosiect dwi'n ei awgrymu:

1. Ceisiwch sylwi ar adeg pan ydych chi'n gwneud rhagdybiaeth am sefyllfa
2. Gwiriwch eich rhagdybiaeth gyda rhywun arall.

Yn rhyfedd, gallaf roi enghraifft i chi. Roeddwn i'n cael cinio gyda dau ffrind mewn bwyty hyfryd iawn yn Llundain – y math o fwyty na fyddwch chi ond yn mynd iddo'n achlysurol. Yn union y tu ôl i ni roedd gorsaf weini gyda gweinydd pwysig yr olwg yn sefyll yno'n talu sylw manwl. Popeth yn iawn hyd yma, ond roedd yn agos iawn aton ni ac roedd yn curo'i fysedd ar bren y bwrdd. Fel yn yr enghreifftiau yn y bennod, roedd e'n dechrau fy ngwylltio i. Yn wir, yn fwy na hynny, roeddwn i'n meddwl ei fod yn bendant yn bryfoclyd – nid dim ond i mi, byddai'n bryfoclyd i bawb. Felly fe wiriais gyda'r ddau arall, a medden nhw, 'Pa sŵn ... O'r sŵn *yna* ... Na, doeddwn i ddim wedi sylwi.' Peth da 'mod i wedi gwneud hynny, oherwydd newidiodd eu hatebion fy ngwerthusiad: os nad oedd ots ganddyn nhw, pam ddylwn i fod yn poeni?

Felly'r prosiect dwi'n ei awgrymu yw i chi weld ydych chi'n gallu sylwi ar sefyllfa debyg yn digwydd i chi – sefyllfa lle rydych chi'n gwneud rhagdybiaeth rydych chi mor sicr ohoni nes eich bod yn meddwl ei bod yn ffaith yn hytrach na rhagdybiaeth. Yna gwiriwch y ffordd rydych chi'n gweld y sefyllfa gyda rhywun arall sy'n bresennol. Gall fod yn ddiddorol iawn.

7

Pam nad yw'r un pethau'n cythruddo pawb? Credoau

Mae hwn yn swnio fel yr un cwestiwn â'r un y gwnaethon ni ei ofyn ym Mhennod 6, ac mewn un ystyr y mae'r un fath. Ond gadewch i mi egluro, oherwydd mae yna wahaniaeth arwyddocaol. Fe gofiwch i ni ofyn y cwestiwn yma ym Mhennod 6: 'Pam mae rhai sbardunau'n fy ngwneud i'n ddig ond nid pobl eraill, a'r ffordd arall?' a'r ateb oedd: Oherwydd efallai y byddwch chi'n gwerthuso a barnu'r sefyllfa mewn un ffordd, a'r bobl eraill yn ei gwerthuso a'i barnu mewn ffordd arall. Y cwestiwn rydyn ni'n mynd i'r afael ag ef yn y bennod hon mewn gwirionedd, i'w roi yn llawn, yw: 'Pam ydw i'n gwerthuso a barnu sefyllfa mewn un ffordd, lle gallai rhywun arall ei gwerthuso a'i barnu mewn ffordd hollol wahanol?'

Credoau

Felly pam ydych chi'n gwerthuso a barnu sefyllfa mewn un ffordd a phobl eraill yn ei gwerthuso a'i barnu mewn ffordd arall? Yr ateb yw: 'Oherwydd y credoau sylfaenol rydyn ni wedi eu datblygu dros y blynyddoedd.' Gall y credoau hyn fod o sawl math gwahanol, er enghraifft:

- Credoau ynghylch pobl eraill, sut beth yw'r byd, hyd yn oed sut rydyn ni'n cymharu â phobl eraill.
- Credoau ynghylch sut mae pobl i fod i ymddwyn, sut mae pobl yn 'dysgu gwersi', beth sy'n bwysig mewn bywyd, ac yn y blaen.
- Credoau ynghylch sut byddai pobl eraill yn gweld sefyllfa benodol, yn cynnwys o bosib sut byddai rheithgor mewn llys barn yn ei gweld hi.

Sut mae'r credoau hyn yn cyd-fynd â'r model y gwnaethon ni ei ddatblygu yn y bennod flaenorol? Yn amlwg, mae ein credoau yn mynd i ddylanwadu ar:

- Ein barn a'n gwerthusiad o'r sbardun.
- Ein dicter.
- Ein hataliadau.
- Ein teimladau o ddicter.
- Ein hymateb.

Felly nawr mae ein model yn cynnwys elfen arall, fel y gwelwn ni yn Ffigur 7.1.

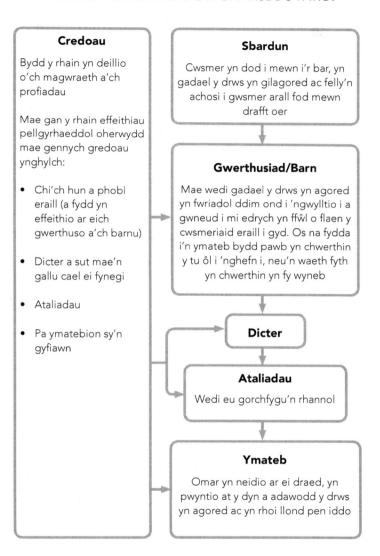

Ffigur 7.1 Model ar gyfer dadansoddi tymer flin a dicter

Mae'n debyg mai'r ffordd hawsaf i weld sut mae hyn yn gweithio yw mynd drwy enghraifft neu ddwy.

Fel gyda'r dyn yn y bar oedd yn eistedd gyda'i ddau ffrind ac sydd yn y pen draw yn neidio i fyny ac yn herio'r pumed person sy'n dod i mewn a gadael y drws ar agor: Pam mai fe neidiodd i fyny, yn hytrach nag un o'i ddau ffrind?

Wrth weithio drwy ein model, gallwn weld fod y sbardun yr un fath i'r tri ohonyn nhw: felly nid dyna'r gwahaniaeth.

Beth am y gwerthusiad neu'r farn mae pob un ohonyn nhw'n ei ffurfio? Bydd hyn yn cael ei effeithio gan eu credoau ynghylch sut rai yw pobl eraill. Os yw un ohonyn nhw'n credu bod pobl, ar y cyfan, i gyd yn 'ddiawled hunanol sy'n hidio dim am neb ar wahân iddyn nhw'u hunain', mae'n debyg y bydd yn dehongli'r sefyllfa'n wahanol i rywun sy'n credu bod pobl i gyd 'yn dda yn y bôn, er weithiau bod angen tynnu'r daioni hwnnw allan'. Felly efallai mai dyna oedd y prif wahaniaeth rhwng Omar (yr un a neidiodd i fyny i herio'r person ddaeth i mewn) a Carlos a Ryan (wnaeth ddim gwneud hynny).

Nawr gallwn symud ymlaen at ein blwch nesaf, 'Dicter'. Gallwn weld fod ymennydd Omar, oherwydd ei gredoau am bobl yn gyffredinol, eisoes yn fwy tebygol o fod yn ddig nag ymennydd Carlos na Ryan; a bydd yn 'argymell' i Omar ei fod yn ymateb yn unol â'r hyn y mae'n ei deimlo. Ar y cam hwn, hefyd, mae credoau'n berthnasol ac ar waith. Os yw Omar yn credu 'na fydd pobl yn dysgu dim oni bai eich bod yn rhoi stŵr go iawn iddyn nhw', yna'r tebygrwydd yw y bydd ei ymennydd yn awgrymu rhywbeth gwahanol i ymennydd Carlos a Ryan, sy'n credu'n bennaf mai'r 'unig ffordd mae pobl yn dysgu unrhyw beth yw pan maen nhw'n cael cyfle i eistedd i lawr a meddwl drwy bethau'.

Oddi yma rydyn ni'n symud ymlaen at 'Ataliadau'. Erbyn hyn gallwn weld fod Omar, sy'n credu bod pobl yn 'ddiawled hunanol sy'n hidio dim am neb ar wahân iddyn nhw'u hunain' ac 'na fydd pobl yn dysgu dim oni bai eich bod yn rhoi stŵr go iawn iddyn nhw', eisoes yn meddwl yn nhermau ymateb digon gelyniaethus. Ond mae'n bosib y bydd ei ataliadau'n lleddfu hyn. Os yw'n credu 'dydych chi ddim yn dangos eich dicter yn gyhoeddus,' efallai y bydd hyn yn ei gadw dan reolaeth. Yn yr un modd, os yw'n credu 'os ydych chi'n herio rhywun, maen nhw'n debygol o ymosod arnoch chi,' yna bydd hynny hefyd yn ei ddal yn ôl, cyn belled â bod y person a adawodd y drws ar agor yn edrych fel rhywun sy'n gallu dal ei dir. Ar y llaw arall, os yw'n credu 'os yw rhywun yn eich pryfocio chi'n fwriadol, yna mae'n rhaid i chi ddangos iddyn nhw pwy yw'r bòs,' mae hyn yn annhebygol o wneud llawer i gadw ei ddicter dan reolaeth.

Yn olaf, felly, fe ddown at ei ymateb. Gallwn weld fod credoau'n mynd i chwarae eu rhan fan hyn. Os yw'n credu ei bod hi'n 'iawn i fwrw rhywun yn galed ond dydych chi byth yn defnyddio arf', mae ei ymateb yn amlwg yn mynd i fod yn wahanol i'r hyn a fyddai pe bai'n credu 'os ydych chi'n mynd i bigo ffeit gyda rhywun mae'n rhaid i chi fod wedi eich arfogi.'

Felly gallwn weld yn yr enghraifft hon fod y credoau sydd gan Omar yn mynd i effeithio arno ar bob cam. A does gan y credoau hyn *ddim byd i'w wneud â'r sefyllfa dan sylw;* maen nhw'n gredoau sydd ganddo bob amser. Felly pe bai Omar eisiau newid ei hun yn llwyr, y ffordd mae'n teimlo a'r ffordd mae'n ymateb, gallai weithio ar ei gredoau, efallai i ddod â nhw ychydig yn nes at gredoau Carlos a Ryan. Fe welwn ni sut yn nes ymlaen.

Beth am y ddwy fam a'u merched yn y bath? Roedd un fam, Amy, wedi mynd yn wirioneddol ddig gyda'i merch am nad oedd hi'n tacluso ei hystafell. Mae gan Lin, sy'n byw drws nesaf i Amy, hefyd blant cymharol ifanc ac mae hi bob amser wedi ymateb yn wahanol iddyn nhw wrth wynebu straen. Felly gadewch i ni edrych ar sut byddai ein model yn cymharu Amy a Lin. Unwaith eto, byddai'r sbardun neu'r sefyllfa wedi bod yn union yr un fath: sut byddai Lin yn ymateb pe bai ei merch ddeuddeg oed yn fwriadol wedi peidio â thacluso ei hystafell, a sut byddai hynny'n cymharu ag ymateb Amy?

Dewch i ni edrych ar y farn neu'r gwerthusiad y byddai pob un yn ei wneud wrth wynebu'r sefyllfa yma. Mae barn Amy'n cael ei dylanwadu gan y ffaith ei bod hi'n credu bod ei merch 'yn fwriadol yn gwneud popeth o fewn ei gallu i 'ngwylltio i'. Mae Lin, ar y llaw arall, yn credu nad yw 'plant yn eich gwylltio chi'n fwriadol, ond maen nhw'n naturiol hunanol a dim ond yn colli hynny wrth iddyn nhw fynd yn hŷn'. Mae Amy, felly, yn tueddu i weld ymddygiad ei merch ddeuddeg oed fel herfeiddiwch bwriadol, wedi'i fwriadu i'w phryfocio hi; mae Lin, ar y llaw arall, yn gweld ymddygiad tebyg ei merch hithau fel rhan o fod yn ddifeddwl sy'n nodweddiadol o blentyn yr oedran hwnnw. Oherwydd hyn, mae tuedd i Amy fod yn ddig, ond llawer llai o duedd i Lin fod felly.

O ganlyniad i'r gred yma, mae ymennydd dig Amy eisoes yn argymell rhyw fath o ymateb dig. Yn anffodus, mae Amy hefyd yn credu 'Dydych chi ddim yn cyrraedd unman wrth sbwylio plant', gyda'r goblygiad cyfatebol mai 'llaw drom', naill ai'n drosiadol neu'n llythrennol, yw'r hyn sydd ei angen. Mae Lin yn meddwl yn wahanol. Hyd yn oed pan fydd hi'n mynd yn ddig (a byddwch yn falch o glywed ei bod hi'n mynd yn ddig weithiau), ei chred sylfaenol yw bod 'angen gosod esiampl dda i blant'. Felly, er nad oes ots ganddi drafod materion gyda'i phlant a'u bod nhw'n gwybod ei bod yn ddig gan glywed hynny yn ei llais, mae hi'n gwneud ei gorau i beidio â 'gweiddi a sgrechian arnyn nhw', a dydy hi'n bendant ddim yn credu mewn taro ei phlant.

Beth am ataliadau? Mae Amy'n credu os bydd ei chymdogion yn ei chlywed yn 'mynd dros ben llestri' o ran gweiddi a tharo ei phlant y byddan nhw'n ei riportio i'r gwasanaethau cymdeithasol. Mae hi'n dweud mai dyma yw un o'r prif bethau sy'n gwneud iddi allu rheoli ei thymer weithiau. Mae Lin yn credu nad yw hi'n iawn i weiddi a sgrechian ar blant ifanc, ac yn bendant nid i'w taro.

O ran ymateb, mae Amy'n credu 'na wnaeth slap iawn ddim drwg i neb erioed,' tra bod Lin yn credu mai 'bwlio yw bod oedolion yn taro plant'.

Credoau ac ymddygiad

Un o'r pwyntiau diddorol sy'n deillio o enghraifft Amy a Lin yw nad oes ots a yw'r credoau'n iawn ai peidio; maen nhw'n dal i ddylanwadu ar ymddygiad y person sy'n eu harddel. Er enghraifft, efallai fod Amy'n gywir yn credu bod 'plant yn gwneud popeth o fewn eu gallu i'ch gwylltio yn fwriadol', ac efallai fod Lin yn anghywir wrth gredu bod 'plant yn hunanol wrth natur ac yn tyfu allan ohono yn y pen draw'. Does dim ots mewn gwirionedd pwy sy'n iawn a phwy sy'n anghywir: mae'r ddwy'n cael eu dylanwadu'n drwm gan eu credoau eu hunain. Fe welwch weithiau, hyd yn oed, y sefyllfa baradocsaidd lle gall plentyn Lin fod yn ei gwylltio hi'n hollol fwriadol, ond am fod Lin yn credu'r hyn mae'n ei gredu, mae hi nid yn unig yn byw bywyd mwy tawel ond mae hi hefyd yn gosod esiampl well i'w phlentyn.

Dewch i ni edrych ar enghraifft arall, y tro hwn yn ymwneud â fflyrtio. Mae Ella a Lemy'n byw ar stad o dai newydd, ac mae gan Lemy broblemau eithaf difrifol mewn perthynas â chenfigen. Mae Michelle a Jamie'n gwpwl ifanc arall sy'n byw gerllaw. Mae Ella a Michelle yn ffrindiau da ac yn eithaf tebyg mewn sawl ffordd. Yn wahanol i Lemy, fodd bynnag, does gan Jamie ddim problemau gyda chenfigen.

Mae Lemy a Jamie wedi wynebu fwy neu lai yr un 'sbardun' sawl gwaith. O bryd i'w gilydd bydd y ddau gwpwl yn cael eu hunain yn yr un parti – yn wir, yn aml iawn byddan nhw i gyd yn mynd i'r parti gyda'i gilydd. Mae Ella a Michelle ill dwy yn ferched ifanc hynaws, cyfeillgar ac allblyg sy'n hoffi cael amser braf yn dawnsio, yn yfed ac yn teimlo'r pleser o gael ffrindiau o'u cwmpas. Mae Lemy a Jamie'n gwerthuso'r 'sbardunau' yma yn hollol wahanol i'w gilydd. Mae Lemy'n credu os yw menyw yn briod na ddylai hi fod yn dangos unrhyw ddiddordeb mewn unrhyw ddyn arall, a dyma mae e'n gweld Ella'n ei wneud. Mae Jamie, ar y llaw arall, yn credu ei bod hi'n naturiol i fenyw ddangos diddordeb mewn dynion a dynion mewn menywod. Mae e'n credu, yn syml, os ydych chi'n briod, 'Ddylech chi ddim mynd â phethau ymhellach na dangos diddordeb'. Felly o ganlyniad i'r un digwyddiadau mae Lemy'n mynd yn ddig, ond dydy Jamie ddim. Mae ymennydd dig Lemy'n argymell ymateb dig iddo, lle nad yw ymennydd Jamie'n gwneud hynny.

O ran ataliadau, mae Lemy'n credu nad yw taro rhywun yn iawn, ac yn bendant rhywun rydych chi'n ei garu, felly er ei fod yn ddig fydd e ddim yn ymateb fel yna. (Yn ddiddorol, dydy Jamie ddim yn gwbl wrthwynebus i fod mewn ffeit; dydy e ddim yn credu bod hynny'n hollol anghywir. Yn ffodus, fodd bynnag, dydy e ddim yn mynd yn ddig yn aml.) Mae Lemy hefyd yn credu os bydd 'yn mynd i'r afael â'r sefyllfa wyneb yn wyneb' (a) y bydd Ella'n meddwl ei fod yn 'dipyn o linyn trôns' am fod yn genfigennus a (b) y bydd hyn yn difetha'r hwyl y gallen nhw ei gael mewn unrhyw barti yn y dyfodol.

O ran ymatebion, mae Lemy'n credu nad yw hi'n iawn i daro pobl, felly fydd hynny ddim yn digwydd. Mae hefyd yn credu ei bod hi'n annerbyniol i weiddi neu i fynd i'r afael â'r mater wyneb yn wyneb, felly mae'n tueddu i beidio â gwneud hyn. Nid yw ei gredoau am bwdu, fodd bynnag, mor negyddol, felly dyna mae'n tueddu i'w wneud yn y diwedd. Mae Jamie, ar y llaw arall, yn credu mai 'rhywbeth mae menywod yn ei wneud yw pwdu', felly hyd yn oed pan mae'n ddig dydy e ddim yn tueddu i ymateb fel yna. Mae'n amlwg o'r enghreifftiau hyn y gall ein credoau gael effaith gwbl bellgyrhaeddol arnon ni – nid dim ond ar dymer flin a dicter ond ar bob agwedd ar ein teimladau a'n hemosiynau; cenfigen, gorbryder, iselder, heb enwi ond rhai.

Credoau a phobl eraill

Unwaith y flwyddyn bydd fy mam a minnau'n mynd i ffwrdd am dri diwrnod o wyliau, dim ond y ddau ohonom (mae fy nheulu'n aros gartref ac yn cael ychydig o orffwys). Rhyw ddwy flynedd yn ôl fe aethon ni i Baris, i westy braf dros ben na fydden ni byth wedi gallu ei fforddio oni bai am gynnig arbennig yn y swyddfa deithio. Ar ôl i ni gyrraedd, dyma ni'n chwilio am rywbeth i'w wneud. Roedd y tocynnau oedd ar gael yn y gwesty yn cynnwys noson yn y Moulin Rouge, sydd, fel y gwyddoch, yn rhyw fath o far rifíws ar gyfer twristiaid. Roedd yn edrych yn dda, ac o'r holl atyniadau oedd ar gael hwn oedd yr unig un roedden ni wedi clywed amdano. Yr unig broblem oedd ei fod yn ddrud: dwi'n credu ei fod tua 120 ewro yr un – sef tua £100. Ond mae hyn (mae'n ymddangos) yn cynnwys popeth: cinio, diodydd, rifíw, y cyfan. Felly dyma ni'n rhoi ein henwau i lawr, a'r noson wedyn i ffwrdd â ni. Mae llwyfan mawr yn y Moulin Rouge lle mae llawer o ferched yn mynd drwy eu pethau – ac mae ardal fwy fyth lle mae tua phum miliwn o dwristiaid yn bwyta eu bwyd wrth fyrddau sydd wedi eu gwasgu'n agosach at ei gilydd na dim a welsoch erioed o'r blaen. Rydyn ni'n cael ein harwain at fwrdd gwych, nesaf at y llwyfan, yn cael diodydd am ddim ac wedyn cwrs cyntaf ein cinio; rydyn ni'n eistedd yn ôl i gael noson dda. Wrth i'r sioe gychwyn, dwi'n sylwi ar gerdyn bach iawn ar y bwrdd, yn ei godi ac yn llwyddo i ddarllen beth mae'n ei ddweud yn yr hanner tywyllwch. Mae fy ymennydd niwlog yn cyfieithu'n araf: 'isafswm archeb diodydd 200 ewro yr un'. Dwi wedi fy syfrdanu. Rydyn ni nid yn unig wedi talu crocbris am ein tocynnau, nawr rydyn ni'n wynebu gorfod talu swm sylweddol arall am ein diodydd. Dydw i ddim hyd yn oed yn siŵr oes gen i gymaint â hynny o arian arna i. Wrth edrych o gwmpas dwi'n gweld bownsers ugain stôn ym mhobman, a dwi'n dechrau sylweddoli gwir ystyr y dywediad 'trap twristiaid'.

Mae fy mam wedi ymgolli yn y sioe. Dwi'n teimlo braidd yn sâl, a hyd yn oed o'r tu mewn, dwi'n gallu dweud fy mod i'n edrych yn syfrdan, mae'n rhaid. Mae'r drydedd act yn dod i ben ac mae bwlch cyn i'r band ailgychwyn i arwain at y bedwaredd act. A dyma pryd dwi'n sôn, yn ddigynnwrf wrth gwrs, fod yna gerdyn ar y bwrdd sy'n dweud bod isafswm ar gyfer archebu diodydd fydd yn golygu y byddwn yn mynd yn fethdalwyr!

A dyma ble mae credoau'n dod yn berthnasol. Rydw i'n credu bod pob dinas fawr yr un fath, ac os ydych chi'n mynd i mewn i drap twristiaid yna dylech chi ddisgwyl cael eich dal mewn trap. Mae fy mam wedi cael gwyliau da yn Ffrainc, felly dyma hi'n dweud ar amrantiad: 'Na, mae'n iawn, mae pobl Ffrainc yn ffein' – heb dynnu ei llygaid oddi ar y llwyfan. Mae'n gred syml, wedi'i gwreiddio'n ddwfn, ac mae ganddi oblygiadau ar gyfer cant a mil o sefyllfaoedd a allai godi yn Ffrainc. (A diolch byth, roedd hi'n iawn: doedd rheolau'r cerdyn ddim yn berthnasol i ni.)

Yn weddol fuan ar ôl y profiad yn y Moulin Rouge, fe ddes ar draws enghraifft arall o fersiwn estynedig o 'mae pobl Ffrainc yn ffein'. Roeddwn i'n cerdded ar hyd y prom mewn tref glan môr dawel, ac yn cerdded tuag ataf roedd dyn tua phump ar hugain oed gydag anawsterau dysgu sylweddol amlwg. Roedd ganddo sach gefn oedd yn achosi trafferth iddo: roedd wedi llwyddo i'w rhoi dros un ysgwydd yn iawn, ond roedd yr ochr arall yn dal ei fraich hanner ffordd y tu ôl iddo rywsut. Bydd yr ystum yma'n gyfarwydd i unrhyw un sydd wedi trio gwisgo sach gefn; mae'n llawer haws ei ddatrys gan rywun arall na gan y person ei hun. Felly dyma fe'n cerdded ata i ac yn sefyll o 'mlaen i heb ddweud gair; ac fe roddais ei sach gefn yn iawn ar ei gefn.

Beth mae hyn yn ei ddweud am gredoau'r dyn yma am bobl

eraill? '*Mae pobl eraill yn ffein.*' Mor ffein, mewn gwirionedd, fel mai'r cyfan sydd angen i chi ei wneud os ydych chi'n cael trafferth gyda'ch sach gefn yw mynd i sefyll o flaen rhywun ar hap a bydd ef neu hi yn datrys y cyfan i chi. Does dim hyd yn oed raid i chi ddweud dim byd!

Felly, nid yn unig mae'ch credoau sylfaenol yn dylanwadu ar fwy neu lai bob eiliad o'ch bywyd, ond gall gwneud ychydig o waith ar eich credoau dalu ar ei ganfed. Fe edrychwn ni ar sut i wneud hyn yn ddiweddarach yn y llyfr.

O ble mae credoau'n dod?

Efallai eich bod yn meddwl tybed o ble mae ein credoau'n dod. Wel, yn amlwg, maen nhw'n dod o'n profiadau. Mae llawer ohonyn nhw'n dod o brofiadau cynnar (ein plentyndod, ysgol a magwraeth) a dydyn nhw byth yn newid. Weithiau, er enghraifft, mae pobl yn cael eu dysgu yn blant fod pawb yn y byd a'u bryd ar gael eu gwala a'u gweddill, ac felly bod rhaid i chi wylio eich hun. Mae eraill, er efallai nad oes neb yn dysgu'r gwersi yma'n benodol iddyn nhw, yn dod i gredu hynny wrth arsylwi ar eraill. Yn yr un modd, mae llawer o bobl yn cael eu dysgu yn blant fod 'pobl yn dda yn y bôn', neu wedi cael y math o fagwraeth sydd wedi eu harwain i gredu hyn, p'un a gafodd hynny ei gyflwyno iddyn nhw'n benodol ai peidio.

Ar sail y 'megagredoau' hyn, rydyn ni'n gwneud rheolau droson ni'n hunain. Er enghraifft, os ydw i'n credu bod pawb a'u bryd ar gael eu gwala a'u gweddill, bydd gen i gyfres o isgredoau tebyg i, 'Mae'n rhaid i mi fod yn effro i hyn', 'Mae'n rhaid i ti gadw llygad barcud ar bobl neu byddan nhw'n manteisio arnat ti' a 'Rho di fodfedd iddyn nhw ac fe wnân nhw gymryd llathen'. Yn yr un modd, os ydw i'n credu bod pawb yn dda yn y bôn, bydd gen i gyfres o isgredoau fel 'Rhaid i ni ymddiried yn ein gilydd er mwyn llwyddo', 'Y lle gorau i ymlacio yw yng nghwmni pobl eraill', ac ati.

Crynodeb

- Yn y bennod hon aethom ati i ateb y cwestiwn pam y byddai sefyllfa benodol yn gwylltio un person ond nid un arall.
- Fe ddaethom i'r casgliad fod hyn oherwydd ein credoau amdanom ein hunain, am bobl eraill, natur y byd, sut mae pobl i fod i ymddwyn a sut rydyn ni i fod i ymddwyn.
- Caiff y credoau hyn eu datblygu dros y blynyddoedd drwy ein profiadau a'n harsylwadau, yn aml yn seiliedig ar bethau rydyn ni'n eu clywed pan ydyn ni'n ifanc.
- Fe welsom fod ein credoau hefyd yn sylfaen i'n hataliadau. Mae rhai pobl yn credu na ddylech chi fyth fwrw neb, hyd yn oed os mai eu 'smacio' fyddech chi'n ei alw fe. Mae eraill yn credu na ddylech chi daro neb oni bai bod y person yn llawer llai na chi, fel eich plentyn. Mae eraill yn credu nad yw hi'n iawn i weiddi. Mae eraill yn credu ei bod hi'n iawn trafod pethau gyda phobl hyd yn oed os ydyn nhw'n ifanc iawn. Mae eraill yn credu bod gosod esiampl dda yn bwysig iawn. Bydd y credoau hyn i gyd yn ffurfio

rhan o'n hataliadau mewnol. Mae eraill yn cael eu cyfyngu llawer mwy gan ganlyniadau tebygol eu gweithredoedd, ac felly'n credu nad yw hi'n ddoeth pigo ffeit gyda rhywun sy'n fwy ac yn gryfach na chi, gan eich bod yn debyg o gael eich anafu; mae'r credoau hyn yn ffurfio rhan o'u hataliadau allanol nhw.

- Mae gan bobl gredoau hyd yn oed am y math o ymatebion sy'n briodol. Mae rhai'n credu bod ymateb amlwg ymosodol yn amhriodol, ond y byddai pwdu'n iawn; ac yn y blaen.

- Mae'r holl wybodaeth yma am gredoau a'u dylanwad yn ffurfio maes pwysig arall y byddwn yn gallu'i ddefnyddio er budd i ni pan fyddwn ni'n cyrraedd Rhan Dau yn y llyfr hwn.

Ymarfer

Wrth i chi ddarllen y bennod hon, efallai y byddwch wedi uniaethu ag un neu ragor o'r llu credoau sydd wedi eu mynegi gan y gwahanol gymeriadau. Yr ymarfer dwi'n ei awgrymu yw ysgrifennu (neu o leiaf ddwyn i gof yn glir) y gred y bu i chi uniaethu â hi fwyaf. Wedyn dwi'n awgrymu eich bod yn treulio ychydig funudau yn meddwl sut mae'r gred honno wedi effeithio ar y ffordd rydych chi'n teimlo neu'n gweithredu, a hefyd yn meddwl sut gallai pethau fod yn wahanol pe baech chi'n credu rhywbeth hollol wahanol.

8

Pam ydw i weithiau'n fwy blin fy nhymer nag ar adegau eraill? Hwyliau

Hyd yn hyn rydyn ni wedi canolbwyntio'n bennaf ar un cwestiwn – 'Pam mae rhai pobl yn mynd yn ddig yn haws na phobl eraill?' Ac rydyn ni wedi canfod llawer o atebion – neu o leiaf, gallen ni feddwl am lawer o atebion ar gyfer llawer o wahanol sefyllfaoedd pe bai angen drwy fynd drwy ein model. Gallai rhai o'r atebion fod fel a ganlyn:

- Mae Charlie'n mynd yn fwy dig na Ben am fod Charlie'n ei gael ei hun mewn mwy o sefyllfaoedd sy'n achosi dicter na Ben.
- Mae Laura'n mynd yn fwy dig na Magda am fod Laura'n tueddu i farnu a gwerthuso sefyllfaoedd yn wahanol i Magda.
- Mae Kelly'n mynd yn fwy dig nag Erin am nad yw ei hataliadau wedi eu datblygu cystal.

- Mae'n ymddangos fod Barry'n mynd yn fwy dig na Kyle oherwydd bydd Barry'n caniatáu ymatebion mwy gelyniaethus na Kyle. Er enghraifft, bydd Barry'n gweiddi ac yn bygwth tra bod Kyle yn tueddu i bwdu.
- Mae Rachel yn mynd yn fwy dig na Sara oherwydd bod Rachel yn credu bod pobl eraill yn y bôn yn bobl hunanol nad oes modd ymddiried ynddyn nhw, felly mae hi'n tueddu i gamddehongli rhai sefyllfaoedd.

… ac yn y blaen.

Felly, gallwn nawr ffurfio barn fwy gwybodus a dibynadwy i egluro pam mae rhai pobl yn mynd yn fwy dig nag eraill, neu'n ymddangos yn fwy dig nag eraill (oherwydd y ffordd maen nhw'n ymateb pan maen nhw'n ddig). Ac mae hyn yn dda, oherwydd os ydyn ni eisiau bod yn un o'r bobl hynny sy'n ddig yn llai aml, gallwn weld yn barod y bydd yna rai pethau pwerus iawn y gallwn ni eu cyflawni. Mae gennym fodel da y gallwn ei ddefnyddio'n systematig yn ein hachos penodol ni ein hunain.

Hwyliau

Ond i lawer o bobl yr *amrywiaeth* yn eu tymer flin sydd yn eu pryderu nhw fwyaf: mewn geiriau eraill, ambell ddiwrnod maen nhw mewn tymer flin iawn, ar ddiwrnodau eraill dydyn nhw ddim. Os ydych chi'n un o'r bobl hyn yna byddwch yn gwybod fod yr amrywiaeth yma'n achosi problemau mawr i'r bobl o'ch cwmpas chi, gan nad ydyn nhw byth yn gwybod 'sut hwyliau fydd arnoch chi'. Felly dydyn nhw byth yn gallu ymlacio'n iawn gyda chi, ac mae hyn yn ei dro yn golygu na fydd y teimladau o agosatrwydd fyddai fel arall yn datblygu rhyngoch chi ddim yn cael cyfle i ddatblygu.

At hynny, byddwch hefyd yn gwybod fod hyn yn achosi problemau mawr i chi – nid dim ond yn y ffordd mae'n amharu ar agosrwydd perthnasoedd, ond hefyd oherwydd eich bod yn teimlo'n barhaus eich bod wedi eich siomi eich hun. Os ydych chi'n profi'r amrywiaethau mawr yma yn eich tymer, weithiau byddwch yn edrych yn ôl ar bethau a wnaethoch chi ddoe, neu hyd yn oed yn gynharach heddiw, a theimlo embaras neu gywilydd. Oherwydd, er eu bod yn ymddangos yn gwbl synhwyrol a chyfiawn ar y pryd, nawr gallwch weld eich bod wedi bod yn eithafol o flin – roeddech chi 'mewn hwyliau drwg'. (Cofiwch, dydyn nhw ddim bob amser yn ymddangos mor synhwyrol â hynny ar y pryd; efallai eich bod yn gwybod eich bod yn flin eich tymer, ac mae hynny'n deimlad gwael iawn. Y drafferth yw ei bod hi'n ymddangos yn anodd iawn i chi 'ddod at eich coed' ar y pryd, ac mae hynny'n wir.)

Y newyddion da yw bod yna bob math o bethau y gallwn ni eu gwneud i gadw'n hunain mewn 'hwyliau sefydlog'. Ond i ddechrau mae angen i ni ganolbwyntio ar y cysyniad allweddol o 'hwyliau'.

Yn nhermau ein model, fel 'Credoau', mae hwyliau'n dylanwadu ar y pedwar prif flwch o 'Gwerthusiad/Barn' i lawr, felly mae'r model yn edrych fel Ffigur 8.1.

Mae llawer o bobl yn cael trafferth gyda'u hwyliau, fel sy'n cael ei ddangos yn y tabl ar dudalen 91 (Tabl 8.1).

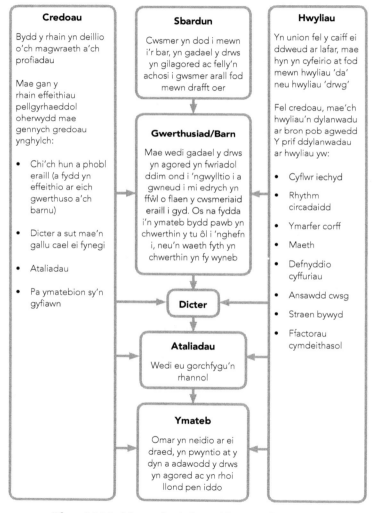

Credoau

Bydd y rhain yn deillio o'ch magwraeth a'ch profiadau

Mae gan y rhain effeithiau pellgyrhaeddol oherwydd mae gennych gredoau ynghylch:

- Chi'ch hun a phobl eraill (a fydd yn effeithio ar eich gwerthuso a'ch barnu)
- Dicter a sut mae'n gallu cael ei fynegi
- Ataliadau
- Pa ymatebion sy'n gyfiawn

Sbardun

Cwsmer yn dod i mewn i'r bar, yn gadael y drws yn gilagored ac felly'n achosi i gwsmer arall fod mewn drafft oer

Gwerthusiad/Barn

Mae wedi gadael y drws yn agored yn fwriadol ddim ond i 'ngwylltio i a gwneud i mi edrych yn ffŵl o flaen y cwsmeriaid eraill i gyd. Os na fydda i'n ymateb bydd pawb yn chwerthin y tu ôl i 'nghefn i, neu'n waeth fyth yn chwerthin yn fy wyneb

Dicter

Ataliadau

Wedi eu gorchfygu'n rhannol

Ymateb

Omar yn neidio ar ei draed, yn pwyntio at y dyn a adawodd y drws yn agored ac yn rhoi llond pen iddo

Hwyliau

Yn union fel y caiff ei ddweud ar lafar, mae hyn yn cyfeirio at fod mewn hwyliau 'da' neu hwyliau 'drwg'

Fel credoau, mae'ch hwyliau'n dylanwadu ar bron bob agwedd Y prif ddylanwadau ar hwyliau yw:

- Cyflwr iechyd
- Rhythm circadaidd
- Ymarfer corff
- Maeth
- Defnyddio cyffuriau
- Ansawdd cwsg
- Straen bywyd
- Ffactorau cymdeithasol

Ffigur 8.1 Model ar gyfer dadansoddi tymer flin a dicter

Tabl 8.1 Hwyliau Da a Hwyliau Drwg

Hwyliau Da a Hwyliau Drwg		
Sefyllfa	Sut mae Tim yn gweld pethau pan fydd mewn hwyliau da	Sut mae Tim yn gweld pethau pan fydd mewn hwyliau drwg
Y gŵr yn bwyta'n swnllyd	Ddim yn sylwi	'Hollol annioddefol'
Plant yn gollwng pethau a'u torri	'Mae damweiniau'n digwydd – rydw i wedi torri digon o bethau fy hun'	'Mae'n fy ngyrru i'n hollol wallgo – diofalwch llwyr ydy hyn'
Aros am ddwy awr mewn clinig cleifion allanol gyda phlentyn	Yn debygol o'i ystyried yn gyfle i ddod i adnabod y mamau eraill	Rhuthro i mewn i ystafell y clinig a dadlau â'r doctor yn y fan a'r lle
Gŵr yn dweud wrth y byd a'i frawd beth mae ef a'i wraig wedi bod yn ei drafod	Byth yn ymateb yn gadarnhaol i'w gŵr yn siarad am bethau y mae hi'n teimlo eu bod 'rhyngddyn nhw' ond serch hynny, 'gwell peidio â gwneud dim am y peth'	'Dwi wedi cyrraedd pen fy nhennyn – dwi jest yn teimlo fel cerdded allan a'i adael yn y fan a'r lle'
Plant yn anufudd	'Does dim pwynt cynhyrfu am beth mae eich plant yn ei wneud, does dim modd eu newid'	'Dwi'n meddwl pam ges i blant erioed'

Mae'n amlwg o'r ychydig enghreifftiau hyn y bydd pobl sydd mewn sefyllfa sy'n debyg o gwbl i'r hwyliau da/drwg uchod yn cael trafferth mawr i wneud synnwyr o'u bywydau. Un diwrnod maen nhw ar i fyny, y diwrnod wedyn maen nhw yn y gwaelodion. Un diwrnod maen nhw'n chwerthin a thynnu coes gyda phobl, drannoeth maen nhw'n flin a checrus gyda nhw. Ac yn waeth na hynny, mae'n gallu amrywio o un hanner awr i'r llall. Felly pa fath o bethau sydd angen i ni gadw llygad amdanyn nhw er mwyn cadw ein hwyliau'n sefydlog? Dyma rai o'r prif ffactorau:

- Salwch: mae salwch meddwl (fel iselder) neu salwch corfforol (fel firysau) yn gallu amharu ar eich hwyliau.

- Trefn: mae'n bwysig iawn cadw trefn weddol gyson o ran amseroedd bwyta a chysgu, er mwyn cadw 'rhythm circadaidd' sefydlog. Fel arall, byddwch yn eich cael eich hun mewn cyflwr o 'jet lag' parhaus, sy'n tarfu ar bopeth.

- Ymarfer corff: mae pobl wedi eu creu i fod yn brysur, ac yn ystod cyfnodau pan na fyddwn yn cael unrhyw ymarfer corff rydyn ni'n agored i fod yn fwy blin ein tymer.

- Deiet: mae rhai pobl yn bwyta llawer o fwyd sy'n llawn siwgr, sy'n gwneud lefel y siwgr yn eu gwaed yn uchel iawn ac yna'n gyfatebol isel. Mae pobl eraill yn bwydo eu hunain mor wael nes eu bod mewn gwirionedd yn dioddef o ddiffyg maeth.

- Cyffuriau: mae effaith cyffuriau sy'n cael eu cymryd yn arferol fel caffein, alcohol a nicotin yn cael ei thanbrisio yn enfawr. Gall cyffuriau hamdden hefyd chwalu hwyliau rhywun.

- Cwsg: mae peidio â chael digon o gwsg yn rheolaidd yn beth drwg iawn.

- Straen: mae bod â gormod i'w wneud, gormod o bwysau arnoch chi, tasgau rydych chi'n eu cael yn anodd eu cyflawni, a mathau eraill o straen yn eich bywyd yn cael effaith ddifrifol ar eich hwyliau.
- Ffactorau cymdeithasol: dadleuon gyda ffrindiau, perthnasau a chyd-weithwyr; profedigaeth, gwahanu ac ysgaru; teimlo'n unig – dyma rai o'r ffactorau cymdeithasol sy'n gallu effeithio ar eich hwyliau.

Os ydych chi'n gwybod eich bod chi weithiau'n mynd yn flin eich tymer, y tebygolrwydd yw y bydd yna sawl peth ar y rhestr yma sy'n edrych yn gyfarwydd i chi. Y newyddion da yw y gallwn weithio arnyn nhw, ac yn Rhan Dau byddwn yn gweld yn union beth i'w wneud.

Mae manteision enfawr fan hyn. Mae'n well gan y rhan fwyaf o bobl rywun 'sydd yr un fath bob dydd' na rhywun sy'n 'oriog iawn'.

Astudiaeth achos: Maya

Aeth Maya drwy gyfnod o dair blynedd yn ei harddegau hwyr pan fyddai, yn ei geiriau hi, 'yn brathu pen rhywun i ffwrdd pe bai'n edrych arna i'n gam'. Mae'n debyg nad oedd hyn yn hollol wir; ond roedd yna rai dyddiau pan fyddai hi fel hyn. Ar ddyddiau eraill, roedd hi'n berson ifanc hynod ddymunol gyda llawer o ffrindiau, bywyd teuluol hapus ac ambell gariad. Mae'n debyg mai'r rheswm ei bod mor flin ar adegau oedd ei bod yn dueddol o fynd yn isel ei hysbryd, yn bennaf oherwydd mai cariadon 'achlysurol' oedd ganddi. Pan fyddai hi'n teimlo'n isel, fodd bynnag, roedd hi'n eithafol o bigog, a byddai ymdrechion pobl i godi ei chalon yn arwain at ymateb chwyrn. Doedd hi ddim yn syndod fod rhai o'i ffrindiau wedi dechrau troi cefn arni, a bod hyd yn oed y rhai oedd yn aros yn tueddu i'w thrin yn ofalus iawn.

Roedd yr ateb i broblemau Maya yn ddeublyg.

- I ddechrau, fe ddechreuodd weithio'n raddol ar ei hiselder nes iddi setlo mewn hwyliau cymharol hapus yn gyson. Roedd hyn yn anodd, oherwydd roedd hi wedi cychwyn cylch cythreulig lle roedd ei hiselder yn achosi iddi fod yn biwis, oedd yn achosi i rai o'i ffrindiau droi eu cefnau arni, oedd yn ei dro'n gwaethygu ei hiselder. Serch hynny, fe weithredodd dri mesur arwyddocaol wnaeth ei helpu i fod yn hapusach.
- Yn ail, a thra'i bod hi'n gweithio ar ei hiselder, fe weithiodd hefyd ar y blwch 'Ymateb' yn ein model. Mewn geiriau eraill, fe ddysgodd ei hun i 'gau fy ngheg a chyfri i ddeg' pryd bynnag y byddai'n teimlo fel ffrwydro.

Canlyniad hyn i gyd yw ei bod hi a'i ffrindiau nawr yn teimlo fod bywyd yn haws ei ragweld, ac o ganlyniad, yn fwy pleserus.

Crynodeb

- Weithiau gallech fod yn fwy piwis nag ar adegau eraill. Un diwrnod byddwch chi mewn hwyliau da, a'r diwrnod wedyn byddwch mewn hwyliau drwg. Y prif gysyniad fan hyn yw 'hwyliau'.
- Mae llawer o bethau sy'n dylanwadu ar ein hwyliau, yn enwedig salwch, trefn, ymarfer corff, deiet, cyffuriau, patrymau cysgu, straen bywyd a ffactorau cymdeithasol.
- Gallwn weithio ar y rhain (fel y gwelwn yn Rhan Dau) er mwyn i ni allu, os dymunwn, fod yn anodd ein gwneud yn ddig, a hefyd yn ddibynadwy ac yn gyson: 'yr un fath bob dydd'!

9

Beth yw pwrpas mynd yn ddig?

Ychydig yn debyg i ddisgyrchiant, mae dicter yn rhan o'n bywydau; mae dechrau cwestiynu a yw'n dda neu'n ddrwg yn beth di-fudd. Efallai mai'r cwestiwn gorau yw beth yw pwrpas dicter. Mae gan y rhan fwyaf o bethau sy'n 'rhan o'r cyflwr dynol' bwrpas a dydy dicter ddim yn eithriad yn hyn o beth.

Pwrpasau posib

Un pwrpas efallai yw helpu i ysgogi 'cymdeithasoli' mewn pobl eraill: mewn geiriau eraill, annog pobl eraill i ymddwyn mewn ffordd y bydden ni am iddyn nhw wneud – neu, yn hytrach, annog pobl eraill i beidio ag ymddwyn mewn ffordd nad ydyn ni am iddyn nhw wneud. Mae'r gwahaniaeth yn fwy na dim ond semanteg. Mae hi *yn* bosib dylanwadu ar ymddygiad person llawer mwy drwy anogaeth na thrwy gosbi. Cafodd y pwynt hwn ei ymgorffori gan yr hen gartŵn yn dangos ysgol ddychrynllyd o hen ffasiwn gydag arwydd ar y wal yn dweud 'Bydd y curo'n parhau nes i'r morâl wella', gan wneud y pwynt yn dwt fod yna rai pethau nad oes modd eu cynhyrchu drwy guro – neu drwy ddicter, neu unrhyw ddulliau negyddol eraill. Serch hynny, at ein dibenion presennol, mae'n werth nodi bod dicter yn ateb y diben o beidio ag annog ymddygiad nad ydyn ni ei eisiau.

Y drafferth gyda hyn yw os ydyn ni'n digwydd bod yn unigolion anoddefgar, yna gallwn deimlo bod yna lawer iawn o 'ymddygiad nad ydyn ni ei eisiau', sydd yn ei dro yn golygu y byddwn yn treulio gormod o'n bywydau yn ddig.

Ar y llaw arall, os ydyn ni ein hunain yn unigolion cymharol oddefgar, ac yn gwybod pa ymddygiad rydyn ni'n ei hoffi neu beidio mewn pobl eraill, yna gall dicter fod yn ymateb hynod briodol, cyhyd â'i fod, wrth gwrs, mewn cymedroldeb. Efallai nad 'dicter' yw'r gair iawn yn y cyd-destun hwn; efallai fod 'bod yn biwis' yn nes ati. Os yw rhywun yn hidio amdanom ac yn hidio am beth rydyn ni'n ei feddwl, yna mae gweld bod ei ymddygiad wedi ein cythruddo hyd yn oed fymryn yn ddigon i ddylanwadu ar y person hwnnw.

Un newydd da yw bod yna lawer llai o ymddygiad annymunol nag yr ydyn ni'n ei gredu. Beth am edrych ar achos Tom ac Emily oedd allan ar daith i lan y môr gyda'u plant deg a deuddeg oed. Roedd hi'n 12.30 p.m., bron yn amser cinio, pan gerddodd y teulu heibio i fan hufen iâ ger y traeth. Gofynnodd y mab deg oed am hufen iâ, ac atebodd ei dad: 'Na, fe fydd hi'n amser cinio mewn chwarter awr.' Ond doedd y bachgen ddim am gael ei dawelu, ac aeth ymlaen i geisio perswadio ei dad i brynu hufen iâ, gan wrthod symud heibio'r fan.

Ymateb ei dad oedd mynnu: 'Os dwi'n dweud na, dwi'n meddwl na. Os wyt ti wir isio un, yna fe gei di un ar ôl cinio.' Doedd hynny ddim gwerth; roedd y bachgen eisiau ei hufen iâ yn y fan a'r lle, ac roedd hyn yn amlwg yn dod yn bwysicach na dim iddo. O ran ei dad, roedd e'n teimlo ei bod hi'n bwysig gwneud safiad a dangos i'w fab na fedrwch chi bob amser gael yr hyn rydych chi ei eisiau.

Wel, wna i ddim rhoi'r manylion ofnadwy i chi, ond digon yw dweud mai dyna oedd diwedd y diwrnod allan a phob mwynhad am weddill y dydd.

Bues i'n siarad am hyn gyda Tom wedyn o ran y nodweddion personoliaeth oedd yn cael eu harddangos gan y bachgen deg oed. Yn y bôn, roedd yn bod yn hynod bendant ac yn dangos dyfalbarhad, dwy nodwedd yr oedd ei dad yn credu eu bod yn rhai rhagorol y byddai arno eisiau eu gweld yn ei fab pan fyddai'n oedolyn. Felly, yn baradocsaidd, roedd yn teimlo y dylai fod yn annog nodweddion o'r fath yn hytrach na bod yn ddig pan maen nhw'n cael eu dangos!

Dim ond un enghraifft fach yw hon o ba mor anodd y gall hi fod i farnu a gwerthuso sefyllfaoedd. Yn llawer amlach nag y mae'n ymddangos ar yr olwg gyntaf, mae'r nodweddion sy'n cael eu dangos pan gawn ein temtio i gael ein cythruddo yn rhai y bydden ni, dan amgylchiadau eraill, yn eu gwerthfawrogi yn hytrach na'u condemnio.

Y gwir yw y gall dicter – neu o leiaf bod yn biwis – fod yn gwbl briodol er mwyn mynegi anghymeradwyaeth o ymddygiad pobl eraill *pan ydyn ni wir yn sicr ein bod yn ei anghymeradwyo.*

Dicter a symbyliad

Mae gan bod yn ddig neu'n biwis bwrpas arall hefyd, sef rhoi'r symbyliad i ni wneud pethau na fydden ni'n eu gwneud fel arall.

Un o'r adegau i mi fod ar fy mwyaf dig erioed oedd pan gafodd ein merch naw mis oed ei chloi yn y car ar ddiwrnod poeth yn yr haf, gyda'r allweddi hefyd yn y car. Roedd dyn o wasanaeth achub brys gerllaw nad oedd yn fodlon ein helpu ni, er gwaetha'r ffaith ei fod yn gallu gwneud hynny a'n bod ni'n aelodau.

Roedd hi'n ganol Mehefin, roedd y babi yn ei sedd yng nghefn y car, ac roedd fy ngwraig yn ddamweiniol wedi cloi'r allweddi yn y car. Mewn panig, fe adawodd y babi a'r car a mynd allan i'r stryd, gyda'n merch arall oedd yn ddwy oed, i chwilio am gymorth. Fel pe bai'r duwiau yn gwenu arni, fe welodd ddyn yng ngwisg y gwasanaeth achub ddim ond hanner canllath i lawr y stryd. Esboniodd iddo beth oedd wedi digwydd, a'i ateb oedd: 'Ydych chi'n aelod?'

Atebodd ei bod, a holodd yntau: 'Ydy'ch cerdyn aelodaeth gennych chi?'

'Ydy, mae e yn y car.'

Ac ymateb y dyn oedd: 'Wel, fedra i ddim gwneud dim heb eich cerdyn aelodaeth.'

Ond mewn pwl o haelioni, rhoddodd fenthyg arian iddi fy ffonio i er mwyn i mi ddod draw gyda'r allweddi sbâr. Fe gyrhaeddais mor gyflym ag y gallwn i, rhoi'r allweddi sbâr i 'ngwraig a mynd i siarad gyda'r dyn 'achub'.

Dwi'n dweud 'siarad', ond efallai nad yw hynny wir yn disgrifio'r hyn ddigwyddodd. Heb ddal yn ôl, fe ddywedais i wrtho'n blwmp ac yn blaen beth roeddwn i'n ei feddwl ohono, gyda'r llith yn para o leiaf bum munud er mawr ddifyrrwch i rai o'r bobl oedd yn y cyffiniau.

Nawr, pe baech wedi gofyn i mi ar brynhawn braf o Fehefin fynd i roi cyngor i gynrychiolydd o wasanaeth achub ceir ar sut y dylai ymddwyn pe bai rhywun yn cloi ei hun allan o'i gar – a chloi ei fabi y tu mewn iddo – mae'n debyg y byddwn wedi dweud fod gen i bethau gwell i'w gwneud. Dim ond y dicter roeddwn i'n ei deimlo wnaeth fy nhanio'n frwdfrydig i gynghori'r dyn dan sylw.

Mae'r un peth yn wir pan fyddwn yn clywed hanesion pobl yn mynd i helpu dieithriaid sy'n cael cweir yn y stryd, neu wledydd yn mynd i ryfel yn erbyn gwledydd eraill sy'n sathru hawliau dynol eu cymdogion dan draed.

Faint o ddicter sy'n ddigon?

Felly mae cwestiwn diddorol yn codi ynghylch faint o ddicter sydd angen i ni ei ddangos er mwyn dylanwadu ar ymddygiad pobl eraill. Yn amlwg, mae amrediad eang ar gael. Fel y dywedon ni'n gynharach, os yw rhywun yn hidio amdanoch chi ac am beth rydych chi'n ei feddwl, yna bydd mynegi hyd yn oed awgrym o deimlo'n biwis yn ddigon, mae'n debyg. Os nad yw'n hidio amdanoch chi nac am beth rydych chi'n ei feddwl, yna fydd dim byd a wnewch chi'n cael llawer o effaith.

(Ond mae rheolau gwahanol yn wir am sefyllfaoedd corfforol dreisiol fel rhyfel. Felly am nawr beth am gyfyngu ein hunain i sefyllfaoedd rhyngbersonol di-drais.)

Gyda dicter, fel gyda'r rhan fwyaf o bethau eraill, nid mater o 'gorau po fwyaf' yw hi os ydych chi eisiau bod yn effeithiol. Mae'r gromlin-U wrthdro, sydd weithiau'n cael ei galw'n gymedr aur Aristoteles, yn berthnasol yma. Os ydych chi'n hoffi graffiau, mae hwn i chi. Fel arfer mae'n cael ei ddangos fel yn y llun yn Ffigur 9.1. Mae'n awgrymu y bydd ychydig bach o ddicter yn cael peth effaith; bydd ychydig mwy o ddicter yn cael mwy o effaith; ond os byddwch chi'n cynyddu'r dicter gormod, yna mae'r effaith yn gostwng eto.

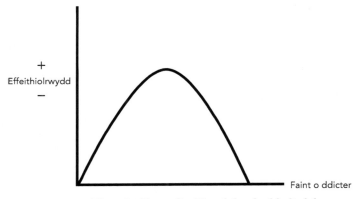

Ffigur 9.1 Y gromlin-U wrthdro draddodiadol

A dweud y gwir, nid yr U wrthdro 'draddodiadol' sydd ei hangen arnon ni gyda dicter. Mae'r fersiwn sydd i'w gweld yn Ffigur 9.2 yn nes ati. Beth mae hyn yn ei ddangos yw mai ychydig bach o ddicter sydd 'orau'. Os byddwch chi'n ei gynyddu, mae'r effeithiolrwydd yn lleihau. Ac os byddwch chi'n ei gynyddu fwy fyth, yna mae'r effeithiolrwydd yn negyddol; hynny yw, mae'r hyn rydych chi'n ei wneud yn wrthgynhyrchiol, ac yn hytrach na dylanwadu ar eich targed i'r cyfeiriad gofynnol, bydd yn ei wthio i 'styfnigo' neu i 'ymateb yn eich erbyn'.

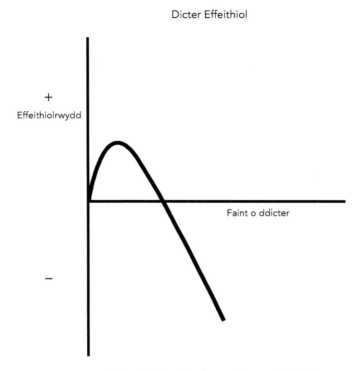

Ffigur 9.2 Graff yn dangos dicter effeithiol

Os nad ydych chi'n hoffi graffiau, anghofiwch am hyn a meddyliwch am rywun nad yw'n gwneud paned dda o goffi. Er mwyn y ddadl, gadewch i ni gytuno mai llond llwy de o goffi yw'r maint iawn i'w roi mewn mŵg. Felly mae Lee yn dod ac yn rhoi dwy lwyaid yn ei fŵg, yn ychwanegu dŵr berw a llefrith, yn eistedd i lawr i'w fwynhau ac yn sylweddoli nad yw'n blasu'n ddymunol iawn. Wrth gwrs, dydy e ddim yn gwybod *pam* nad yw'n blasu'n ddymunol oherwydd nad yw'n dda iawn am wneud coffi. Felly beth mae'n ei wneud? Mae'n ychwanegu llwyaid arall i'r mŵg sydd, wrth gwrs, yn gwneud iddo flasu'n waeth fyth. Ac os yw'n gwbl anobeithiol, efallai y bydd yn mynd yn ôl eto ac yn ychwanegu llwyaid arall eto.

Nawr, mae'r esiampl yma am baned o goffi i weld yn hurt i'r rhan fwyaf ohonom gan ein bod yn gwybod faint o goffi i'w roi mewn mŵg. Ond nid i Lee, gan nad yw erioed wedi gwneud ei goffi ei hun o'r blaen, a does ganddo ddim syniad sut i'w wneud. Mae hyn yn cyfateb yn union i'r modd y mae rhai pobl yn ymwneud â dicter. Maen nhw'n cychwyn drwy ddangos gormod o ddicter ac yn canfod nad ydyn nhw'n cael y canlyniad y maen nhw am ei gael. Felly beth maen nhw'n ei wneud wedyn? Mynd yn fwy dig fyth. I rywun sy'n gwylio, mae hyn yn od iawn gan fod Lee yn rhoi mwy o goffi yn ei fŵg lle mae ganddo ormod yn barod. I'r person ei hun, fodd bynnag, dydy pethau ddim yn ymddangos felly. Mae'n debygol o ddweud, 'Os nad oedd cymaint â hynny o ddicter yn gweithio, efallai y bydd dwywaith gymaint yn gwneud y tric'.

I grynhoi, mae dicter, fel halen, ar ei orau mewn dogn bychan iawn, os oes rhaid ei gael o gwbl. Mae gormod ohono'n difetha popeth.

Oes pwrpas i dymer flin?

Beth am dymer flin? Ydy'r un ddadl yn wir fan hyn? Mae'n ymddangos mai 'na' yw'r ateb, oherwydd hanfod tymer flin yw nad oes cyfiawnhad drosto a'i fod yn amhriodol – mwy o adlewyrchiad o'ch hwyliau chi nag o unrhyw beth y mae rhywun arall wedi'i wneud.

Dwi wedi clywed pobl yn dweud mai mantais cael eich

adnabod fel rhywun 'blin' yw bod hynny'n cadw pawb arall 'ar flaenau eu traed'. Yr awgrym yw y bydd pobl bob amser yn eich trin yn ofalus fel pe baech chi ar eich mwyaf piwis, oherwydd hyd yn oed pan fyddwch chi mewn hwyliau da, mae pobl yn esbonio hynny drwy ddweud eu bod yn eich trin chi'n ofalus dros ben, fel pe bai â chyllell a fforc. Felly maen nhw'n parhau i'ch trin chi fel hyn.

I'r rhan fwyaf o bobl rhyw atyniad arwynebol sydd i hyn. Mae'r rhan fwyaf o bobl eisiau cael eu parchu a'u hoffi mewn sefyllfaoedd gwaith a chymdeithasol, a'u hoffi a'u caru gartref. Er y gall tymer flin orfodi eraill i *guddio* arwyddion eu diffyg parch a'u diffyg hoffter ohonoch, dydy e'n gwneud dim mwy na hynny. Does dim llwybr tarw at ennill parch, hoffter a chariad: mae'n rhaid eu haeddu. Mae bod â thymer flin fel arfer yn golygu cychwyn gyda gorddrafft.

Crynodeb

- Mae dicter yn iawn yn yr ystyr bod y rhan fwyaf o bobl yn mynd yn ddig rhywbryd neu'i gilydd; mae'n rhywbeth mae'n rhaid i ni fyw gydag e.
- Serch hynny, mae hi'n ymddangos ein bod yn gallu dylanwadu ar ymddygiad y bobl o'n cwmpas llawer mwy drwy ddulliau cadarnhaol na thrwy fynd yn ddig.
- Wedi dweud hynny, mae dicter – neu o leiaf teimlo'n biwis – yn ffordd resymol o fynegi anfodlonrwydd gyda'r hyn mae rhywun arall yn ei wneud.

- O ran faint o ddicter sy'n briodol, mae hynny bron bob amser yn llawer llai nag yr ydyn ni'n ei feddwl. Yn wir, mae gormod o ddicter nid yn unig yn aneffeithiol, mae e wir yn wrthgynhyrchiol.
- Does byth gyfiawnhad dros dymer flin. Wedi'r cyfan, mae'r ffaith nad oes cyfiawnhad drosto fwy neu lai'n rhan o'i ddiffiniad.

Ymarfer

Ystyriwch beth rydych chi wedi'i ddarllen yn y bennod hon, ac atebwch y ddau gwestiwn canlynol mewn ffordd sy'n eich bodloni chi:

1. Yn gyffredinol, nid dim ond i chi'ch hun, beth yw pwrpas dicter gan amlaf, yn eich barn chi?
2. I chi'n benodol, beth yw pwrpas eich dicter gan amlaf?

RHAN DAU

DATRYS PETHAU

Mae Rhan Dau yn canolbwyntio'n llwyr ar atebion.

Ar ôl darllen Rhan Un, byddwch bellach yn gwybod llawer am ddicter a thymer flin. Fodd bynnag, dydy gwybod am broblem ddim yr un fath â datrys y broblem honno. Felly, yn y rhan hon o'r llyfr, byddwn yn edrych ar yr holl atebion posib.

Mae sawl ffordd o ddarllen y rhan hon. Mae teitl pob pennod yn rhoi syniad eithaf da i chi o beth sydd yn y bennod a pham y byddech chi am ei ddarllen. Felly fe allwch chi, os dymunwch, fynd yn syth at y penodau rydych chi'n credu sydd fwyaf perthnasol i chi a darllen y rheini'n gyntaf. Mewn gwirionedd, fe gewch ei fod yn gweithio hyd yn oed os mai *dim ond* y penodau hynny y byddwch chi'n eu darllen, a'ch bod yn hepgor y lleill. Gallwch 'ddewis a dethol'.

Fel arall, gallwch ddarllen ymlaen o'r fan hon i'r diwedd, gan ddarllen pob pennod p'un a yw'n ymddangos yn berthnasol ar yr olwg gyntaf ai peidio. Dydy hyn ddim yn syniad gwael, oherwydd gallai peth o'r cynnwys fod yn berthnasol i chi hyd yn oed pe na bai'n ymddangos felly ar yr olwg gyntaf. Dwi wedi ceisio cynnwys llawer o enghreifftiau, a bydd rhai ohonyn nhw'n ymddangos sawl gwaith; efallai y byddwch yn gweld eich bod yn gallu uniaethu â rhai o'r achosion hyn.

Ar ddiwedd pob pennod mae crynodeb a phrosiect (neu fwy nag un!) i'w wneud. Y prosiectau hyn sydd wir yn mynd i gael effaith dda arnoch chi os byddwch chi'n mynd i'r afael â nhw'n iawn.

Sut bynnag yr ewch chi ati gyda'r adran hon o'r llyfr, dwi'n gobeithio y bydd yn ddefnyddiol i chi.

10

Mynd i'r afael â'r broblem: y sbardun

Os meddyliwch chi'n ôl i Bennod 4, lle roedden ni'n dechrau gweithio ar y model dicter a thymer flin, efallai y cofiwch chi fod y model mwyaf sylfaenol yn edrych fel Ffigur 10.1. Dydy'r diagram ddim yn cynnwys yr holl flychau y gwnaethon ni eu hychwanegu wrth i'r model ddatblygu, ond mae'n cynnwys tri o'r rhai pwysicaf. Gallwn weld os bydd unrhyw un o'r tri blwch yma'n cael ei newid, yna bydd yr holl ddilyniant o ddicter a thymer flin yn dod i ben.

Er enghraifft, meddyliwch am Justin; ei sbardun yw ei gymdogion yn chwarae cerddoriaeth yn rhy uchel. Os nad yw'r sbardun hwnnw'n digwydd, yna dydy'r dicter a'r dymer flin ddim yn digwydd chwaith. Ar yr un pryd, hyd yn oed os yw'r sbardun yn digwydd (y cymdogion yn chwarae eu cerddoriaeth), fydd e'n dal ddim yn ymateb gyda dicter os bydd yn ei werthuso fel 'nhw'n cael ychydig o hwyl – pawb at y peth y bo.' Ac yn olaf, hyd yn oed os yw'r sbardun yn digwydd a'i fod yn ei werthuso fel 'y bobl ofnadwy yna eto – mae angen dysgu gwers iddyn nhw', fydd e'n dal ddim yn dangos unrhyw ddicter neu dymer flin os yw'n mynd i ymweld â'i ffrind sy'n byw ar y stryd nesaf neu os yw'n gwisgo'i glustffonau ei hun.

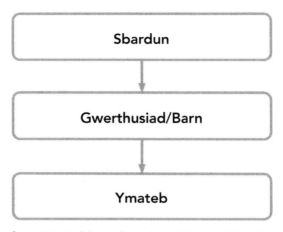

Ffigur 10.1 Model ar gyfer dadansoddi tymer flin a dicter

Felly mae'r model syml hwn yn arwain at dri ateb posib:

1. cael y cymdogion i beidio â chwarae eu cerddoriaeth
   rywsut neu'i gilydd;
2. ei werthuso mewn goleuni gwahanol; neu
3. ymateb mewn rhyw ffordd wahanol.

Ar gyfer yr enghraifft benodol hon, pa un fyddech chi'n
dweud yw'r ateb gorau? Yn bersonol, byddwn i'n dweud naill
ai rhif 1 (yn ddelfrydol) neu rif 2.

Neu beth am Amy, a ddywedodd ei bod hi wedi ei 'cholli hi'n
llwyr' pan welodd ei merch ddeuddeg oed yn golchi ei gwallt
yn y bath yn lle tacluso ei hystafell? Unwaith eto, mae yna dri
opsiwn gwahanol:

1. Gallai fod wedi cael ei merch i dacluso ei hystafell drwy ddull gwahanol.
2. Gallai fod wedi gwerthuso'r sefyllfa mewn ffordd wahanol ('Wel, o leiaf mae'n cadw ei hun yn lân').
3. Gallai fod wedi ymateb mewn ffordd wahanol, er enghraifft, drwy gerdded i ffwrdd, tawelu ei hun, a dweud wrth ei merch (eto) ei bod yn disgwyl i'r ystafell gael ei thacluso ar ôl iddi orffen ei bath.

Eto, mae'n fater o farn bersonol, ond efallai mai rhifau (2) a (3) fyddai'r atebion amlycaf yn yr achos hwn.

A beth am Omar, a roddodd stŵr go iawn i'r pumed boi adawodd ddrws y bar ar agor? Yn yr achos hwnnw gallai fod wedi:

1. Cael gwared ar y sbardun (drwy symud i fwrdd arall ar ôl y troeon cyntaf).
2. Ei werthuso'n wahanol ('Mae pethau gwaeth mewn bywyd na gorfod gwthio drws ar gau bob rhyw ugain munud').
3. Ymateb yn wahanol, efallai drwy ofyn i bob person gau'r drws.

Efallai mai (1) neu (3) fyddai orau yn yr achos hwn.

Felly hyd yn oed gyda dadansoddiad syml, tri blwch, mae rhai atebion go dda yn cynnig eu hunain.

Y peth rhyfedd yw, ym mhob un o'r achosion hyn, roedd yr unigolyn dan sylw wedi cymryd rhyw 'rôl dioddefwr', fel pe na bai'n gallu gwneud dim byd am beth oedd yn digwydd.

Felly beiodd Justin y cymdogion ('Beth allwch chi wneud os oes gennych chi gymdogion fel yna?'), adroddodd Amy'r stori fel un enghraifft arall o ba mor 'anodd' yw ei merch, a gwelodd Omar ei brofiad yn y bar fel un enghraifft arall o ba mor 'ddiddeall' (neu anghwrtais) yw pobl eraill.

Cadw dyddiadur

Mewn gwirionedd, does dim angen bod yn ddioddefwr; mae yna lawer o bethau y gallwn ni eu gwneud unwaith y byddwn wedi cael dealltwriaeth o'r broblem. Mewn geiriau eraill, *unwaith y byddwch chi'n gwybod, yn ddibynadwy, beth sy'n sbarduno eich dicter neu'ch tymer flin, rydych chi hanner ffordd tuag at ei ddatrys.* Ac os ydych chi eisiau gwybod beth sy'n ei sbarduno, mae cadw dyddiadur yn gweithio'n dda iawn.

Mae'r math gorau o ddyddiadur i'w gadw, yn y lle cyntaf, i'w weld yn yr enghraifft yn Nyddiadur 1. Fe welwch mai dim ond dau flwch sydd yno: un i chi ysgrifennu am y sbardun, a'r llall i chi ysgrifennu sut gwnaethoch chi ymateb. Mae un copi gwag o'r dyddiadur hwn wedi'i gynnwys yma, ac mae rhagor yn yr Atodiad.

Mae'r dyddiaduron hyn yn bwysig iawn. Eu pwrpas, fel dwi wedi sôn, yw eich galluogi i gael dealltwriaeth o beth sy'n eich gwneud yn ddig ac yn flin. Os gallwch chi wneud hynny, rydych chi ar y trywydd iawn. Felly sut yn union ydych chi'n eu llenwi? Yr ateb yw: mae'n well llenwi dalen o'r dyddiadur bob tro y byddwch yn mynd yn flin neu'n ddig, a'i wneud *cyn gynted â phosib* ar ôl y digwyddiad. Hefyd, mae'n syniad da gwneud eich cofnodion mor gyflawn â phosib. Ar y tudalennau nesaf dwi wedi atgynhyrchu fwy neu lai beth gafodd ei gofnodi gan nifer o bobl rydyn ni eisoes wedi eu disgrifio wrth iddyn nhw gadw eu dyddiaduron.

Dyddiadur 1

Cadwch gofnod o'r adegau pan fyddwch chi'n mynd yn ddig neu'n flin. Llenwch hwn cyn gynted â phosib ar ôl y digwyddiad. Nodwch mor glir â phosib beth sbardunodd eich dicter/tymer flin a sut gwnaethoch chi ymateb.

Sbardun (gan gynnwys diwrnod, dyddiad ac amser)

Ymateb (Beth wnaethoch chi?)

Enghraifft (a)

Sbardun (gan gynnwys diwrnod, dyddiad ac amser)

Dydd Sadwrn 3 Mehefin, 11.15 a.m. Roedd y plant drws nesaf yn chwarae pêl-droed yn y stryd tu allan. Roedden nhw eisoes wedi croesi'r lawnt sawl gwaith ac yn y diwedd fe drawodd y bêl ffenest ffrynt y tŷ.

Ymateb (Beth wnaethoch chi?)

Fe es i allan ar unwaith, cymryd y bêl oddi ar y plant, canu cloch drws nesaf a rhoi pryd o dafod i'w mam.

Enghraifft (b)

Sbardun (gan gynnwys diwrnod, dyddiad ac amser)

Dydd Mawrth 3 Mehefin, 8.00 p.m. Roedden ni'n eistedd yn bwyta pryd o fwyd pan, unwaith eto, roedd fy ngŵr yn cnoi ei fwyd mor swnllyd nes y byddai hanner y stryd yn gallu ei glywed. Dwi'n siŵr ei fod yn gwneud hyn i 'ngwylltio i, neu o leiaf does dim ots ganddo ei fod yn fy ngwylltio i. Yr hyn mae'n ei wneud yw cael ei geg yn llawn bwyd ac yna treulio oes yn cnoi pob llond cegaid a siarad gyda fi wrth iddo wneud hynny.

Ymateb (Beth wnaethoch chi?)

Wnes i ddim dweud gair, dim ond teimlo'n dynn tu mewn. A wnes i ddim siarad gyda fe'n iawn ac roeddwn i'n teimlo'n drist 'mod i'n briod ag e. Dwi wedi dweud wrtho am y peth ganwaith, felly beth yw'r pwynt rhygnu 'mlaen amdano eto? Ond rhywsut mae'n symbol o'r ffordd mae e'n ymddwyn – does dim ots ganddo amdana i, dim ond amdano'i hun.

Enghraifft (c)

Sbardun (gan gynnwys diwrnod, dyddiad ac amser)

Dydd Mercher 7 Mehefin, 3.30 p.m. Gofynnodd y bòs i mi fynd i Stryd y Llyn i ateb galwad yno. Roedd y bobl oedd yn byw yno eisiau i ni edrych ar ryw weirio roedden nhw'n amau nad oedd yn ddiogel. Y peth yw, roedd y bòs yn gwybod fod gen i lwyth o waith i'w wneud ac roedd e'n cymryd mantais ohonof oherwydd ei fod yn gwybod na fyddwn i'n cwyno.

Ymateb (Beth wnaethoch chi?)

Roeddwn i'n ffwr-bwt gyda fe er mwyn iddo wybod 'mod i wedi gwylltio ac yn meddwl ei fod yn gofyn gormod. Felly fe wnes i orffen y gwaith roedd rhaid i mi ei wneud yn y ganolfan ac yna es i draw i ddatrys weirio rhywun arall. Ac fe wnes i'r holl waith yn iawn.

Enghraifft (ch)

Sbardun (gan gynnwys diwrnod, dyddiad ac amser)

Dydd Iau 10 Ebrill, 6.30 p.m. Roeddwn i wedi bod yn gofyn drwy'r dydd i fy merch dacluso ei hystafell ac roedd hi'n dweud y byddai'n ei wneud mewn munud, neu ychydig yn hwyrach. Wedyn, o gwmpas hanner awr wedi chwech, dyma fi'n ei ffeindio hi'n eistedd yn y bath yn golchi ei gwallt – ac yn fy mhryfocio'n fwriadol gan ddweud, 'Beth wyt ti'n mynd i'w wneud am y peth, 'te?'

Ymateb (Beth wnaethoch chi?)

Fe wnes i golli fy limpin. Fe wnes i weiddi a sgrechian arni am ryw ddeng munud, mae'n rhaid. Aeth hi'n wyn fel y galchen, ac wrth edrych yn ôl ar y digwyddiad fe es i dros ben llestri. Ond fe weithiodd, ac fe daclusodd ei hystafell yn ddiweddarach.

Enghraifft (d)

Sbardun (gan gynnwys diwrnod, dyddiad ac amser)

Dydd Mercher 27 Gorffennaf, 4.15 p.m. Doedd dim sbardun mewn gwirionedd mwy na'r ffaith 'mod i'n teimlo dan straen aruthrol, fel arfer. Yn y gwaith y dyddiau yma mae cymaint o alwadau arna i gan gymaint o bobl wahanol fel ei bod hi'n amhosib i mi wneud popeth mae pawb yn ei ddisgwyl. Felly pan wnaeth Jason ei sylw difeddwl, fe wnes i gyrraedd pen fy nhennyn.

Ymateb (Beth wnaethoch chi?)

Fe ffrwydrais i gyda Jason a'i feirniadu am ei agwedd. Roedd hyn yn gwbl annheg, dim ond cellwair oedd e. Roedd gan y ffaith i mi ffrwydro fwy i'w wneud â fy nghyflwr meddwl i nag agwedd Jason. Ond fe wnes i ymddiheuro iddo yn ddiweddarach ac mae pethau'n ymddangos yn iawn nawr, fwy neu lai.

Darllen eich dyddiadur

Wel, does dim ots am ddarllen eich dyddiadur ar hyn o bryd. Dewch i ni i ddechrau ddod yn dda am ddarllen dyddiaduron pobl eraill.

Ond cyn hynny hyd yn oed, gadewch i ni atgoffa ein hunain beth yw pwynt darllen y dyddiaduron yma: rydyn ni'n gwneud hyn *er mwyn deall beth sy'n eich gwneud chi'n ddig a blin i'ch galluogi i wneud rhywbeth amdano*. Ac i wneud hynny, bydd rhaid i chi'n gyntaf ddatblygu'r sgìl o ddarllen dyddiaduron yn graff.

Nawr gadewch i ni edrych ar yr enghreifftiau yn eu trefn.

I ddechrau, edrychwch eto ar yr enghraifft lle mae Marius yn dweud ei fod wedi cael ei yrru'n wallgof gan blant ei gymydog yn chwarae pêl-droed yn y stryd. Pa un o'r posibiliadau canlynol ydych chi'n credu oedd y sbardun:

1. Y plant yn rhedeg ar draws ei lawnt drwy'r amser.
2. Y bêl yn taro ei ffenest.
3. Meddwl nad oedd ei gymdogion yn ystyriol ohono o gwbl.
4. Y gred fod plant yn chwarae yn y stryd yn gwneud i'r ardal edrych yn dlawd?

Yn yr achos hwn yr ateb roddodd Marius oedd (1) a (2); ond beth oedd wir yn gwylltio Marius oedd nad oedd y cymdogion yn ystyriol o gwbl o'r bobl o'u cwmpas, a'u bod yn gwneud i'r stryd edrych fel ardal arw. Felly, mewn ffordd, roedd dicter Marius yn ymwneud mwy â'i werthusiad a'i farn ynghylch y sbardun, yn hytrach na'r sbardun ei hun. Er hynny, os yw am ddatrys ei ddicter a'i dymer flin mae angen iddo adnabod y sbardun 'gweladwy', sef y bechgyn yn chwarae pêl-droed. Unwaith y bydd yn adnabod ei fan gwan, yna gall ddatrys sut i'w ailwerthuso, os mai dyna y bydd yn penderfynu ei wneud. Pe bai Marius eisiau dod yn llai dig a blin, gallai edrych ar y plant yn chwarae tu allan mewn goleuni gwahanol. Gallai weld y peth yn syml fel 'plant yn mwynhau eu hunain' ac yn 'dangos fod y stryd yn lle bywiog i fyw ynddo'. Ydych chi'n meddwl fod hyn yn debygol o weithio gyda'r dyn dan sylw? Na, na finnau chwaith.

Felly beth sydd ar ôl? Yn yr achos hwn, y prif beth yw edrych yn y blwch ymateb. Ei ymateb oedd cymryd y bêl oddi ar y plant a rhuthro drws nesaf a gweiddi ar eu mam. Ym mha ffyrdd eraill ydych chi'n credu y gallai fod wedi ymateb? Pa un o'r canlynol ydych chi'n meddwl fyddai orau?

1. Troi'r teledu ymlaen, troi'r sŵn yn uchel nes bod eu gêm ar ben.
2. Bob tro y bydd y plant yn ymddangos ar y stryd, mynd draw at eu mam ac esbonio ei safbwynt yn y ffordd fwyaf cyfeillgar bosib.
3. Gwneud dim byd, cau'r peth allan o'i feddwl yn llwyr.
4. Gwneud y 'weithred groes' (fel y mae'r seicolegydd Americanaidd Marsha Linehan yn cyfeirio ati). Mae hyn yn golygu, er enghraifft, yn yr achos hwn, mynd allan i'r stryd ac ymuno yn y gêm bêl-droed. Nid gwneud rhyw bwynt astrus, ond gwironeddol fwynhau gêm o bêl-droed gyda'r bechgyn bob tro maen nhw'n dod allan.

Pa un fyddech chi'n ei ddewis? Byddwn i'n awgrymu bod opsiwn (2) yn un da: mynd draw ac esbonio'i safbwynt, yn gyfeillgar, mor aml ag y mae'n dymuno, cyn gynted ag y bydd y plant yn ymddangos ar y stryd. Ond mae opsiwn (4) yn dda hefyd, ac fe allai drawsnewid y sefyllfa – gallai ei gael ei hun yn mwynhau pethau go iawn, gan ddibynnu a yw'n gallu perswadio ei hun i wneud hynny, ac efallai y byddai'n gwella ei sgiliau pêl-droed hefyd!

Mae llawer o bobl ddig a blin yn gwneud y camgymeriad o feddwl mai (3) yw'r ymateb gorau, sef 'gwneud dim byd o gwbl'. Dydy hynny ddim o anghenraid yn wir. Efallai ei bod hi'n iawn sefyll yn bendant dros eich hawliau. Ond dydy 'pendant' ddim yn golygu 'dig' neu 'ymosodol'. Neu efallai ei bod hi'n well gwarchod eich lles emosiynol, ac felly byddai opsiwn 4 yn siwtio rhai pobl yn well.

Felly, yn yr enghraifft hon, efallai mai'r peth gorau i Marius ei wneud yw newid ei ymateb; a dyma wnaeth e. Serch hynny, y man cychwyn iddo oedd bod yn glir am beth oedd wedi sbarduno ei ddicter, yn hytrach na dim ond meddwl ei fod yn berson blin yn gyffredinol.

Beth am achos Aisha, sy'n cael ei gwylltio gymaint gan ei gŵr sy'n bwyta'n swnllyd. Eto, beth ydych chi'n meddwl oedd y sbardun 'go iawn' ar gyfer ei thymer flin:

1. Lefel uchel sŵn ei gŵr yn bwyta – dylai ddysgu bwyta'n dawelach.
2. Y ffaith ei fod wedi parhau i siarad tra'i fod yn dal i gnoi.
3. Y ffaith ei bod hi'n ei weld fel symbol o'r pellter rhyngddynt.
4. Y ffaith nad oedd ganddi ddim byd gwell i'w wneud na phryderu am faint o sŵn mae ei gŵr yn ei wneud wrth fwyta?

Rhifau (1) a (2) yw'r sbardunau llythrennol. Sut allen ni gael gwared arnyn nhw? Fydd plygiau clust i leihau'r sŵn ddim yn helpu. Siarad gyda'i gŵr tra'i fod yn cnoi er mwyn iddo beidio â chael ei demtio i siarad wrth fwyta? Efallai ddim.

Mewn gwirionedd, y broblem yw gwerthusiad Aisha fod y cnoi yn symbol o'r pellter rhyngddynt. Felly yn y pen draw hynny – neu'r pellter rhyngddynt – yw'r hyn y mae angen gweithio arno. Serch hynny, mae angen iddi fod yn glir am y sbardun gwreiddiol er mwyn iddi allu gweithredu arno. Yn y cyfamser gallai hi ofyn iddo gnoi ychydig yn fwy tawel. Ond mae'n debyg y byddai hynny'n methu'r pwynt.

Roedd enghraifft arall yn ymwneud â mab Lola, Nathaniel, sydd yn ei arddegau, a ollyngodd fŵg ar y llawr a'i dorri. Unwaith eto, beth oedd y sbardun:

1. Y mŵg yn torri.
2. Cost y mŵg.
3. Y sŵn mawr a wnaeth y mŵg wrth daro'r llawr.
4. Gwerthusiad Lola fod Nathaniel yn ddiofal a bod angen dysgu gwers iddo?

Wel, mae'n amlwg mai rhif (1) yw'r ateb llythrennol, ond mae'n cael ei ddilyn yn glòs gan rif (4). Yn amlwg, unwaith y bydd Lola'n gwybod beth yw ei sbardunau ar gyfer meddwl fel yna ('mae e'n ddiofal ac mae angen dysgu gwers iddo), gall baratoi gwerthusiad mwy defnyddiol a hyfforddi ei hun i'w ddefnyddio ar adegau fel hyn. (Gallai gwerthusiad o'r fath fod yn debyg i hyn: 'Rydyn ni i gyd yn gollwng pethau ar y llawr o bryd i'w gilydd, pobl ifanc yn enwedig. Does dim angen cynhyrfu am y peth.')

Felly beth sydd gennym ni hyd yma, o edrych ar yr enghreifftiau cyntaf yma?

- Mae hi weithiau'n eithaf anodd gweld yn union beth yw'r sbardun, oherwydd mae'r sbardun 'llythrennol' a'r gwerthusiad yn gymysg oll i gyd.
- Mae hi'n werth chweil gwahanu'r ddwy agwedd hyn, oherwydd wedyn gallwch baratoi gwerthusiad mwy defnyddiol a bod yn barod i'w ddefnyddio y tro nesaf y bydd y sbardun i'ch tymer flin a'ch dicter yn ymddangos.
- Mae cadw dyddiadur, gan ddilyn model Dyddiadur 1, yn ffordd ddefnyddiol o wneud hyn.
- Yn aml yr allwedd yw dysgu ymateb gwahanol – er enghraifft, mynd i'r afael â'r cymydog mewn ffordd wahanol, gofyn i bobl gau'r drws, mynd i'r afael â mater gwaelodol y pellter yn eu perthynas, dweud wrth y bachgen am glirio'r darnau o'r mwg a dorrwyd. Ond mae'r un ddadl yn wir yma; cyn i ni allu paratoi ymateb mwy buddiol, mae angen i ni fod yn glir beth sy'n sbarduno ein tymer flin a'n dicter.

Gadewch i ni symud ymlaen nawr ac edrych ar enghreifftiau eraill. Beth am edrych ar Brandon, y trydanwr y gofynnodd ei fòs iddo wneud gormod. Beth oedd y sbardun go iawn:

1. Bod wedi ei orlwytho gan waith?
2. Teimlo fod y bòs yn ei ddefnyddio?

Yn amlwg, y sbardun llythrennol yw bod wedi ei orlwytho gan waith. Teimlo fod y bòs yn ei ddefnyddio yw'r gwerthusiad mae Brandon yn ei wneud.

Mae yna enghraifft arall, sy'n ymwneud â swyddog gweithredol dan straen, Nish, y byddaf yn dweud rhagor amdano yn nes ymlaen. Fe ddisgrifiodd y sbardun ar gyfer un achlysur o dymer flin ar raddfa fawr fel hyn:

1. Ceisio ymdopi â mwy o waith nag y gallai ei wneud yn rhesymol.
2. Cyd-weithiwr yn bod yn ddi-dact.
3. Dim ond ei fod mewn hwyliau drwg y diwrnod hwnnw.

O wrando arno'n adrodd yr hanes mae'n swnio'n debyg i gyfuniad o'r tri. Yn bendant, roedd wedi ei orlwytho gan waith, felly roedd mewn 'hwyliau drwg'; ond efallai hefyd fod y cyd-weithiwr ychydig yn ddi-dact. Gall sbardunau weithiau fod braidd yn gymhleth, fel gyda 'fy nghyd-weithiwr yn bod yn ddi-dact pan dwi wedi fy ngorweithio ac mewn hwyliau drwg'. Mae'n ddigon posib na fyddai'r un o'r tair elfen y soniwyd amdanyn nhw (diffyg tact, gormod o waith, hwyliau drwg) yn achosi iddo fod yn flin *ar ei phen ei hun*.

Darllen eich dyddiadur (eto)

Bydd yr adran flaenorol yn golygu eich bod yn eithaf da bellach am ddarllen dyddiaduron yn gyffredinol – sy'n golygu eich bod hefyd yn mynd i fod yn eithaf da am ddarllen eich dyddiadur eich hun.

Felly'r cyfan sydd angen i chi ei wneud nawr yw cadw dyddiadur o'r rhan fwyaf o'r adegau y byddwch yn mynd yn flin ac yn ddig, gan ddilyn y canllawiau a ddisgrifiwyd. Yna ei ddadansoddi i weld beth yw eich sbardunau.

Yr hyn rydych chi'n chwilio amdano yw rhestr (fer) o sbardunau sy'n arwain at eich tymer flin a'ch dicter. Dyma rai y mae pobl eraill wedi eu cynhyrchu:

- y cymdogion yn chwarae cerddoriaeth uchel
- y plant drws nesaf yn chwarae pêl-droed yn y stryd
- y bobl drws nesaf ddim yn ystyriol o gwbl o'u cymdogion
- pobl eraill yn anystyriol (fel gyda drws y bar)
- pobl eraill yn rhoi eu hunain yn gyntaf o 'mlaen i (fel wrth neidio'r ciw)
- fy ngŵr yn bwyta ei fwyd yn swnllyd
- fy ngŵr/fy ngwraig
- fy mhlant
- fy mhartner
- George, yn y gwaith
- fy mab yn bod yn ddiofal
- cael fy nghadw'n aros
- cael fy ngwrth-ddweud neu fy mhrofi'n anghywir yn gyhoeddus
- y bòs yn fy ngorweithio
- fy nghariad yn gorffen gyda mi
- fy mhartner yn dweud wrth bobl eraill am bethau oedd i fod rhyngon ni a neb arall
- fy ngwraig yn chwerthin a chellwair gyda dynion eraill
- cael fy ngwneud i edrych fel ffŵl yn gyhoeddus

- fy merch yn bod yn ddiog
- fy merch yn bod yn anufudd
- fy mab yn dweud celwydd
- pobl yn dwyn oddi arna i neu'n difrodi fy eiddo
- bownsers
- swyddogion yr heddlu
- bod eisiau bwyd
- gyrrwr arall yn gyrru ar fy nhraws
- cael fy ngwasgu ar y trên
- bod dan straen
- bod wedi syrffedu
- bod wedi blino

Crynodeb

- Mae'n bwysig iawn cael darlun clir iawn o beth sy'n sbarduno eich tymer flin a'ch dicter.

- Unwaith y byddwch wedi deall hyn, gallwch naill ai gael gwared ar y sbardun (er bod hyn yn aml yn amhosib) neu gymryd amrywiaeth o gamau eraill y byddwn yn edrych arnyn nhw yn ddiweddarach.

- Y ffordd orau i adnabod beth sy'n sbarduno eich tymer flin a'ch dicter yw cadw dyddiadur; mae dim ond ceisio cofio beth sy'n eu sbarduno yn syndod o annibynadwy. Mae patrwm da ar gyfer dyddiadur i chi ei ddefnyddio (Dyddiadur 1) wedi ei gynnwys yma ac yn yr Atodiad.

- Pan fyddwch chi'n cadw eich dyddiadur byddwch yn gweld eich bod weithiau'n drysu rhwng sbardunau a gwerthusiadau (er enghraifft, ysgrifennu'r sbardun fel 'hanner dwsin o ddiawliaid hunanol i lawr yn y bar' yn hytrach na 'hanner dwsin o bobl yn dod i mewn ac yn gadael y drws ar agor'). Serch hynny, mae'n gallu bod yn ddefnyddiol oherwydd unwaith y byddwch chi'n dod i lunio eich rhestr (fer) derfynol o beth sy'n sbarduno eich dicter, efallai y byddwch yn penderfynu mai'r sbardun 'go iawn' yw 'hunanoldeb pobl eraill' yn hytrach na 'drysau'n cael eu gadael ar agor'.

- Mae rhestr o'r sbardunau y mae pobl eraill wedi eu canfod ar gyfer eu dicter i'w gweld ar dudalennau 126–7; efallai y bydd hyn yn gymorth fel man cychwyn wrth i chi lunio eich rhestr eich hun.

Prosiect

- Drwy gadw'r dyddiadur mae'n debyg (Dyddiadur 1), mynnwch syniad cwbl glir o beth sy'n sbarduno eich tymer flin a'ch dicter. Gall fod yn benodol (pobl yn gadael drws y lolfa ar agor) neu'n eang (fy mab yn bod yn ddiofal – sy'n gallu cael ei amlygu mewn nifer o ffyrdd), yn allanol (rhywun arall yn gwneud rhywbeth, e.e. gollwng mẁg ar y llawr) neu'n fewnol (o'ch mewn chi, e.e. bod wedi syrffedu, bod wedi blino). Sut bynnag y gwnewch chi hyn, mae angen i chi ddod yn arbenigwr llwyr ar beth sy'n eich gwneud yn flin neu'n ddig, er mwyn i chi allu rhoi disgrifiad byw o beth sy'n gwneud hyn i chi pe bai rhywun yn gofyn i chi.
- Os yw'n bosib, mae angen i chi gael gwared ar y sbardunau hyn. Byddwch yn cael hyn yn syndod o anodd. Mae modd cael gwared ar rai sbardunau, ond nid ar bob un. Peidiwch â phoeni'r naill ffordd neu'r llall. Bydd y penodau canlynol yn dangos i chi beth i'w wneud os nad oes modd cael gwared ar y sbardun. Er hynny, os gallwch gael gwared arno'n hawdd, gwnewch hynny.
- Awgrym: mae rhai'n ystyried 'cael gwared ar y sbardun' fel 'twyllo' – maen nhw'n teimlo y dylen nhw ddysgu sut i ddelio â'r sbardun. Dwi'n anghytuno; os gallwch chi gael gwared ar rywbeth sy'n eich gwneud chi'n ddig, mater o synnwyr cyffredin yw gwneud hynny. Wedi dweud hynny, byddwn hefyd yn edrych ar sut i ddelio â'r sbardun.

11

Pam ydw i'n mynd yn ddig?
1: gwerthusiad/barn

Yn y bennod hon byddwch chi'n dysgu:

- Yr ateb i'r cwestiwn sy'n cael ei holi yn nheitl y bennod: i'w roi yn llawnach: 'Pam ydw i bob amser yn cael fy ngwylltio ac yn mynd yn ddig am bethau sydd ddim yn poeni pobl eraill, a sut ydw i'n datrys hynny?'
- Y camsyniadau mwyaf cyffredin a wneir yn y gwerthusiadau a'r barnau y mae pobl yn eu ffurfio ynghylch sefyllfaoedd sy'n sbarduno dicter.
- Sut i ddadansoddi rhai o'r enghreifftiau rydyn ni wedi eu trafod hyd yma mewn perthynas â'r camsyniadau cyffredin hyn, er mwyn i chi ddod yn dda am adnabod camsyniadau o'r fath.
- Sut i ffurfio gwell gwerthusiadau a barnau gan osgoi'r camsyniadau a ddisgrifir.
- Sut i newid eich ymddygiad eich hun – yn barhaol.

Pam ydw i bob amser yn cael fy ngwylltio ac yn mynd yn ddig am bethau sydd ddim yn poeni pobl eraill?

Fe edrychon ni ar hyn yn gynharach, ond dewch i ni atgoffa ein hunain:

- Mae sbardun posib i ddicter yn digwydd: e.e. rydych chi'n gweld bod eich merch ddeuddeg oed yn y bath yn golchi ei gwallt yn hytrach nag yn tacluso ei hystafell, wedi i chi ofyn iddi wneud hynny sawl gwaith.
- Rydych chi'n ffurfio gwerthusiad/barn ynghylch y sefyllfa honno sy'n debygol o arwain at ddicter: e.e. 'Mae hi'n fwriadol heriol, mae hi'n trio fy nghorddi.' (Mae hi'n werth nodi fan hyn fod yna werthusiad arall posib tebyg i 'Wel, dydy hi ddim yn tacluso ei hystafell ond o leiaf mae hi'n cadw ei hun yn lân a thaclus.')
- Gan dybio eich bod wedi gwneud y gwerthusiad sy'n arwain at ddicter, mae dicter yn dilyn.
- Efallai y bydd eich ataliadau'n ddigon cryf i atal y dicter rhag dod yn amlwg i unrhyw un arall.
- Neu efallai nad yw eich ataliadau mor gryf â hynny, felly mae'r derbynnydd posib yn cael pryd o dafod: e.e. rydych chi'n gweiddi ar y ferch.

Yn Rhan Un fe wnaethon ni grynhoi'r broses hon gyda'r model sydd i'w weld yma eto yn Ffigur 11.1.

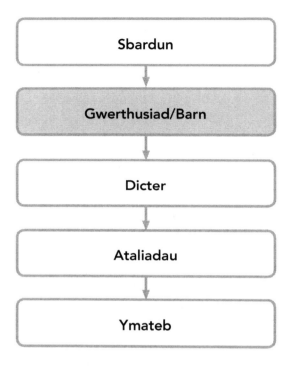

Ffigur 11.1 Model ar gyfer dadansoddi tymer flin a dicter

Gwerthuso a barnu mewn sefyllfaoedd sy'n sbarduno dicter: y camsyniadau meddwl mwyaf cyffredin

Mae'r seiciatrydd a'r seicotherapydd Aaron T Beck wedi gwneud llawer iawn o ymchwil i'r math o gamsyniadau meddwl mae pobl yn eu gwneud. Ac mae'n ymddangos nad yw camsyniadau fel hyn yn digwydd ar hap: mae'r camsyniadau mae pobl yn eu gwneud yn tueddu i fod yn eithaf penodol. Efallai y dylid rhoi'r gair 'camsyniadau' mewn dyfynodau, oherwydd er nad yw'r gwerthusiadau o anghenraid yn *anghywir*, maen nhw ar y cyfan yn *ddi-fudd* i chi. Darllenwch ymlaen ac fe welwch beth dwi'n ei feddwl.

Mae Beck wedi rhoi labeli i'r gwahanol gategorïau o gamsyniadau. Isod mae'r rhai dwi'n credu sydd fwyaf pwysig.

Canfyddiad dethol

Mae'r term yn golygu yn union beth mae'n ei awgrymu: mae person yn gweld rhan o'r stori ond nid y stori gyfan. Er enghraifft, yn achos merch ddeuddeg oed Amy yn eistedd yn y bath yn golchi ei gwallt, doedd hi ddim yn 'tacluso ei hystafell' wrth gwrs – ond dim ond rhan o'r stori oedd hynny. Roedd hi hefyd yn cadw ei hun yn lân a thaclus. Fel mae'n digwydd, roedd hyn yn berthnasol iawn oherwydd roedd hi'n ymddangos mewn drama ysgol fore trannoeth, felly roedd hi'n berthnasol ei bod yn 'gymen'. Fodd bynnag, canfyddiad ei mam oedd nad oedd hi'n 'tacluso ei hystafell' – dyna sut roedd hi'n gweld pethau.

Darllen meddyliau

Unwaith eto, does dim angen esbonio llawer ar ystyr hyn. Yn ein henghraifft mae'n cael ei amlygu gan Amy'n dweud: 'Mae'n gwneud hyn yn fwriadol er mwyn fy nghorddi.' Sut mae hi'n gwybod bod ei merch yn gwneud hyn i'w chorddi hi? Yr unig ateb posib yw ei bod yn darllen ei meddwl. Y pwynt yw bod darllen meddyliau'n amhosib, hyd y gwyddon ni. Does gan Amy ddim syniad a yw ei merch yn ceisio ei chorddi'n fwriadol mewn gwirionedd ai peidio, felly mae'n neidio i'r casgliad hwnnw'n ddi-fudd. Waeth iddi fod wedi neidio i'r casgliad arall, sef *nad* yw ei merch yn trio ei chorddi. Mae hon yn ffordd o feddwl gyffredin iawn: mae llawer o bobl yn tybio bod y person sy'n eu gwylltio yn gwneud hynny'n fwriadol.

Meddylfryd popeth neu ddim

Dyma lle byddwn ni'n gweld y sefyllfa fel un 'ofnadwy' os nad ydyn ni'n cael ein dymuniad. Felly gan edrych ar yr enghraifft yma eto, lle byddai rhai mamau, ar ôl methu cael eu merched i dacluso eu hystafelloedd, yn dweud wrth rywun arall: 'Liciwn i taswn i'n gallu cael fy merch i dacluso ei hystafell. Ti'n gwybod, fe wnes i dreulio'r diwrnod cyfan yn dweud y drefn wrthi am wneud hyn ddoe ac mae hi'n dal heb ei wneud e,' byddai mamau eraill yn ei weld fel rhywbeth 'ofnadwy' ac yn 'ddiwedd y byd'. Mae'n enghraifft o 'feddylfryd popeth neu ddim': gweld pethau *naill ai'n* wych *neu'n* ofnadwy, *naill ai'n* berffaith *neu'n* erchyll, ac ati. Mae'n arfer da i chi ddatblygu'r arfer o feddwl a siarad mewn arlliwiau o lwyd lle, er enghraifft, gallai digwyddiadau fod 'nid yr hyn fyddwn i wedi'i ddymuno' ond heb o anghenraid fod yn 'ofnadwy'.

Defnyddio iaith emosiynol

Pa un yw'r gair arbennig o emosiynol ddefnyddiodd Amy am ei merch ddeuddeg oed? Yr un y byddwn i'n ei ddewis yw 'heriol'. Credai fod ei merch yn ei herio'n fwriadol. Mae hwn yn air cryf iawn wedi'i fwriadu i wneud gelynion o'r fam a'r ferch. Os yw un person yn herio un arall, yna onid dyletswydd y person cyntaf yw goresgyn yr herio hwnnw. Mae hyn yn debygol o fod yn ffordd ddi-fudd iawn o eirio'r peth.

Gyda llaw, er fy mod i'n ysgrifennu hwn fel pe bydden ni'n siarad yn uchel â rhywun arall, wrth i ni ffurfio ein barnau mae'r 'sgwrsio' â ni'n hunain, felly mae'r iaith yn fwy emosiynol fyth. Does dim angen i ni feddwl ddwywaith am gyfeirio at bobl eraill, hyd yn oed ein teuluoedd ein hunain, gan ddefnyddio geiriau na fydden ni byth yn eu defnyddio ar goedd am neb gydag unrhyw un!

Gorgyffredinoli

Dyma lle rydyn ni'n sylwi ar rywbeth arbennig sy'n wir (e.e. nad oedd y ferch dan sylw wedi tacluso ei hystafell) ac yna'n gwneud cyffredinoliad ysgubol o'r ffaith honno (e.e. 'Mae hi mor ddiog' neu 'Dydy hi byth yn gwneud dim byd dwi'n gofyn iddi ei wneud'). Mae hi fel arfer yn llawer gwell cadw at y datganiad cywir, h.y. 'Mae'n anodd ei chael hi i dacluso ei hystafell.' Mae hyn wrth gwrs yn ei rhoi ar yr un lefel â phob person ifanc arall fwy neu lai, ac mae hefyd yn egluro beth yw'r broblem (ceisio ei chael i dacluso ei hystafell). Mae gorgyffredinoli yn gyffredin iawn ac fel arfer yn hynod ddinistriol.

Prosiect

Mae'r pum math o gamsyniadau meddwl hyn wrth werthuso a barnu yn bwysig iawn. Felly rydw i am i chi stopio darllen am ychydig ac edrych yn ôl dros y pum pennawd; wedyn meddyliwch a ydych chi'n gallu cofio enghraifft ar gyfer pob un o'r pump lle rydych chi wedi meddwl neu ymateb yn y ffordd sy'n cael ei disgrifio. Hynny yw:

- Enghraifft ohonoch chi'n dangos canfyddiad dethol (sylwi ar ddim ond un agwedd ar sefyllfa).
- Enghraifft lle roeddech chi'n 'darllen meddyliau' (yn tybio eich bod yn gwybod bwriad rhywun lle nad oedd modd yn y byd i chi fod yn gwybod hynny).
- Enghraifft o 'feddylfryd popeth neu ddim' (lle bu i chi ddweud wrthych chi'ch hun fod yr hyn sydd wedi digwydd yn hollol 'ofnadwy' yn hytrach na dim ond 'nid beth fyddwn i wedi'i ddymuno').
- Enghraifft ohonoch chi'n defnyddio iaith emosiynol wrth siarad â chi'ch hun (disgrifio digwyddiad mewn ffordd sydd bron yn sicr yn mynd i'ch 'corddi' chi).
- Enghraifft o 'orgyffredinoli' (sylwi bod rhywbeth yn wir, ond mynd ymhell dros ben llestri gyda chyffredinoliad ohono).

Fodd bynnag, gofalwch beidio â beio eich hun am yr un o'r rhain; mae pob un ohonyn nhw'n hynod gyffredin, ond fel arfer yn ddi-fudd i chi.

Pa gamsyniadau meddwl sy'n cael eu gwneud yn y gwerthusiadau/barnau hyn?

Isod mae nifer o enghreifftiau o sbardunau, ynghyd â'r gwerthusiad/barn a gafodd ei ffurfio gan y person. Ar ôl pob enghraifft mae rhestr o'r pum camsyniad meddwl y gall pobl eu gwneud yn nodweddiadol yn eu gwerthusiadau/barnau. Eich tasg yw <u>tanlinellu</u>'r holl gamsyniadau sy'n berthnasol i bob enghraifft (yn anffodus, gall un gwerthusiad gynnwys nifer o'r camsyniadau). Efallai y byddwch am roi cylch am y prif gamsyniad ym mhob achos yn eich barn chi.

Mae'r tair enghraifft gyntaf wedi cael eu gwneud ar eich rhan:

1. *Sbardun:* Mae gan Justin gymdogion swnllyd sy'n chwarae cerddoriaeth yn uchel drws nesaf. Mae hyn yn digwydd bob wythnos neu ddwy ac fel arfer yn para am awr neu ddwy.

    Gwerthusiad Justin: 'Maen nhw'n gwneud hyn yn fwriadol i 'ngwylltio i – does dim ots ganddyn nhw o gwbl be dwi'n ei feddwl.'

    Camsyniad(au): canfyddiad dethol / <u>darllen meddyliau</u> / meddylfryd popeth neu ddim / <u>iaith emosiynol</u> / gorgyffredinoli.

2. *Sbardun:* Mae plant cymdogion Marius yn chwarae pêl-droed yn y stryd. Mae hyn yn digwydd bob rhyw ychydig ddyddiau ac mae'r gêm yn para tua thri chwarter awr.

    Gwerthusiad Marius: 'Maen nhw'n blydi niwsans, does ganddyn nhw ddim parch at neb; does dim blas byw yma diolch iddyn nhw.'

    Camsyniad(au): canfyddiad dethol / darllen meddyliau / meddylfryd popeth neu ddim / <u>iaith emosiynol</u> / <u>gorgyffredinoli</u>.

3. *Sbardun:* Mae pumed dyn yn dod i mewn i'r bar lle mae Omar yn eistedd gyda Carlos a Ryan ac yn gadael drws ar agor (mae pedwar arall wedi gwneud yr un peth o'i flaen).

Gwerthusiad Omar: 'Does dim taten o ots ganddyn nhw am neb.'

Camsyniad(au): canfyddiad dethol / <u>darllen meddyliau</u> / meddylfryd popeth neu ddim / <u>iaith emosiynol</u> / <u>gorgyffredinoli</u>.

4. *Sbardun:* Mae gŵr Aisha'n bwyta'n swnllyd ac yn siarad gyda hi ar yr un pryd.

Gwerthusiad Aisha: 'Fedra i ddim dioddef y ffordd mae'n bwyta, mae'n dangos nad yw e fy math i o berson.'

Camsyniad(au): canfyddiad dethol / darllen meddyliau / meddylfryd popeth neu ddim / iaith emosiynol / gorgyffredinoli.

5. *Sbardun:* Mae mab Lola, Nathaniel, sydd yn ei arddegau, yn gollwng mŵg tsieina ar y llawr ac mae'n torri. (Sylwer: rydyn ni'n gwybod fod Nathaniel yn ofalus iawn gyda'i waith cartref.)

Gwerthusiad Lola: 'Dydy e ddim yn gofalu am ddim byd, does dim tamed o ots ganddo.'

Camsyniad(au): canfyddiad dethol / darllen meddyliau / meddylfryd popeth neu ddim / iaith emosiynol / gorgyffredinoli.

6. *Sbardun:* Mae Nicole wedi aros yn hir yn yr adran cleifion allanol gyda'i merch bump oed. Wedi gweld y doctor a'r nyrs yn gweithio'n ofalus gyda nifer o gleifion, mae hi wedyn yn eu gweld nhw'n cael hoe am baned ar ôl awr a hanner, ac yn ymlacio a sgwrsio â'i gilydd.

Gwerthusiad Nicole: 'Does dim ots ganddyn nhw am unrhyw un ohonon ni, y cyfan maen nhw am ei wneud yw ymlacio a fflyrtio â'i gilydd.'

Camsyniad(au): canfyddiad dethol / darllen meddyliau / meddylfryd popeth neu ddim / iaith emosiynol / gorgyffredinoli.

7. *Sbardun:* Mewn parti mae gwraig Errol yn ei gywiro sawl gwaith o flaen pobl eraill.

Gwerthusiad Errol: 'Mae'n gwneud hyn yn fwriadol er mwyn gwneud i mi edrych yn fach – fedra i ddim ei dioddef hi ddim mwy.'

Camsyniad(au): canfyddiad dethol / darllen meddyliau / meddylfryd popeth neu ddim / iaith emosiynol / gorgyffredinoli.

8. *Sbardun:* Mae bòs Brandon, sy'n un teg fel arall, yn gofyn iddo wneud tasg arall tua diwedd y dydd fydd yn golygu ei fod yn gweithio'n hwyrach na'r amser gorffen arferol.

Gwerthusiad Brandon: 'Mae e bob amser yn fy nhrin i'n annheg, mae e'n snichyn cas.'

Camsyniad(au): canfyddiad dethol / darllen meddyliau / meddylfryd popeth neu ddim / iaith emosiynol / gorgyffredinoli.

9. *Sbardun:* Mae Danny wedi dweud cyfrinach wrth ei bartner hirdymor, Vicky, ac roedd yn tybio y byddai hi'n cadw'r gyfrinach honno. Mae Vicky, fodd bynnag, wedi dweud wrth sawl un arall am hyn.

Gwerthusiad Danny: 'Mae hynny'n gwbl warthus – does ganddi hi ddim syniad o gwbl beth sy'n iawn a beth sydd ddim.'

Camsyniad(au): canfyddiad dethol / darllen meddyliau / meddylfryd popeth neu ddim / iaith emosiynol / gorgyffredinoli.

10. *Sbardun:* Mae Lemy ac Ella wedi bod yn briod ers blynyddoedd. Dydy Ella erioed wedi cael perthynas y tu allan i briodas ac ar y cyfan mae hi'n bartner da iawn i Lemy. Er hynny, mae hi weithiau yn chwerthin a thynnu coes gyda dynion eraill.

Gwerthusiad Lemy: 'Does ganddi ddim teyrngarwch o gwbl; pe bawn i'n troi fy nghefn arni fe fyddai hi'n ei heglu hi mewn chwinciad.'

Camsyniad(au): canfyddiad dethol / darllen meddyliau / meddylfryd popeth neu ddim / iaith emosiynol / gorgyffredinoli.

Dyma'r atebion y byddwn i'n eu rhoi:

4. *Sbardun:* Mae gŵr Aisha'n bwyta'n swnllyd ac yn siarad gyda hi ar yr un pryd.

Gwerthusiad Aisha: 'Fedra i ddim dioddef y ffordd mae'n bwyta, mae'n dangos nad yw e fy math i o berson.'

Camsyniad(au): canfyddiad dethol / darllen meddyliau / meddylfryd popeth neu ddim / <u>iaith emosiynol</u> / <u>gorgyffredinoli</u>.

5. *Sbardun:* Mae mab Lola, Nathaniel, sydd yn ei arddegau, yn gollwng mŵg tsieina ar y llawr ac mae'n torri. (Sylwer: rydyn ni'n gwybod fod Nathaniel yn ofalus iawn gyda'i waith cartref.)

Gwerthusiad Lola: 'Dydy e ddim yn gofalu am ddim byd, does dim tamed o ots ganddo.'

Camsyniad(au): <u>canfyddiad dethol</u> / darllen meddyliau / meddylfryd popeth neu ddim / <u>iaith emosiynol</u> / gorgyffredinoli.

6. *Sbardun:* Mae Nicole yn gorfod aros yn hir yn yr adran cleifion allanol gyda'i merch bump oed. Wedi gweld y doctor a'r nyrs yn gweithio'n ofalus gyda nifer o gleifion, mae hi wedyn yn eu gweld nhw'n cael hoe am baned ar ôl awr a hanner, ac yn ymlacio a sgwrsio â'i gilydd.

Gwerthusiad Nicole: 'Does dim ots ganddyn nhw am unrhyw un ohonon ni, y cyfan maen nhw am ei wneud yw ymlacio a fflyrtio â'i gilydd.'

Camsyniad(au): <u>canfyddiad dethol</u> / <u>darllen meddyliau</u> / meddylfryd popeth neu ddim / iaith emosiynol / gorgyffredinoli.

7. *Sbardun:* Mewn parti mae gwraig Errol yn ei gywiro sawl gwaith o flaen pobl eraill.

   Gwerthusiad Errol: 'Mae'n gwneud hyn yn fwriadol er mwyn gwneud i mi edrych yn fach – fedra i ddim ei ddioddef hi ddim mwy.'

   Camsyniad(au): canfyddiad dethol / <u>darllen meddyliau</u> / meddylfryd popeth neu ddim / iaith emosiynol / <u>gorgyffredinoli</u>.

8. *Sbardun:* Mae bòs Brandon, sy'n un teg fel arall, yn gofyn iddo wneud tasg arall tua diwedd y dydd fydd yn golygu ei fod yn gweithio'n hwyrach na'r amser gorffen arferol.

   Gwerthusiad Brandon: 'Mae e bob amser yn fy nhrin i'n annheg, mae e'n snichyn cas.'

   Camsyniad(au): <u>canfyddiad dethol</u> / darllen meddyliau / meddylfryd popeth neu ddim / <u>iaith emosiynol</u> / <u>gorgyffredinoli</u>.

9. *Sbardun:* Mae Danny wedi dweud cyfrinach wrth ei bartner hirdymor, Vicky, ac roedd yn tybio y byddai hi'n cadw'r gyfrinach honno. Mae Vicky, fodd bynnag, wedi dweud wrth sawl un arall am hyn.

   Gwerthusiad Danny: 'Mae hynny'n gwbl warthus – does ganddi hi ddim syniad o gwbl beth sy'n iawn a beth sydd ddim.'

   Camsyniad(au): <u>canfyddiad dethol</u> / darllen meddyliau / meddylfryd popeth neu ddim / iaith emosiynol / <u>gorgyffredinoli</u>.

10. *Sbardun:* Mae Lemy ac Ella wedi bod yn briod ers blynyddoedd. Dydy Ella erioed wedi cael perthynas y tu allan i briodas ac ar y cyfan mae hi'n bartner da iawn i Lemy. Er hynny, mae hi weithiau yn chwerthin a thynnu coes gyda dynion eraill.

Gwerthusiad Lemy: 'Does ganddi ddim teyrngarwch o gwbl; pe bawn i'n troi fy nghefn arni fe fyddai hi'n ei heglu hi mewn chwinciad.'

Camsyniad(au): <u>canfyddiad dethol</u> / <u>darllen meddyliau</u> / meddylfryd popeth neu ddim / iaith emosiynol / gorgyffredinoli.

Crynodeb o'r prif gamsyniadau gwerthuso/barnu

- Canfyddiad dethol: Lle mae un neu ragor o agweddau pwysig mewn sefyllfa'n cael eu hanwybyddu.
- Darllen meddyliau: Lle mae person yn credu ei fod yn gwybod beth sydd ym meddwl rhywun arall, yn enwedig ei fwriad.
- Meddylfryd popeth neu ddim: Lle mae rhyw ddigwyddiad digroeso'n cael ei ystyried yn ofnadwy, trasig, erchyll, trychinebus, ac ati, yn hytrach na dim ond yn ddigroeso.
- Iaith emosiynol: Defnyddio iaith gref wrth siarad â chi'ch hun, gan ysgogi ymateb dig bron yn awtomatig.
- Gorgyffredinoli: Gwneud cyffredinoliad ysgubol ar sail un sylw sy'n wir.

12

Gweithio ar eich meddyliau

Cymhwyso'r gwaith ar werthusiadau a barnau – a'r camsyniadau meddwl y gallwn eu gwneud – i'ch sefyllfa eich hun

Nawr eich bod wedi dangos eich bod yn gallu dadansoddi enghreifftiau eraill, mae angen rhai enghreifftiau o'ch bywyd eich hun i weithio arnyn nhw. Er mwyn cael y rhain, mae angen dyddiadur ychydig mwy soffistigedig arnon ni, fel yr un ar y dudalen nesaf.

Dyddiadur 2

Llenwch hwn cyn gynted â phosib bob tro y byddwch wedi bod yn flin neu'n ddig.

Sbardun: Disgrifiwch yma beth fyddai camera fideo wedi ei weld neu ei glywed. Nodwch y diwrnod a'r dyddiad, ond peidiwch â nodi beth roeddech chi'n ei feddwl na sut gwnaethoch chi ymateb.

_____

_____

_____

_____

Gwerthusiad/Barn: Ysgrifennwch yma yr hyn a aeth drwy eich meddwl, mor glir ag y gallwch ei gofio.

_____

_____

_____

_____

Dicter: Gadewch hwn yn wag am y tro.

_____

_____

_____

_____

Ataliadau: Gadewch hwn yn wag am y tro.

_____

_____

_____

_____

Ymateb: Ysgrifennwch yma beth fyddai camera fideo wedi eich gweld yn ei wneud a'ch clywed yn ei ddweud, mor glir ag y gallwch chi.

_____

_____

_____

_____

Rhagor o werthuso/barn ddefnyddiol: Ym mha ffyrdd eraill allech chi fod wedi gwerthuso'r sefyllfa? Er mwyn penderfynu ar hyn efallai y gallech chi ystyried y canlynol: Pa gamsyniadau ydych chi'n eu gwneud (canfyddiad dethol, darllen meddyliau, meddylfryd popeth neu ddim, iaith emosiynol, gorgyffredinoli)?

_____

_____

_____

_____

Pe bai gennych chi ffrind hollwybodus, holl-ddoeth, sut fyddai wedi gweld y sefyllfa?

Ydy hi'n bosib ailfframio'r sefyllfa? (Mae gwydr sy'n hanner gwag hefyd yn hanner llawn.)

Beth fyddai eich dadansoddiad cost a budd o weld y sefyllfa fel y gwnaethoch chi?

_____

_____

_____

_____

Dulliau o wneud eich gwerthusiadau/barnau yn fwy defnyddiol

Mae pedair prif ffordd o wneud hyn.

Adnabod 'camsyniadau meddwl' a chael gwared arnyn nhw

Y man cychwyn yw dadansoddi eich gwerthusiad/barn. Felly efallai y byddai Amy, a welodd ei merch 'ddim yn tacluso ei hystafell', yn sylweddoli mai canfyddiad dethol oedd hyn. Mewn geiriau eraill, er ei bod hi'n wir nad oedd y ferch yn tacluso ei hystafell, roedd hi yn golchi ei gwallt ac felly yn gwneud ei hun yn lân a thaclus erbyn y ddrama ysgol fore trannoeth. Roedd yr agwedd gadarnhaol yma ar ymddygiad y ferch yn rhywbeth nad oedd Amy wedi sylwi arno o gwbl. Yr unig beth roedd hi wedi ei weld oedd y ffaith nad oedd ei merch yn tacluso ei hystafell. Unwaith y cafodd y 'camsyniad' hwn ei weld, roedd y sefyllfa wedi cywiro ei hun bron yn awtomatig.

Yn yr un modd, efallai y byddai Amy hefyd yn gweld ei bod yn 'darllen meddwl' ei merch, 'camsyniad' arall. Yn yr achos hwn roedd hi'n dweud wrthi'i hun fod ei merch yn ei 'chorddi'n fwriadol'. Enghraifft o ddarllen meddyliau yw hyn, mae'n amlwg; sut allai'r fam wybod fod gan y ferch y bwriad hwn? Unwaith y cafodd hyn ei weld fel 'camsyniad', roedd Amy'n ei gredu'n llai sicr.

Fe sylwodd hi hefyd ei bod hi'n 'ofnadwyo'. Mewn geiriau eraill roedd hi'n gwneud y ffaith nad oedd ei merch wedi tacluso ei hystafell y 'peth mwyaf yn y byd' – yn ei geiriau ei hun, 'yn creu môr a mynydd y tu hwnt i reswm'.

Roedd hi hefyd yn defnyddio iaith emosiynol, gan ddisgrifio ei merch fel rhywun 'heriol'. Mae hwn yn air cryf sy'n cynhyrchu ymatebion emosiynol cryf. At hynny, mae'n achos o ddarllen meddyliau: mae'n awgrymu bod Amy'n gallu dweud bod gan y ferch gymhelliad penodol. Mae'n hawdd cywiro'r 'camsyniad' o ddefnyddio iaith emosiynol – dim ond mater o beidio â'i defnyddio yw hynny. Rydych chi'n dileu o'ch meddwl y frawddeg lle cafodd y gair 'heriol' ei ddefnyddio.

A'r camsyniad olaf yw gorgyffredinoli: yn yr achos hwn, dweud bod y ferch yn 'hollol ddiog'. Doedd hyn ddim yn wir: mae yna bob math o bethau eraill roedd y ferch yn eu gwneud yn hollol iawn (er enghraifft, cadw ei hun yn lân a thaclus, cymryd rhan yn nrama'r ysgol, ac ati). Eto, yn yr achos yma, unwaith mae'r 'camsyniad' wedi ei ganfod, mae'r sefyllfa'n cywiro ei hun bron yn awtomatig.

Efallai ei bod hi'n werth dweud mai ychydig iawn o

enghreifftiau sy'n dangos y pum camsyniad ar yr un pryd, a dyna pam mae hanes Amy a'i merch yn ddigon anghyffredin!

Techneg y ffrind

Dyma lle byddwch chi'n dweud wrthych chi eich hun: Pe bai gen i ffrind hollwybodus, holl-ddoeth, rhywun nad oedd ond yn meddwl am fy muddiannau i, sut fyddai ef neu hi yn gwerthuso'r sefyllfa yma er mwyn iddi weithio orau i mi?

Yn yr achos hwn efallai y byddai'r ffrind yn dweud rhywbeth fel 'Dere 'mlaen, Amy, gad lonydd i'r ferch. Mae hi'n ferch dda, ac o leiaf mae hi'n cadw'i hun yn lân a thaclus, sy'n gam ymlaen o'i gymharu â llawer o bobl ifanc. Beth bynnag, faint o bobl ifanc wyt ti'n eu nabod fyddai'n tacluso eu hystafelloedd pan fyddai eu mam yn gofyn iddyn nhw wneud hynny?'

Gall hon fod yn dechneg bwerus os ydych chi'n ei hymarfer yn rheolaidd ac os gallwch chi greu darlun da o'r ffrind hollwybodus, holl-ddoeth. Does dim rhaid iddo fod yn berson go iawn – efallai ei bod hi'n well fel arall – cyn belled â'i fod yn berson hynod ddoeth sy'n poeni am eich buddiannau chi, rhywun sydd bob amser ar eich ochr chi.

Gyda llaw, mae'n well gan rai pobl wneud hyn y ffordd arall: hynny yw, holi eu hunain: 'Beth fyddech chi'n ei ddweud wrth ffrind yn y sefyllfa yma, ffrind da iawn roeddech chi eisiau cynnig cefnogaeth adeiladol iddo?'

Ailfframio'r sbardun

Mae modd ailfframio'r rhan fwyaf o 'newyddion drwg' fel 'newyddion da'. Yr enghraifft enwocaf yw'r gwydraid o ddŵr sy'n hanner gwag (newyddion drwg). Mae'r gwydr hefyd, wrth gwrs, yn hanner llawn (newyddion da).

Felly sut fyddech chi'n ailfframio'r sefyllfa lle mae eich merch ddeuddeg oed yn eistedd mewn bath yn golchi ei gwallt yn hytrach na thacluso ei hystafell, er eich bod wedi bod yn dweud y drefn wrthi am hyn drwy'r dydd? Mae sawl opsiwn fan hyn. Un yw dim ond canolbwyntio ar yr agwedd dda, yr agwedd 'hanner llawn': sef, yn yr achos hwn, y ffaith ei bod hi'n cadw ei hun yn lân a thaclus a'i bod yn paratoi ar gyfer y ddrama ysgol. Un arall yw ei bod hi'n amlwg fod y ferch yn teimlo'n ddigon cyfforddus gyda'i mam, a heb ei 'hofni' ddigon i deimlo bod rhaid iddi wneud yn union beth mae ei mam yn ei ddweud wrthi. Mae'r agwedd hon, sef 'ansawdd y berthynas', yn cael ei hystyried yn newyddion da ar y cyfan ac fel arfer ni fyddai'n arwain at ddicter. Trydedd ffordd o ailfframio hyn yw'r ffaith fod y ferch yn dangos pendantrwydd a dyfalbarhad drwy beidio â gwneud yn union beth mae ei mam yn ei ddweud. Mae'r ddwy nodwedd yma'n cael eu hystyried, yn ddigon teg, fel nodweddion da i'w hannog mewn pobl ifanc.

Mae rhai sefyllfaoedd yn llawer anoddach i'w hailfframio. Meddyliwch am hanes Omar, lle mae pob person arall sy'n dod i mewn i'r bar yn gadael y drws ar agor: sut y gellid ailfframio hynny? Mae'n anodd iawn gweld unrhyw beth sy'n gynhenid dda am bobl yn gadael y drws ar agor yn agos at ble rydych chi'n eistedd. Ar y llaw arall, os edrychwch chi ar y sefyllfa o safbwynt llawer ehangach, efallai ei bod hi'n bosib. Y sefyllfa yw, wedi'r cyfan, eich bod yn eistedd yno gyda dau ffrind yn cael diod a sgwrs braf ac yn achlysurol mae rhywun yn gadael y drws ar agor. Dychmygwch eich bod yn cael sgwrs â rhywun a oedd newydd golli'r cyfan o'i eiddo mewn daeargryn yn Nhwrci, neu ddyn a oedd wedi colli ei deulu i gyd yn y llifogydd ym Mangladesh, neu fenyw a oedd wedi colli pawb a phopeth mewn trychineb naturiol yn Ne America. Beth pe baech chi'n sôn wrth yr unigolion hyn fod yna ddyn mewn bar yn yfed yn hapus gyda'i ddau ffrind sy'n ei hystyried yn drychineb pan fydd nifer o bobl yn gadael y drws wrth ei ymyl ar agor. Pa fath o ymateb gredwch chi y byddai'n ei gael?

Mae hynny yn ailfframio'r digwyddiad: mae'n ei roi mewn cyd-destun gwahanol. Ac fe allai effeithio ar y person dan sylw; mae'n bosib y gallech chi ei ddefnyddio. Ond yn rhyfedd ddigon, fy mhrofiad i yw *nad* yw'n gweithio'n aml. Dim ond pan fydd perthnasedd personol gwirioneddol y bydd pobl yn mynd i'r afael â hyn o ddifri (fel yn yr enghraifft gyntaf o weld y ferch ddeuddeg oed fel 'merch dda yn gofalu amdani ei hun ac yn paratoi ar gyfer y ddrama yn yr ysgol drannoeth'). Serch hynny, fe soniais am yr ail enghraifft o ailfframio oherwydd ei bod yn un sy'n gweithio'n dda i mi'n bersonol; felly, pwy a ŵyr, fe allai weithio i chi hefyd.

Dadansoddiad cost a budd

Yn ffodus, dydy gwneud dadansoddiad cost a budd o'ch gwerthusiad/barn ddim hanner mor anodd ag y mae'n swnio. Dim ond mater o edrych ar y manteision a'r anfanteision yw hyn.

Er mwyn cysondeb, mae'n debyg y byddai'n syniad da cadw at ddim ond un enghraifft yn bennaf wrth i ni fynd drwy'r opsiynau hyn, sef ein mam Amy gyda'i merch ddeuddeg oed.

Ond dwi'n dechrau blino ar yr enghraifft yma, felly beth am edrych ar Aaron yn lle hynny, tad gyda mab sydd hefyd yn ddeuddeg oed, oedd heb wneud ei waith cartref yn iawn ond a oedd wedi dweud ei fod er mwyn gallu gwylio'r teledu.

Pan edrychodd Aaron ar y gwaith cartref a sylweddoli cyn lleied oedd wedi ei wneud, roedd ei werthusiad rywbeth yn debyg i hyn: 'Mae'r bachgen yn gelwyddgi, mae e wedi ceisio fy nhwyllo i. Beth fydd ei ddyfodol os bydd e'n parhau i ymddwyn fel hyn? Fydd dim dyfodol iddo fe, bydd y plant eraill yn yr ysgol i gyd yn gwneud yn well na fe ...'

Yn amlwg, canfyddiad dethol yw hwn gan ei bod hi'n debygol fod yna agweddau eraill ar y bachgen nad ydyn ni wedi clywed amdanyn nhw; all ei fywyd ddim dechrau a gorffen gyda'r un darn o waith cartref yna sydd heb ei wneud. Serch hynny, efallai y bydd gwerthusiad/barn ei dad yn un cywir. Yr unig beth yw, byddai'n rhaid i ni aros nifer o flynyddoedd cyn cael ateb i hynny y naill ffordd neu'r llall. A hyd yn oed wedyn, efallai mai'r unig reswm y byddai'n gywir yw am ei fod yn broffwydoliaeth hunangyflawnol.

Yn y cyfamser, beth yw manteision ac anfanteision ffurfio gwerthusiad/barn fel hyn? Gadewch i ni edrych ar yr anfanteision i ddechrau:

- Mae'n cynhyrfu'r tad.
- Mae'n gwneud i'r bachgen deimlo'n annigonol.
- Mae'n gwaethygu'r berthynas rhwng y tad a'r mab.
- Mae'n labelu gwaith ysgol fel baich mawr na fyddai unrhyw fachgen yn ei iawn bwyll eisiau ei wynebu.

... ac mae'n debyg fod yna ragor o anfanteision y gallwch chi feddwl amdanyn nhw. O ran y manteision – wel, ychydig iawn sydd yna cyn belled ag y gwela i. Efallai y gallai symbylu'r mab i wneud mwy o waith cartref y tro nesaf; ond eto, efallai y byddai'n ei symbylu i fod yn fwy twyllodrus y tro nesaf er mwyn peidio â chael ei ddal.

Beth am werthusiad/barn debyg i hyn: 'Mae'n amlwg nad oes gan y bachgen syniad beth mae e'n ei wneud; gwell i mi weld a fedra i ei helpu neu a yw'n nabod rhywun arall a allai helpu os na fedra i'? Yn amlwg, mae'r dadansoddiad cost a budd yn yr achos hwn yn mynd i'r cyfeiriad arall yn llwyr. Manteision gwerthusiad fel hyn yw:

- Gwell perthynas rhwng y tad a'r mab.
- Gwell gwaith ysgol.
- Bod yn fwy agored am sut mae pethau'n mynd, mae'n debyg ...

... ac yn y blaen. Mae'n debyg bod y costau'n sylweddol hefyd: yn bennaf, y defnydd o amser y tad. Ar y cyfan, fodd bynnag, mae'r ail werthusiad/barn yn cynhyrchu dadansoddiad cost a budd llawer gwell i bawb na'r un cyntaf.

Nawr, efallai y byddwch yn dweud na fedrwch chi benderfynu beth i'w feddwl ar sail dadansoddiad cost a budd; rydych chi'n meddwl yn ôl am beth sy'n 'wir'. Wel, mae hynny'n bosib; ond dydw i ddim wedi fy argyhoeddi, oherwydd rydyn ni wedi gweld ei bod hi'n anodd iawn gweld beth sy'n 'wir' yn yr achos hwn – ac mewn achosion eraill hefyd. At hynny, os edrychwch chi ar sut mae pobl yn meddwl, hyd yn oed o ran rhywbeth mor ddiriaethol â pha blaid wleidyddol i bleidleisio drosti, yn aml iawn mae'n ymwneud â beth fydd yn fwyaf buddiol iddyn nhw ac yn golygu'r gost leiaf iddyn nhw.

Y prif ddulliau ar gyfer cynhyrchu gwerthusiadau/barnau mwy defnyddiol

- Adnabod y camsyniad (canfyddiad dethol, darllen meddyliau, meddylfryd popeth neu ddim, iaith emosiynol neu orgyffredinoli) a'i gywiro.
- 'Techneg y ffrind'. Sut fyddai ffrind hollwybodus, holl-ddoeth yn eich cynghori i edrych ar y sefyllfa?
- Ailfframio'r sefyllfa. Chwiliwch am yr agweddau da arni, ac o fethu gwneud hynny, edrychwch arni o safbwynt hollol wahanol.
- Cynnal dadansoddiad cost a budd. Hynny yw, archwilio'r costau a'r buddion o werthuso'r sefyllfa yn y ffordd rydych chi'n ei wneud, ac yna edrych am ddull mwy cost-effeithiol.

Ymarfer

Mae gwraig Lemy, Ella, yn hoffi chwerthin a thynnu coes gyda dynion eraill – yn hwyliog, heb unrhyw fwriad o ddechrau perthynas y tu allan i'w phriodas. Ond mae Lemy'n mynd yn genfigennus ac yn ffurfio gwerthusiad/barn rywbeth tebyg i hyn: 'Mae hi'n gwneud ffŵl ohono i, bydd pobl yn meddwl nad ydw i'n ei gwneud hi'n hapus; dwi'n colli wyneb, dydy hi ddim yn ymddwyn fel y dylai hi.'

1. Pa werthusiad amgen fyddai ffrind hollwybodus, holl-ddoeth yn ei wneud?
2. Sut allai Lemy ailfframio'r ymddygiad hwn?
3. Sut beth fyddai dadansoddiad cost a budd o werthusiad Lemy? Fedrwch chi awgrymu gwell gwerthusiad?

Isod mae'r mathau o atebion a gynhyrchais i, ond byddwn i'n awgrymu eich bod yn cynhyrchu eich atebion eich hun cyn edrych ar y rhain:

1. Gallai ffrind calonogol ddweud, 'Dere 'mlaen, Lemy, ti'n gwybod yn iawn fod Ella'n gwbl driw i ti. Fyddai hi byth yn dy adael di i lawr, mae hi'n dwlu arnat ti. Mae hi'n hoffi cael hwyl ond mae pawb yn gwybod beth mae hi'n ei feddwl ohonot ti.'
2. Gallai Lemy ailfframio'r sefyllfa fel hyn: 'Mae'n beth da fod Ella'n teimlo'n ddigon diogel yn ein perthynas

fel ei bod hi'n gallu cael hwyl gan wybod na fydda i'n camddeall pethau ac na fydd neb arall chwaith.'

3. Mae dadansoddiad cost a budd o werthusiad/ barn wreiddiol Lemy yn dangos fod y 'costau' braidd yn drwm: bydd ei werthusiad yn ei wneud yn orbryderus, yn genfigennus ac o bosib yn ddig. Bydd yn gosod straen ar y berthynas, yn cyfyngu ar weithgareddau Ella, yn gwneud iddi deimlo nad yw Lemy'n ymddiried ynddi, ac yn gyffredinol yn cael effaith negyddol ar bopeth maen nhw'n ei wneud. Unig fudd gwerthusiad o'r fath yw ei fod o leiaf yn gadael i Ella wybod fod Lemy'n ei charu – ond mae'n debyg ei bod yn gwybod hynny'n barod. Byddai gwerthusiad ar drywydd (1) neu (2) uchod yn well.

Dewch i ni edrych ar enghraifft arall ...

Ymarfer

Roedd Vicky'n cael ei chyfweld ar raglen radio pan soniodd hi fod Danny, ei gŵr, yn hoffi gwisgo ei thongs. Mae Danny hefyd yn llygad y cyhoedd, a doedd e ddim yn hapus iawn am hyn, gan ffurfio gwerthusiad/barn debyg i hyn: 'Ble mae ei synnwyr hi? Ydy hi ddim yn sylweddoli fod rhai pethau sydd ddim ond rhwng y ddau ohonon ni? Ydy hi'n fwriadol yn ceisio gwneud fy mywyd mor anodd â phosib? Mae hi jest yn hollol dwp!' Does dim angen dweud fod hyn wedi gwneud Danny'n ddig iawn tuag at Vicky.

1. Pa gamsyniad meddwl oedd Danny'n ei wneud?
2. Pa werthusiad amgen fyddai ffrind hollwybodus, holl-ddoeth yn ei wneud?
3. Sut allai Danny ailfframio beth wnaeth Vicky?
4. Sut beth fyddai dadansoddiad cost a budd o werthusiad Danny? Fedrwch chi awgrymu gwell gwerthusiad?

Eto, mae rhestr o atebion y byddwn i'n eu cynnig isod, ond dwi'n awgrymu eich bod yn cynhyrchu eich atebion eich hun cyn edrych ar y rhain.

1. Mae Danny'n gwneud llawer o gamsyniadau meddwl. Yn bennaf mae'n defnyddio iaith emosiynol ('mae hi'n hollol dwp') ac yn gorgyffredinoli (dim ond am ei bod wedi dweud un peth – neu hyd yn oed nifer o bethau – y byddai'n well pe na bydden nhw wedi eu dweud, dydy hyn ddim yn golygu ei bod yn hollol dwp; mae'n debyg fod yna lawer o bethau eraill fyddai'n awgrymu ei bod hi ymhell o fod yn dwp). Gallai rhywun ddweud hefyd fod Danny'n darllen meddyliau (wrth dybio fod Vicky'n ceisio gwneud ei fywyd mor anodd â phosib). Yn yr un modd, gallech chi ddweud ei fod yn defnyddio canfyddiad dethol (oherwydd mae'n debyg bod

Vicky'n gwneud pethau eraill sy'n gwneud ei fywyd yn dda) a gallech chi ddweud hyd yn oed ei fod yn defnyddio meddylfryd popeth neu ddim (ydy hi wir mor ddrwg fod pobl yn gwybod fod ganddo fe a'i wraig ochr rywiol i'w perthynas?).

2. Efallai y byddai ffrind hollwybodus, holl-ddoeth yn dweud, 'Dere 'mlaen, Danny, does dim angen gwneud môr a mynydd o'r peth. Ti'n gwybod bod Vicky'n meddwl y byd ohonot ti a fyddai hi ddim yn fwriadol yn gwneud pethau i wneud bywyd yn anodd i ti. Beth yw'r ots os yw pobl eraill yn tynnu dy goes di? Dim ond arwydd eu bod nhw'n genfigennus yw hynny. Anghofia am y peth.'

3. Sut allai Danny ailfframio beth wnaeth Vicky? Gallai ddweud ei bod hi'n dda fod Vicky'n teimlo mor gyfforddus a sicr yn eu perthynas fel nad oes rhaid iddi wylio pob gair mae'n ei ddweud, hyd yn oed pan fydd hi'n cael ei chyfweld ar radio cenedlaethol. Gallai hyd yn oed ddweud ei fod yn ychwanegu at ei 'street-cred' fod ganddo fywyd preifat eithaf anturus yn ogystal â'r bywyd cyhoeddus mae'r rhan fwyaf o bobl yn ei weld. Gallai hyd yn oed fwynhau'r ffaith fod pobl eraill yn cenfigennu wrth glywed beth ddywedodd hi.

4. Byddai dadansoddiad cost a budd yn edrych rhywbeth fel hyn. Mae costau'r gwerthusiad y mae Danny'n ei wneud yn wreiddiol yn drwm: mae'n rhoi straen ar ei berthynas gyda Vicky, mae'n

gwneud iddo deimlo dan straen yn gyffredinol, mae'n ei wneud yn ddig gyda Vicky. Prin yw'r buddion: efallai y bydd yn gwneud Vicky ychydig yn fwy gofalus ynghylch beth mae'n ei ddweud yn y dyfodol, ond ydy Danny wir am iddi fod yn nerfus am bopeth mae'n ei ddweud? Byddai rhywbeth fel yr hyn a ddywedodd y 'ffrind gorau' yn (2) uchod yn well gwerthusiad. Byddai gan hynny lawer o fuddion i Danny a dim costau.

Ac un arall ...

Ymarfer

Pan ollyngodd Nathaniel, sy'n dair ar ddeg, fŵg yn ddamweiniol ar lawr y gegin a'i dorri, fe wnaeth Lola ei 'cholli hi' yn llwyr. Dyma oedd ei gwerthusiad: 'Mae'r plentyn wedi'i ddifetha'n llwyr, dydy e ddim yn sylweddoli fod pethau'n costio arian, does dim ots o gwbl ganddo. Mae'n meddwl y bydda i'n clirio ar ei ôl, yn prynu popeth sydd ei angen a bod fel morwyn fach iddo. Wel, mae hi'n hen bryd iddo ddysgu gwers.' Eto ...

1. Pa gamsyniadau meddwl mae Lola'n eu gwneud?
2. Pa werthusiad amgen fyddai ffrind hollwybodus, holl-ddoeth yn ei awgrymu?
3. Sut allai Lola ailfframio beth wnaeth Nathaniel?

4. Sut beth fyddai dadansoddiad cost a budd o werthusiad Lola? Fedrwch chi awgrymu gwell gwerthusiad?

Unwaith eto, mae'n well i chi weithio ar yr atebion eich hun cyn mynd ymlaen i ddarllen y rhai isod.

1. Mae Lola'n defnyddio iaith emosiynol ('does dim ots ganddo o gwbl, mae'n meddwl y bydda i fel morwyn fach iddo, mae'n hen bryd iddo ddysgu gwers'), mae hi'n darllen meddyliau (sut mae hi'n gwybod nad oes ots ganddo?) ac mae'n debyg ei bod hi'n gorgyffredinoli (dydy'r ffaith ei fod yn gollwng ambell fŵg ddim yn golygu nad yw'n hidio am bethau neu ei fod yn ystyried ei fam yn forwyn fach).

2. Efallai y byddai ffrind hollwybodus, holl-ddoeth yn dweud, 'Gwranda, Lola, faint yw pris mŵg? Ac ydy hi wir mor anodd â hynny i glirio darnau o fŵg wedi torri? A beth bynnag, allet ti ei gael e i wneud hynny, ac mae'n debyg mai dyna fyddai'r ffordd orau iddo "ddysgu gwers", i dy ddyfynnu di. Nawr, pwylla a gofyn iddo glirio'r darnau.'

3. Efallai y bydd Lola'n ailfframio'r digwyddiad fel rhan fach arall o ddatblygiad Nathaniel, lle mae'n dysgu os ydych chi'n gwneud camgymeriad, hyd yn oed un bach fel torri mŵg, bod rhaid i chi wneud pethau'n iawn – yn yr achos hwn, clirio'r darnau. Neu fe allai edrych ar y peth o safbwynt hollol wahanol: gallai feddwl o safbwynt un o'r miliynau o bobl yn y byd

y mae eu bywydau mewn perygl mawr yn ddyddiol, ac yna holi ei hun sut byddai person felly yn ystyried torri mẁg roedd yn hawdd cael un yn ei le.

4. Byddai dadansoddiad cost a budd o werthusiad Lola'n dangos fod y costau iddi hi yn drwm: mae hi dan straen mawr, wedi cynhyrfu, yn ddig gyda Nathaniel ac mae'n cael effaith negyddol ar y berthynas rhyngddyn nhw. Mae manteision gwerthusiad fel hyn yn fach: efallai y bydd Nathaniel ychydig yn fwy gofalus y tro nesaf, ond mae hi'r un mor bosib y gallai fod mor nerfus y tro nesaf y bydd yn y gegin gyda'i fam nes ei fod yn fwy tebygol o ollwng rhywbeth; neu efallai na fydd hyd yn oed yn meiddio gwneud diod iddo'i hun tra'i bod hi o gwmpas, felly byddai'n gweld llai ohono o gwmpas y tŷ. Eto, byddai gwerthusiad y ffrind gorau yn well, neu hyd yn oed un y person [yn (3) uchod] sydd â'i fywyd mewn perygl dyddiol yn barhaus, h.y. 'dydy mẁg wedi torri yn ddim i bryderu amdano'.

Felly sut ydych chi'n newid go iawn, yn barhaol?

Y dechneg ACC

Mae ACC yn fyr am *Adolygu, Cadarnhau, Cofnodi*. Ac mae pob un o'r rhain yn bwysig iawn.

Mae *Adolygu* yn golygu eich bod yn archwilio popeth sy'n digwydd i chi (ac yn enwedig digwyddiadau pan ydych chi wedi teimlo'n ddig ac yn biwis) yn yr un ffordd yn union ag yr ydyn ni wedi'i wneud yn y tri ymarfer rydyn ni newydd edrych arnyn nhw. Mewn geiriau eraill, rydych chi'n ysgrifennu beth ddigwyddodd i chi yn yr un ffordd yn union ag yn yr ymarferion hyn. Gall y disgrifiad fod yn eithaf byr; does dim rhaid iddo fod yn fwy nag ychydig linellau. Ond mae'n bwysig ei fod yn cynnwys y digwyddiad a'ch gwerthusiad chi ohono – yn union fel yr enghreifftiau. Ac eto, fel yn yr ymarferion, rydych chi'n mynd drwy'r pedwar cam dadansoddi. Defnyddiwch Ddyddiadur 2 os yw'n helpu.

Pwrpas hyn yw eich bod yn ffurfio barn ynghylch sut dylech chi edrych ar y digwyddiad. Nawr, efallai y byddwch yn dweud nad oes modd i chi *benderfynu* sut i edrych ar ddigwyddiad – mae digwyddiad yn digwydd ac mae'ch gwerthusiad/barn yn ymddangos ar amrantiad ac felly dyna'r un gwir. Mae llawer ohonom yn teimlo fel hyn; ond mae gen i ofn mai dyma ffordd o feddwl plentyn pump oed: 'Am fy mod i'n ei weld e fel hyn, *dyma* sut mae e.' Dim o gwbl. Mae pethau'n digwydd, ac mae cymaint o ffyrdd gwahanol o edrych arnyn nhw ag sydd yna o bobl yn y byd. Beth sy'n rhaid i chi ei wneud yw ffurfio barn ynghylch y ffordd orau o'i weld, y ffordd sydd orau i chi.

Gall hyn fod yn anodd, oherwydd erbyn hyn byddwch yn sicr o fod wedi dod i'r arfer o weld pethau mewn ffyrdd penodol, ac mae newid y ffyrdd yma yn eithaf tasg. Ychydig fel dod o hyd i'ch ffordd drwy jyngl, mae hi bob amser yn haws dilyn y llwybrau sy'n bodoli'n barod. Fodd bynnag, mae'n anffodus i chi os yw'r llwybrau hynny'n digwydd bod yn 'llwybr popeth neu ddim', 'llwybr iaith emosiynol', 'llwybr darllen meddyliau' ac ati.

Ond mae peth newyddion da, fodd bynnag: o ran yr ymennydd does dim ots mewn gwirionedd a ydych chi'n gwneud pethau go iawn neu yn eich dychymyg. Ystyr hyn yw bod adolygu pethau yn y ffordd rydw i newydd ei disgrifio, mynd â chi'ch hun drwy'r pedwar cam dadansoddi, a dim ond *dychmygu*'r ffordd fwyaf cost-effeithiol bron cystal â'i wneud adeg y digwyddiad o safbwynt newid eich patrymau meddwl. Serch hynny, mae'n rhaid i chi wneud hyn nifer o weithiau. Yr hyn rydych chi'n ei wneud mewn gwirionedd yw creu llwybr newydd drwy jyngl yr ymennydd; ac mae'n rhaid i chi ddal i droedio'r llwybr hwnnw er mwyn ei wneud yn drywydd ymarferol. Felly daliwch ati i adolygu, daliwch ati i fynd drwy'r pedwar cam, a daliwch ati i ddewis y gwerthusiad mwyaf cost-effeithiol.

(I'r rheini ohonoch sy'n gwylio criced, byddwch weithiau'n gweld batiwr yn ymarfer y strôc *y dylai fod wedi ei chwarae*. Ar yr wyneb mae hyn yn ymddangos yn beth twp iawn i'w wneud, gan fod y bêl newydd hedfan heibio iddo ac fe chwaraeodd strôc nad oedd cystal â'r un y mae nawr yn ei hymarfer. Ond nid felly: mae'r ymarfer mae'n ei wneud nawr mewn gwirionedd yn troedio gwell llwybr drwy jyngl yr ymennydd. Y tro nesaf y bydd pêl griced yn dod tuag ato mewn ffordd debyg mae gwell siawns y bydd yn dilyn y llwybr newydd, gwell na'r llwybr gwallus blaenorol. I'r rheini ohonoch sydd heb ddiddordeb mewn criced, mae'n siŵr eich bod yn meddwl beth ar wyneb y ddaear rwy'n rwdlan amdano. Peidiwch â phoeni. Meddyliwch am jyngl.)

Mae *Cadarnhau* yr un mor bwysig. Fel y mae hi'n amhosib gwahaniaethu rhwng pwysigrwydd cymharol y brêcs a'r llyw ar gar, felly mae hi gydag adolygu a chadarnhau. Mae'r ddau yn hanfodol.

Yr hyn rydych chi'n ei wneud gyda chadarnhau yw gweithredu'r gwerthusiad y gwnaethoch chi benderfynu arno yn y cam adolygu. Mewn geiriau eraill, dydy meddwl rhywbeth ddim yn ddigon; mae'n rhaid i chi *ymddwyn* felly hefyd. Dwi'n galw hyn yn gadarnhau am ei fod yn cadarnhau'r meddyliau rydych chi wedi eu cynhyrchu. Mae meddyliau ac ymddygiad yn gyfuniad cryf iawn – yn wir, dyma'r cyfuniad allweddol sy'n sylfaen i ddull ymddygiad gwybyddol o ddatrys problemau.

Felly yn yr enghreifftiau a roddwyd yn yr ymarferion uchod, rhaid i Lemy 'weithredu' y ffaith ei fod yn hapus fod Ella'n teimlo'n ddigon diogel yn y berthynas nes ei bod yn gallu cael amser gwych yn chwerthin a thynnu coes gyda dynion eraill. Mae hyn yn fwy na chogio, oherwydd erbyn hyn mae Lemy wedi ailfframio'r sefyllfa ac wedi cael ei werthusiad newydd cost-effeithiol; felly mae'n fater o 'weithredu'r hyn mae'n ei feddwl' yn hytrach na chymryd arno. Mewn geiriau eraill, byddai'n chwerthin gydag Ella am y cyfan wedyn, efallai'n tynnu ei choes amdano tra'i fod yn digwydd, ac ati.

Yn yr un modd, bydd Danny wir yn gweithredu ei werthusiad newydd mwy cost-effeithiol ynglŷn â'r llithriadau mae Vicky'n eu gwneud. Felly gall dynnu ei choes am sut mae hi'n siarad yn ei chyfer, y canfyddiad newydd sydd gan bobl ohono, ac ati.

Bydd Lola hefyd yn cadarnhau ei gwerthusiad newydd drwy ofyn yn *ddigynnwrf* i Nathaniel glirio'r darnau o'r mwg, ac ymhen sbel bydd hi'n prynu mwg neu ddau newydd yn *ddigynnwrf*, ac ati.

Mae'n bwysig nodi nad oes rhaid i hyn fod yn rhywbeth sy'n digwydd wrth edrych yn ôl yn unig. Gall Lemy sicrhau ei fod yn ymateb fel hyn i enghreifftiau o fflyrtio gan Ella *yn y dyfodol;* gall Danny sicrhau ei fod yn ymateb fel hyn i sylwadau annoeth gan Vicky *yn y dyfodol;* a dylai Lola sicrhau ei bod yn ymateb fel hyn i 'ymddygiad diofal' gan Nathaniel *yn y dyfodol.*

Cofnodi yw'r rhan lle rydych chi'n elwa a gweld eich llafur yn dwyn ffrwyth: nawr gallwch fwynhau teimlo'n falch ohonoch eich hun. Y cyfan y byddwch yn ei wneud yw ysgrifennu adroddiad byr ar ddigwyddiadau wrth iddyn nhw ddigwydd; felly bydd Danny yn gwneud nodyn byr am gam gwag diweddaraf Vicky, beth oedd ei werthusiad newydd a gwell, a sut yr ymatebodd iddo yn ystod y digwyddiad ac wedyn. A bydd Lola'n gwneud yn union yr un fath, yn cadw cofnod o'r pethau mae Nathaniel yn eu gwneud, ei gwerthusiadau newydd a'i hymatebion newydd.

Felly'r cam cofnodi yn amlwg yw'r un sy'n fwyaf o hwyl ac sy'n eich galluogi i weld bod eich gwaith caled yn dwyn ffrwyth er gwell: nid dim ond nad yw'r bobl o'ch cwmpas yn gorfod dioddef eich dicter a'ch tymer flin, ond eich bod chi wir yn gweld pethau mewn goleuni gwahanol, un sy'n fwy buddiol i chi hefyd.

Crynodeb

- Y rheswm pam eich bod yn mynd yn flin ac yn ddig am bethau nad ydyn nhw i'w gweld yn poeni pobl eraill yw eich bod yn ffurfio gwerthusiadau a barnau gwahanol am y digwyddiadau hynny.

- Y camsyniadau mwyaf cyffredin wrth werthuso a barnu sefyllfaoedd yw canfyddiad dethol, darllen meddyliau, meddylfryd popeth neu ddim, defnyddio iaith emosiynol a gorgyffredinoli.

- Peth syml – gyda llawer o ymarfer – yw dadansoddi enghreifftiau a gweld y camsyniadau sy'n cael eu gwneud.

- Mae'n bosib ffurfio gwerthusiadau a barnau sy'n well i bawb dan sylw, gan wneud i chi a phobl eraill deimlo'n well am y sefyllfa. Y prif ffyrdd o wneud hyn yw:

> (a) adnabod y camsyniad meddwl a'i gywiro,
> (b) 'techneg y ffrind' (sut byddai ffrind hollwybodus, holl-ddoeth yn eich cynghori i edrych ar y sefyllfa), (c) ailfframio'r sefyllfa drwy chwilio am agweddau da arni neu edrych arni o safbwynt hollol wahanol, ac (ch) cynnal dadansoddiad cost a budd, archwilio'r costau a'r buddion o werthuso'r sefyllfa yn y ffordd rydych chi'n ei wneud ac yna chwilio am ffordd fwy cost-effeithiol.

- Gallwch newid eich ymddygiad yn barhaol drwy ddefnyddio'r dechneg ACC. Ystyr hyn yw adolygu digwyddiadau wrth iddyn nhw ddigwydd a chynnal dadansoddiad pedwar cam i gynhyrchu gwerthusiadau a barnau mwy defnyddiol, cadarnhau'r gwerthusiad newydd, mwy cost-effeithiol drwy ymddwyn mewn ffordd sy'n cyd-fynd â'r gwerthusiad, yna cofnodi'r canlyniadau i gadarnhau ymhellach sut rydych chi ar eich ennill ac i wneud i chi deimlo'n dda am eich cynnydd yn gyffredinol.

Prosiect

Y prosiect gorau y gallwch ei wneud i ddefnyddio'r bennod hon yn eich sefyllfa eich hun, ac felly i newid eich ymddygiad eich hun, yw hyn:

- Cadwch gofnod o ddigwyddiadau sy'n sbarduno eich dicter, ac yn bwysicaf oll, beth yw eich gwerthusiad o'r digwyddiadau hynny. Defnyddiwch Ddyddiadur 2 os dymunwch; mae rhagor o gopïau yn yr Atodiad.
- Dadansoddwch eich gwerthusiadau a chynhyrchwch rai gwell, mwy defnyddiol a mwy cost-effeithiol. Mae disgrifiad byr o sut i wneud hyn ym mhwynt pedwar y crynodeb uchod.
- Cadarnhewch eich gwerthusiadau newydd drwy weithredu yn unol â nhw. Mae hon yn dechneg gadarn lle mae eich meddyliau a'ch ymddygiad yn cefnogi ei gilydd.

Mae'n syniad da hefyd i chi gofnodi'n ysgrifenedig beth rydych chi newydd ei wneud (y sbardun, eich gwerthusiad newydd, sut gwnaethoch chi weithredu ar y gwerthusiad newydd); mae hyn yn cadarnhau pethau fwy fyth.

13

Gwnewch ffafr â chi'ch hun: rhowch gyngor da i chi'ch hun

Mae'n bryd cael ymyriad o fath arall. A'r tro yma does dim angen ysgrifennu'r un gair!

Mae'n seiliedig ar astudiaeth gan yr Athro Sofia Osimo o Brifysgol Barcelona. Roedd ei hastudiaeth yn un eithaf cymhleth lle'r oedd y rhai oedd yn cymryd rhan yn gwisgo sbectol 3D ac yn gweld afatarau ohonyn nhw'u hunain, ac afatarau ohonyn nhw'u hunain yn edrych fel Sigmund Freud. Yna gofynnodd i'r rhai oedd yn edrych fel Sigmund Freud roi cyngor iddyn nhw'u hunain. Wel, dydyn ni ddim am wneud rhywbeth mor uchelgeisiol â hynny, ond fe allwn wneud rhywbeth symlach, sydd lawn cystal yn fy marn i.

Mae hanes hir o 'waith cadair', fel y'i gelwir, a pheth ohono'n mynd yn eithaf cymhleth hefyd, ond does dim rhaid iddo fod felly, a dyma sydd gen i i'w gynnig.

Y peth cyntaf a wyddom yw ei bod hi'n gweithio'n dda ar y cyfan os rhown ni gyngor i ni'n hunain. Felly fe gewch chi, os dymunwch, roi cyngor i chi'ch hun ar eich tymer flin a'ch dicter. Er enghraifft, efallai y byddech chi – yn eich cyflwr tawel presennol – yn eich cynghori eich hun ar y ffordd orau i fod yn llai byr eich tymer a dig yn y dyfodol. A'r siawns yw y byddai hyn yn gweithio'n dda i chi. (Fyddwn i ddim yn gwneud hyn pan ydych chi'n gynddeiriog oherwydd bod perygl y bydd rhan emosiynol yr ymennydd yn herwgipio gweddill yr ymennydd a'ch gwthio i wneud pethau na fyddai'n ddoeth i chi eu gwneud. Nid cyngor yw hyn; eich ymennydd emosiynol sy'n eich annog i adael iddo gael ei ffordd!) Felly arhoswch bob amser nes eich bod wedi ymdawelu a'r tebygrwydd yw y bydd hyn yn effeithiol. Ond mae yna nifer o bethau y gallwch chi eu gwneud i gryfhau'r effaith – i'w gwneud yn fwy pwerus fyth.

Y cyntaf yw cael gafael ar ddwy gadair ac eistedd yn un ohonyn nhw a disgrifio eich problem yn uchel i'r gadair arall, gan ddychmygu bod rhywun yn eistedd yno. Wedyn byddwch yn symud i eistedd yn y gadair arall ac yn rhoi cyngor i chi'ch hun, eto yn uchel, gan siarad â'r gadair gyntaf fel pe byddech chi'n dal i eistedd yno. Gan ddibynnu ar ba mor hunanymwybodol ydych chi, efallai y byddai'n well gennych chi wneud hyn pan nad oes neb arall o gwmpas!

Pam ydyn ni'n ffwdanu cael dwy gadair? Yr ateb yw – tra'ch bod yn eistedd yn y gadair gyntaf gallwch ganolbwyntio ar ddisgrifio'n union beth yw'r broblem, ac yna, pan fyddwch chi'n eistedd yn yr ail gadair, gallwch ganolbwyntio ar ddisgrifio'n union beth rydych chi'n meddwl fyddai'r ateb gorau – y cyngor gorau i'w gynnig. Mae gwahanu'r ddwy gadair yn ein helpu i wahanu'r broblem oddi wrth y cyngor ond pan fyddwn ni'n ceisio meddwl drwy bethau yn y drefn arferol, yn dawel yn ein meddyliau, mae'r ddau'n drysu'n llwyr bron fel dau ddarn o glai gwahanol liw yn cael eu rholio gyda'i gilydd gan gynhyrchu rhyw gymysgedd nad yw'n un peth na'r llall.

Y peth diddorol a ganfu'r Athro Osimo oedd bod pobl yn rhoi gwell cyngor iddyn nhw'u hunain pan fydden nhw'n cogio bod yn Sigmund Freud. Mae hyn yn rhyfedd, oherwydd doedd gan neb oedd yn cymryd rhan wybodaeth arbenigol am Sigmund Freud, felly dwi'n amau mai beth oedd yn digwydd oedd eu bod yn dychmygu y byddai Freud yn rhoi cyngor doeth a thosturiol iddyn nhw ac felly eu bod wedi gwneud yr union beth – cyngor mwy doeth a thosturiol na phe bydden nhw'n bod yn nhw eu hunain yn unig.

Felly'r peth amlwg y gallwch chi ei wneud i wella yw cogio, pan fyddwch chi'n mynd i'r ail gadair i roi cyngor i chi'ch hun, mai chi yw Sigmund Freud, gan ein bod yn gwybod fod pobl yn tueddu i roi gwell cyngor iddyn nhw'u hunain pan maen nhw'n cogio bod yn Freud. Dwi'n meddwl bod hyn yn rhywbeth hynod ddiddorol, oherwydd mae'n amlwg fod y cyngor yn dod gennych chi'ch hun ond ei fod yn gyngor gwell na phan ydych chi'n bod yn chi'ch hun! Hyd yn oed wedyn, fe fydd yn gyngor da oherwydd eich bod yn gwybod popeth sydd angen ei wybod am y broblem ac am eich teimladau amdani – pethau efallai na fyddech chi'n eu dweud wrth therapydd hyd yn oed.

Felly gallech chi stopio yn y fan honno, a'r tebygrwydd yw y byddech chi'n gwneud lles mawr i chi'ch hun. Dwi wrth fy modd â'r dechneg hon gan ei bod mor syml ac yn tueddu i weithio cystal. At hynny, unwaith y llwyddwch chi i beidio â bod yn hunanymwybodol, mae'n gallu bod yn hwyl.

Ond gallwch ei wella fwy fyth os dymunwch chi, a bydd hyn yn dibynnu, mae'n debyg, ar ba mor hoff ydych chi o declynnau. Mae hynny oherwydd mai'r ffordd symlaf o wella hyn yw recordio pob cam, er enghraifft ar eich ffôn clyfar, ac yna ei chwarae'n ôl i chi'ch hun.

Felly dyma'r fersiwn derfynol, sgleiniog:

1. Rydych chi'n eistedd yn y gadair gyntaf ac yn disgrifio eich problem i berson dychmygol sy'n eistedd yn yr ail gadair, gan recordio'r hyn rydych chi'n ei ddweud.
2. Rydych chi'n symud i'r ail gadair, yn gosod y recordydd ar y gadair gyntaf ac yn chwarae'r recordiad yn ôl. Wrth wrando ar y recordiad rydych yn dychmygu mai chi yw Sigmund Freud, neu efallai ryw berson doeth a thosturiol arall.
3. Ar ôl gwrando ar y broblem, yn dal yn eich rôl fel Sigmund Freud ac yn dal i eistedd yn yr ail gadair, rydych chi'n rhoi cyngor i'r gadair gyntaf, eto gan recordio'r cyngor.
4. Rydych chi'n symud yn ôl i'r gadair gyntaf, ac yn bod yn chi'ch hun eto, gan chwarae'r recordiad o'r cyngor. Am eich bod yn eistedd yn y gadair gyntaf, rydych chi'n agored i'r cyngor hwn, yn dueddol i'w dderbyn ac i weithredu arno.

Felly p'un a fyddwch chi'n defnyddio'r fersiwn symlaf, y fersiwn fwyaf sgleiniog, neu'r un yn y canol, mae'r rheolau canlynol yn berthnasol:

- Pan ydych chi yn y gadair gyntaf rydych chi naill ai'n disgrifio'r broblem neu'n agored i dderbyn cyngor.

- Pan ydych chi'n eistedd yn yr ail gadair rydych chi naill ai'n gwrando ar y broblem neu'n rhoi cyngor.

Yn olaf, dyma nifer o awgrymiadau a fydd yn sicrhau'r profiad gorau posib i chi.

- Dim ond un cyfle rydych chi'n ei gael i ddisgrifio'r broblem ac i glywed y cyngor. Ystyr hyn yw pan fyddwch chi'n eistedd yn y gadair gyntaf yn gwrando ar y cyngor, na fedrwch chi ddim ateb y sylwadau o'r ail gadair – ac yn bendant fedrwch chi ddim dweud 'ie, ond fyddai hynny ddim yn gweithio oherwydd ...' Dim ond gwrando ar y cyngor y gallwch chi ei wneud.
- Gallwch ddefnyddio'r dechneg hon mor aml ag y dymunwch chi dros yr wythnosau, y misoedd a'r blynyddoedd. Mae'n dechneg wych ac yn ddefnyddiol ym mhob math o sefyllfaoedd. Ond peidiwch â'i defnyddio fwy nag unwaith y dydd, neu fel arall byddwch yn cyrraedd y senario uchod lle rydych chi'n dechrau dadlau â'r cyngor a roesoch i chi'ch hun yn gynharach.
- Gall y cyngor a roddwch i chi'ch hun fod yn unrhyw beth. Er enghraifft, does dim rhaid iddo gyfateb i ddim byd rydych chi wedi'i ddarllen yn y llyfr hwn hyd yn hyn (er y gall wneud os dymunwch). Gall fod yn gwbl ddi-lol, er enghraifft: 'Taswn i'n dy le di, mi faswn i'n gwneud yn siŵr dy fod yn bwyta'n well, yn yfed llai, yn cael mwy o ymarfer corff ac yn cael noson dda o gwsg bob nos', neu gall fod yn fwy soffistigedig, er enghraifft, drwy fynd i'r afael â chamsyniadau meddwl. Byddwch

â ffydd ynoch eich hun, oherwydd mae'n dra thebyg y byddwch yn rhoi cyngor i chi'ch hun sy'n ddefnyddiol iawn.

Prosiect

Mae'r prosiect yn egluro'i hun – rhowch gynnig arno! Yn well fyth, rhowch gynnig arno sawl gwaith, oherwydd er ei fod yn ymddangos yn syml iawn, byddwch chi'n gwella wrth ei ddefnyddio, ac mae'n mynd yn fwy o hwyl.

Gyda llaw, yn jargon y proffesiwn, mae techneg fel hon yn cael ei galw'n 'dechneg gradd uwch', a hynny'n syml am fod y math o gyngor y byddwch yn ei roi i chi'ch hun o radd uwch nag unrhyw gyngor y gallech chi ei gael o unman arall. Mae'r dechneg dwy gadair yn caniatáu i chi fanteisio ar gyngor sydd fel arall yn anodd cael gafael arno.

Mynd gam ymhellach

Os hoffech fy ngweld i'n rhoi enghraifft o waith cadair, ewch i YouTube a chwiliwch am 'chair work William Davies'.

14

Pam ydw i'n mynd yn ddig?
2: credoau

Rydyn ni wedi trafod cryn dipyn o bethau hyd yma, ac os ydych chi wedi gweithredu ar hyn byddwch eisoes wedi cael effaith wych ar eich dicter a'ch tymer flin eich hun. Serch hynny, mae yna gwestiwn a all fod wedi croesi eich meddwl, ac mae'n gwestiwn sy'n gallu ymddangos ar sawl ffurf, fel a ganlyn:

- Pam mai fi sydd bob amser yn ffurfio'r gwerthusiadau a'r barnau di-fudd yma, yn hytrach na fy ffrind Joe, Kate neu bwy bynnag?
- Pam mai Omar oedd yn mynd yn ddig am y boi ddaeth i mewn i'r bar a gadael y drws ar agor, yn hytrach na Carlos neu Ryan?
- Pam mai Lola wnaeth ffurfio'r gwerthusiad/barn ddi-fudd pan ollyngodd ei mab fẁg ar y llawr, lle nad yw mamau eraill yn gwneud gwerthusiadau mor ddi-fudd?

- Pam wnaeth Amy werthusiad mor ddi-fudd o'i merch ddeuddeg oed oedd yn golchi ei gwallt yn y bath (ac nid yn tacluso ei hystafell) lle na fyddai mamau eraill yn gwneud hynny?
- Pam mae Chris yn gwneud gwerthusiad sy'n ei wneud yn wirioneddol ddig wrth i yrrwr arall dorri ar draws ei lwybr, lle bydd gyrwyr eraill yn anghofio'r peth?

Wrth gwrs, ffurfiau gwahanol ar yr un cwestiwn yw'r rhain i gyd: sef pam mae rhai pobl wedi eu 'ffurfio' i wneud gwerthusiadau di-fudd a phobl eraill yn ymddangos fel pe baen nhw wedi eu ffurfio i wneud gwerthusiadau defnyddiol?

Fe fuon ni'n siarad am hyn ym Mhennod Un, felly yn y bennod hon byddwn yn edrych ar sut i ddatrys y sefyllfa. Os ydych chi'n un sy'n dueddol o wneud gwerthusiadau di-fudd, gwerthusiadau sy'n eich arwain i fod yn ddig a blin yn eithaf aml, yna dyma eich cyfle i ailraglennu eich hun. Ac er syndod efallai, dydy e ddim yn rhy anodd.

Dewch i ni fynd yn ôl at ein model. Gallwn weld o'r diagram at dudalen 177 fod y ffordd rydyn ni'n gwerthuso pethau yn cael ei dylanwadu'n rhannol gan ein credoau. Rydyn ni wedi lliwio'r blwch hwnnw gan mai dyna'r blwch y byddwn yn canolbwyntio arno yn y bennod hon. Rydyn ni am edrych ar sut mae'r credoau hyn yn dylanwadu ar y ffordd rydyn ni'n gwerthuso pethau a sut gallwn ni newid y credoau hynny; oherwydd os gallwn ni wneud hynny, yna byddwn ni'n newid ein gwerthusiadau yn awtomatig heb unrhyw ymdrech bellach. Fe fyddwn ni, mewn gwirionedd, yn berson eithaf gwahanol, rhywun sy'n sylfaenol lai agored i fod yn flin ac yn ddig.

Gallwch weld o Ffigur 14.1 y byddwn, drwy newid y credoau, yn newid holl gwrs y digwyddiadau.

Gyda llaw, efallai y byddwch yn meddwl nad ydych chi *bob amser* yn dueddol o wneud gwerthusiadau di-fudd; dim ond eich bod yn gwneud hynny *weithiau*. Yn enwedig pan fyddwch chi'n 'teimlo'n flin'. Os felly, mae Pennod 23 ar 'hwyliau' yn mynd i fod yn arbennig o berthnasol i chi. Serch hynny, os ydych chi'n meddwl tybed ydy hi'n werth i chi ddarllen y bennod hon (a'r lleill i gyd rhwng hon a'r bennod ar hwyliau), yna byddwn i'n awgrymu mai'r ateb tebygol yw: 'Ydy, mae hi.' Mae hon yn enwedig yn bennod mor dda! Mae'n edrych ar bethau sy'n gwbl sylfaenol ac eto yn gymharol hawdd eu newid. Felly mae potensial i hyn arwain at wobr fawr heb ryw lawer o ymdrech, ac ymdrech bleserus ar ben hynny.

Pa fath o gredoau ydyn ni'n sôn amdanyn nhw?

Yr hyn rydyn ni'n sôn amdano yma yw credoau amdanoch chi eich hun, am bobl eraill, am natur y byd, am sut y dylai pethau fod, am sut y dylen ni fyw ein bywydau, ac yn y blaen. Dydyn ni *ddim* yn ymwneud â chredoau am faterion ffeithiol (er enghraifft, dwi'n credu ei bod hi tua 3,500 o filltiroedd o Lundain i Efrog Newydd, neu dwi'n credu mai Canberra yw prifddinas Awstralia).

Mae llawer wedi ei ysgrifennu am y credoau sydd gan bobl a pha mor ddefnyddiol ydyn nhw (yn enwedig gan Aaron T Beck ac Albert Ellis). Mae pobl wedi gwneud rhestrau o gredoau di-fudd – credoau sy'n eich gwneud yn orbryderus, credoau sy'n eich gwneud chi'n isel ac yn y blaen. Wedi darllen llawer o restrau a gweld llawer o bobl ddig a blin, dwi wedi llunio fy rhestr fy hun o gredoau di-fudd sydd i'w gweld ar dudalen 178.

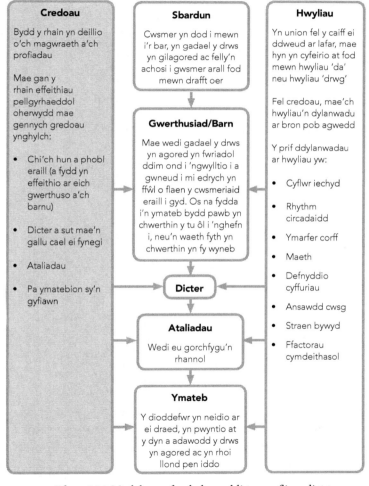

Credoau

Bydd y rhain yn deillio o'ch magwraeth a'ch profiadau

Mae gan y rhain effeithiau pellgyrhaeddol oherwydd mae gennych gredoau ynghylch:

- Chi'ch hun a phobl eraill (a fydd yn effeithio ar eich gwerthuso a'ch barnu)

- Dicter a sut mae'n gallu cael ei fynegi

- Ataliadau

- Pa ymatebion sy'n gyfiawn

Sbardun

Cwsmer yn dod i mewn i'r bar, yn gadael y drws yn gilagored ac felly'n achosi i gwsmer arall fod mewn drafft oer

Gwerthusiad/Barn

Mae wedi gadael y drws yn agored yn fwriadol ddim ond i 'ngwylltio i a gwneud i mi edrych yn ffŵl o flaen y cwsmeriaid eraill i gyd. Os na fydda i'n ymateb bydd pawb yn chwerthin y tu ôl i 'nghefn i, neu'n waeth fyth yn chwerthin yn fy wyneb

Dicter

Ataliadau

Wedi eu gorchfygu'n rhannol

Ymateb

Y dioddefwr yn neidio ar ei draed, yn pwyntio at y dyn a adawodd y drws yn agored ac yn rhoi llond pen iddo

Hwyliau

Yn union fel y caiff ei ddweud ar lafar, mae hyn yn cyfeirio at fod mewn hwyliau 'da' neu hwyliau 'drwg'

Fel credoau, mae'ch hwyliau'n dylanwadu ar bron bob agwedd

Y prif ddylanwadau ar hwyliau yw:

- Cyflwr iechyd

- Rhythm circadaidd

- Ymarfer corff

- Maeth

- Defnyddio cyffuriau

- Ansawdd cwsg

- Straen bywyd

- Ffactorau cymdeithasol

Ffigur 14.1 Model ar gyfer dadansoddi tymer flin a dicter

- Dylai pethau fod yn union fel dwi am iddyn nhw fod. Mae'n ofnadwy os nad ydyn nhw.
- Dydy pobl ddim yn cymryd sylw ohonoch chi oni bai eich bod yn dangos eich bod yn flin neu'n ddig. Dyna'r unig ffordd i wneud eich pwynt.
- Mae pobl eraill yn hunanol, yn hunanganolog ac yn ddigymwynas. Os ydych chi eisiau iddyn nhw eich helpu chi, rhaid i chi eu *gorfodi* nhw i wneud.
- Mae pobl eraill yn elyniaethus yn y bôn. Rhaid i chi fod ar eich gwyliadwriaeth, fel arall byddan nhw'n bachu ar unrhyw gyfle i'ch tanseilio chi.
- Os yw pobl yn gwneud rhywbeth o'i le rhaid eu cosbi nhw. Fedrwch chi ddim gadael i bobl fynd heb gael eu cosbi.

Gallen ni ychwanegu at hyn restr arall o gredoau di-fudd sydd ychydig yn fwy penodol, yn cyfeirio at sefyllfaoedd penodol neu bobl benodol:

- Mae'n iawn bod yn ddig gyda phlismyn, bownsers, ac ati, neu i'w taro nhw.
- Mae rhiant/fforman/rheolwr/goruchwyliwr *i fod* yn bigog, yn flin ac yn llym. (Os ydych chi'n fam/yn dad/yn fforman/yn rheolwr/yn oruchwyliwr.)
- Mae fy mam/fy nhad/fy mhartner/fy mab/fy merch yn boen llwyr, does dim ond angen i mi edrych ar y person hwnnw i deimlo'n flin. (Os oes yna un person penodol sy'n ennyn yr ymateb emosiynol yna ynoch chi.)

Ymarfer

Dewch i ni edrych ar y rhestr sylfaenol o bum cred ddi-fudd. Ym mhob un o'r enghreifftiau canlynol, tanlinellwch yr ateb y credwch sydd orau. Mewn rhai achosion gall fod mwy nag un posibilrwydd; yn yr achosion hynny tanlinellwch fwy nag un. Mae'r ddau gyntaf wedi cael eu cwblhau i chi.

1. Mae Omar, Carlos a Ryan i gyd yn eistedd mewn bar, wrth ymyl y drws. Yn ystod y noson mae pedwar o bobl yn dod i mewn ac yn gadael y drws ar agor. Pan ddaw'r pumed person i mewn, Omar sy'n mynd yn ddig.

    Mae hyn oherwydd ei fod yn credu y dylai pethau fod yn union fel y mae am iddyn nhw fod / <u>yn credu nad yw pobl yn cymryd sylw oni bai eich bod yn flin neu'n ddig / yn credu bod pobl yn hunanol, yn hunanganolog ac yn fawr o help</u> / yn credu bod pobl yn elyniaethus ac yn ceisio eich tanseilio chi drwy'r amser / yn credu os yw pobl yn gwneud rhywbeth o'i le bod rhaid eu cosbi nhw; fedrwch chi ddim gadael i bobl fynd heb gael eu cosbi.

2. Mewn stryd benodol mewn tref ganolig ei maint mae yna un deg saith o famau sydd â phlant rhwng pump a phymtheg oed. Mae pob un o'r bobl ifanc yma, i raddau llai neu fwy, yn gollwng mygiau ar y llawr o bryd i'w gilydd.

    Mae Lola'n mynd yn llawer mwy dig nag unrhyw un o'r un deg chwech arall oherwydd <u>ei bod hi'n credu y dylai pethau fod yn union fel y mae hi am iddyn nhw fod / yn credu nad yw pobl yn cymryd sylw oni bai eich</u>

<u>bod yn flin neu'n ddig</u> / yn credu bod pobl yn hunanol, yn hunanganolog ac yn ddigymwynas / yn credu bod pobl yn elyniaethus ac yn ceisio eich tanseilio chi drwy'r amser / yn credu os yw pobl yn gwneud rhywbeth o'i le bod rhaid eu cosbi nhw; fedrwch chi ddim gadael i bobl fynd heb gael eu cosbi.

3. Mae gwraig Errol yn tueddu i'w gywiro pan fyddan nhw allan yn gyhoeddus. Mae hyn yn ei wneud yn ddig iawn oherwydd ei fod yn teimlo ei fod yn 'colli wyneb' o flaen pobl eraill.

   Mae hyn oherwydd ei fod yn credu yn y bôn y dylai pethau fod yn union fel y mae am iddyn nhw fod / yn credu nad yw pobl yn cymryd sylw oni bai eich bod yn flin neu'n ddig / yn credu bod pobl yn hunanol, yn hunanganolog ac yn ddigymwynas / yn credu bod pobl yn elyniaethus ac yn ceisio eich tanseilio chi drwy'r amser / yn credu os yw pobl yn gwneud rhywbeth o'i le bod rhaid eu cosbi nhw; fedrwch chi ddim gadael i bobl fynd heb gael eu cosbi.

4. Mae Brandon, y trydanwr, yn teimlo'i fod yn cael ei roi dan bwysau ac yn ddig pan mae ei fòs yn gofyn iddo wneud tasgau ychwanegol ar ddiwedd y dydd.

   Mae'n tueddu i weld ei fòs yn y goleuni yma oherwydd ei fod yn credu yn y bôn y dylai pethau fod yn union fel y mae am iddyn nhw fod / yn credu nad yw pobl yn cymryd sylw oni bai eich bod yn flin neu'n ddig / yn credu bod pobl yn hunanol, yn hunanganolog ac yn ddigymwynas / yn credu bod pobl yn elyniaethus ac yn ceisio eich tanseilio chi drwy'r amser / yn credu os yw pobl yn gwneud rhywbeth o'i le bod rhaid eu cosbi nhw; fedrwch chi ddim gadael i bobl fynd heb gael eu cosbi.

5. Pan fydd Ella'n chwerthin a thynnu coes gyda dynion eraill, mae'n gwneud ei gŵr, Lemy, yn ddig iawn. Ar y llaw arall, pan fydd Michelle yn chwerthin a thynnu coes gyda dynion eraill, dydy ei gŵr Jamie ddim yn mynd yn ddig. Y gwahaniaeth rhwng y ddau ddyn yw bod Lemy, yn y bôn, yn credu y dylai pethau fod yn union fel y mae am iddyn nhw fod / yn credu nad yw pobl yn cymryd sylw oni bai eich bod yn flin neu'n ddig / yn credu bod pobl yn hunanol, yn hunanganolog ac yn ddigymwynas / yn credu bod pobl yn elyniaethus ac yn ceisio eich tanseilio chi drwy'r amser / yn credu os yw pobl yn gwneud rhywbeth o'i le bod rhaid eu cosbi nhw; fedrwch chi ddim gadael i bobl fynd heb gael eu cosbi.

6. Un noson ym mis Tachwedd 1999 roedd cyfanswm o tua miliwn o bobl yn yfed mewn bariau ym Mhrydain. O'r filiwn honno, cafodd tua 10,000 eu gwthio ar ddamwain gan achosi iddyn nhw golli eu diod drostyn nhw. O'r 10,000 hynny, Terry oedd yr unig un a dorrodd wydr cwrw a'i wthio i wyneb y person oedd wedi ei gyffwrdd.

Rhan o'r rheswm dros ymateb mor wael yw ei fod yn credu y dylai pethau fod yn union fel y mae am iddyn nhw fod / yn credu nad yw pobl yn cymryd sylw oni bai eich bod yn flin neu'n ddig / yn credu bod pobl yn hunanol, yn hunanganolog ac yn ddigymwynas / yn credu bod pobl yn elyniaethus ac yn ceisio eich tanseilio chi drwy'r amser / yn credu os yw pobl yn gwneud rhywbeth o'i le bod rhaid eu cosbi nhw; fedrwch chi ddim gadael i bobl fynd heb gael eu cosbi.

7. Ar stad o dai mewn dinas benodol mae tua chwe chant o blant rhwng pump a phymtheg oed. Dim ond tua hanner cant ohonyn nhw sy'n cadw eu hystafelloedd yn ddigon taclus i fodloni eu rhieni. Mae'r rhan fwyaf o rieni ar y stad yn pregethu ar eu plant i gadw eu hystafelloedd yn fwy taclus. Mae Amy, ar y llaw arall, yn colli ei limpin yn llwyr gyda'i merch ddeuddeg oed.

    Mae hyn am fod Amy yn credu y dylai pethau fod yn union fel y mae am iddyn nhw fod / yn credu nad yw pobl yn cymryd sylw oni bai eich bod yn flin neu'n ddig / yn credu bod pobl yn hunanol, yn hunanganolog ac yn ddigymwynas / yn credu bod pobl yn elyniaethus ac yn ceisio eich tanseilio chi drwy'r amser / yn credu os yw pobl yn gwneud rhywbeth o'i le bod rhaid eu cosbi nhw; fedrwch chi ddim gadael i bobl fynd heb gael eu cosbi.

8. Mae Aaron yn teimlo'n ofnadwy am ei fod wedi taro ei fab deuddeg oed ar ei wyneb am nad oedd y bachgen wedi gwneud ei waith cartref, a'i fod wedi dweud celwydd wrtho am y peth.

    Fodd bynnag, roedd Aaron yn dueddol o ymateb fel hyn oherwydd yn y bôn mae'n credu y dylai pethau fod yn union fel y mae am iddyn nhw fod / yn credu nad yw pobl yn cymryd sylw oni bai eich bod yn flin neu'n ddig / yn credu bod pobl yn hunanol, yn hunanganolog ac yn ddigymwynas / yn credu bod pobl yn elyniaethus ac yn ceisio eich tanseilio chi drwy'r amser / yn credu os yw pobl yn gwneud rhywbeth o'i le bod rhaid eu cosbi nhw; fedrwch chi ddim gadael i bobl fynd heb gael eu cosbi.

9. Daeth gyrrwr arall i dorri ar draws llwybr Chris wrth iddo fynd o gwmpas cylchfan. Aeth mor ddig nes iddo yrru wrth gwt y gyrrwr arall am bum milltir. Yn y diwedd, daeth y gyrrwr allan o'r car i wynebu Chris, a chafwyd ffeit gyda Chris yn cael cweir.

    Fyddai Chris ddim wedi ymddwyn fel hyn yn y lle cyntaf oni bai ei fod yn credu y dylai pethau fod yn union fel y mae am iddyn nhw fod / yn credu nad yw pobl yn cymryd sylw oni bai eich bod yn flin neu'n ddig / yn credu bod pobl yn hunanol, yn hunanganolog ac yn ddigymwynas / yn credu bod pobl yn elyniaethus ac yn ceisio eich tanseilio chi drwy'r amser / yn credu os yw pobl yn gwneud rhywbeth o'i le bod rhaid eu cosbi nhw; fedrwch chi ddim gadael i bobl fynd heb gael eu cosbi.

Sut wnaethoch chi? Isod mae'r un rhestr gyda fy atebion i. Mae rhai ohonyn nhw'n bendant yn ddadleuol, ond o leiaf byddan nhw'n rhoi rhywbeth i chi feddwl amdano.

1. Mae Omar, Carlos a Ryan i gyd yn eistedd mewn bar, wrth ymyl y drws. Yn ystod y noson mae pedwar o bobl yn dod i mewn ac yn gadael y drws ar agor. Pan ddaw'r pumed person i mewn, Omar sy'n mynd yn ddig.

Mae hyn am fod Omar yn credu bod pobl yn hunanol, yn hunanganolog ac yn ddigymwynas ac na allwch chi adael iddyn nhw fynd heb gael eu cosbi.

2. Mewn stryd benodol mewn tref ganolig ei maint mae yna un deg saith o famau sydd â phlant rhwng pump a phymtheg oed. Mae pob un o'r bobl ifanc yma, i raddau llai neu fwy, yn gollwng mygiau ar y llawr o bryd i'w gilydd.

   Mae Lola'n mynd yn llawer mwy dig nag unrhyw un o'r un deg chwech arall oherwydd ei bod hi'n credu y dylai pethau fod yn union fel y mae hi am iddyn nhw fod.

3. Roedd gan wraig Errol arferiad o'i gywiro pan fydden nhw allan yn gyhoeddus. Mae hyn yn ei wneud yn ddig iawn oherwydd ei fod yn teimlo ei fod yn 'colli wyneb' o flaen pobl eraill.

   Y rheswm am hyn yw ei fod yn credu bod pobl yn elyniaethus ac yn ceisio eich tanseilio chi drwy'r amser.

4. Mae Brandon, y trydanwr, yn teimlo'i fod yn cael ei roi dan bwysau ac yn ddig pan fydd ei fòs yn gofyn iddo wneud tasgau ychwanegol ar ddiwedd y dydd.

   Mae'n tueddu i weld ei fòs yn y goleuni yma oherwydd ei fod yn credu bod pobl yn hunanol, yn hunanganolog ac yn ddigymwynas.

5. Pan fydd Ella'n chwerthin a thynnu coes gyda dynion eraill, mae'n gwneud ei gŵr, Lemy, yn ddig iawn. Ar y llaw arall, pan fydd Michelle yn gwneud yr un fath, dydy ei gŵr Jamie ddim yn mynd yn ddig.

Y gwahaniaeth rhwng y ddau ddyn yw bod Lemy, yn y bôn, yn credu y dylai pethau fod yn union fel y mae am iddyn nhw fod a bod pobl yn elyniaethus ac yn ceisio eich tanseilio chi'n barhaus.

6. Un noson ym mis Tachwedd 1999 roedd cyfanswm o tua miliwn o bobl yn yfed mewn bariau ym Mhrydain. O'r filiwn honno, cafodd tua 10,000 eu gwthio ar ddamwain gan achosi iddyn nhw golli eu diod drostyn nhw. O'r 10,000 hynny, Terry oedd yr unig un a dorrodd wydr cwrw a'i wthio i wyneb y person oedd wedi ei gyffwrdd.

Rhan o'r rheswm ei fod wedi ymateb mor wael yw ei fod yn credu bod pobl yn elyniaethus ac yn ceisio eich tanseilio chi drwy'r amser, ac os yw pobl yn gwneud rhywbeth o'i le bod rhaid eu cosbi; fedrwch chi ddim gadael i bobl fynd heb gael eu cosbi.

7. Ar stad o dai mewn dinas benodol mae tua chwe chant o blant rhwng pump a phymtheg oed. Dim ond tua hanner cant ohonyn nhw sy'n cadw eu hystafelloedd yn ddigon taclus i fodloni eu rhieni. Mae'r rhan fwyaf o rieni ar y stad yn pregethu ar eu plant i gadw eu hystafelloedd yn fwy taclus. Mae Amy, ar y llaw arall, yn colli ei limpin yn llwyr gyda'i merch ddeuddeg oed.

Mae hyn am fod Amy'n credu y dylai pethau fod yn union fel y mae hi am iddyn nhw fod, nad yw pobl yn cymryd unrhyw sylw oni bai eich bod yn flin neu'n ddig, ac os yw pobl yn gwneud rhywbeth o'i le bod rhaid eu cosbi; fedrwch chi ddim gadael i bobl fynd heb gael eu cosbi.

8. Mae Aaron yn teimlo'n ofnadwy am ei fod wedi taro ei fab deuddeg oed ar ei wyneb am nad oedd y bachgen wedi gwneud ei waith cartref, a'i fod wedi dweud celwydd wrtho am y peth.

   Fodd bynnag, roedd Aaron yn dueddol o ymateb fel hyn am ei fod yn credu nad yw pobl yn cymryd sylw oni bai eich bod yn flin neu'n ddig, ac os yw pobl yn gwneud rhywbeth o'i le bod rhaid eu cosbi; fedrwch chi ddim gadael i bobl fynd heb gael eu cosbi.

9. Daeth gyrrwr arall i dorri ar draws llwybr Chris wrth iddo fynd o gwmpas cylchfan. Aeth mor ddig nes iddo yrru wrth gwt y gyrrwr arall am bum milltir. Yn y diwedd, daeth y gyrrwr allan o'r car i wynebu Chris, a chafwyd ffeit gyda Chris yn cael cweir.

   Fyddai Chris ddim wedi ymddwyn fel hyn yn y lle cyntaf oni bai ei fod yn credu bod pobl yn elyniaethus ac yn ceisio eich tanseilio drwy'r amser, ac os yw pobl yn gwneud rhywbeth o'i le bod rhaid eu cosbi; fedrwch chi ddim gadael i bobl fynd heb gael eu cosbi.

Gallwch weld sut byddai pob un o'r bobl hyn yn elwa pe baen nhw'n gallu newid eu credoau. Er enghraifft:

1. Nid yn unig fyddai Omar ddim yn ddig pan fydd rhywun yn gadael drws y bar ar agor, ond fyddai e ddim yn mynd mor ddig pan fyddai rhywun yn cael sylw o'i flaen yn y ciw, pan nad yw Carlos yn prynu rownd pan ddaw ei dro i wneud hynny, ac ati. (Mae'n bwysig nodi nad ydy hynny'n golygu y bydd Omar yn

gallu cywiro'r pethau hyn, dim ond na fydd yn mynd yn ddig yn eu cylch.)

2. Byddai Lola nid yn unig yn peidio â chynhyrfu pan fydd ei mab yn gollwng mẁg ar y llawr, ond byddai hefyd yn aros yn ddigynnwrf pan fydd yn anghofio mynd â rhywbeth hanfodol i'r ysgol. (Eto, dydy hyn ddim yn golygu na fyddai hi'n ceisio datblygu gallu ei mab i ofalu'n well am bethau.)

3. Pe bai Errol yn gallu newid ei gredoau byddai'n teimlo'n llawer gwell am y ffaith fod ei wraig yn ei gywiro yn gyhoeddus, oherwydd fyddai e ddim yn rhagweld ymateb beirniadol gan bobl eraill. Yn yr un modd, byddai'n teimlo'n fwy cyfforddus mewn llu o sefyllfaoedd eraill hefyd am yr un rheswm yn union.

4. Pe bai Brandon, y trydanwr, yn gallu newid ei gred fod pobl eraill bob amser yn debygol o geisio cymryd mantais ohono, yna ni fyddai'n teimlo cymaint fod ei fòs yn ceisio manteisio arno wrth ofyn iddo wneud tasgau ychwanegol. Yn yr un modd, byddai'n teimlo'n fwy cyfforddus mewn sefyllfaoedd eraill hefyd.

5. Pe bai Lemy'n gallu sylweddoli nad yw pobl eraill yn ceisio eich tanseilio chi drwy'r amser (yn cynnwys ei wraig Ella, a'r dynion mae hi'n fflyrtio â nhw), byddai'n teimlo'n llawer mwy cyfforddus am ei natur chwareus. Yn yr un modd, byddai'n teimlo'n fwy cyfforddus mewn llu o sefyllfaoedd eraill hefyd.

6. Mae'r un peth yn wir am Terry. Mae ei gred fod pobl eraill yn elyniaethus ac yn debyg o fod yn eich tanseilio chi wedi arwain at ganlyniadau difrifol iawn iddo pan wthiodd wydr cwrw wedi torri i wyneb y person a wthiodd ei benelin. Nid yn unig gallai'r canlyniadau fod wedi cael eu hosgoi, ond pe bai wedi sylweddoli nad yw'r rhan fwyaf o bobl yn elyniaethus fel hyn, byddai wedi byw bywyd llawer mwy cyfforddus a phleserus.

7. Aeth Amy'n eithriadol o ddig gyda'i merch ddeuddeg oed am nad oedd hi wedi tacluso ei hystafell, ac mae'n credu bod rhaid i bethau fod yn union fel y mae hi am iddyn nhw fod, ac nad yw pobl yn cymryd sylw oni bai eich bod yn ddig tuag atyn nhw. Byddai hi hefyd yn byw bywyd mwy pleserus pe bai hi'n gallu derbyn, ar y cyfan, nad yw pethau'n tueddu i fod yn union fel y byddech chi am iddyn nhw fod, ond *nad oes ots am hynny mewn gwirionedd.* A beth bynnag, mae pobl yn 'datblygu'n well' wrth i chi ymwneud â nhw'n adeiladol yn hytrach na mynd yn ddig tuag atyn nhw.

8. Mae rhywbeth tebyg yn wir am Aaron, a drawodd ei fab deuddeg oed ar draws ei wyneb. Pe bai Aaron yn gallu sylweddoli nad yw hi'n ddiwedd y byd os nad yw pethau yn union fel y mae am iddyn nhw fod ac nad yw hi'n wir, mae'n debyg, nad yw pobl yn cymryd sylw oni bai eich bod yn mynd yn ddig iawn tuag atyn nhw, fyddai e heb wneud hyn. Yn yr un modd, gallai elwa ym mhob math o sefyllfaoedd pe bai'n gallu newid y credoau hyn.

9. Gorffennodd pethau'n wael iawn i Chris ar ôl i rywun dorri ar draws ei lwybr ar gylchfan ac yn y pen draw fe gafodd gweir mewn ffeit gyda'r gyrrwr arall. Pe bai heb gredu bod rhaid i bobl gael eu cosbi os ydyn nhw'n gwneud rhywbeth o'i le byddai wedi gallu osgoi hyn. Unwaith eto, dim ond un enghraifft yw hyn o Chris yn bod yn llawdrwm arno'i hun o hyd am ei fod yn credu hynny. Yn yr un modd, gallai elwa ym mhob math o sefyllfaoedd pe bai'n gallu newid y credoau hyn.

Datblygu credoau mwy defnyddiol

Ar gyfer hyn rydyn ni'n defnyddio'r dull AG. Mae hyn yn golygu (a) datblygu gwell credoau Amgen a (b) eu Gweithredu.

Dyma rai awgrymiadau:

- Cred ddi-fudd: Dylai pethau fod yn union fel dwi am iddyn nhw fod. Mae'n ofnadwy os nad ydyn nhw.
- Awgrym ar gyfer dewis amgen mwy defnyddiol: Mae'n dda os yw pethau yn union fel dwi am iddyn nhw fod, ond dydy hi ddim yn ddiwedd y byd os nad ydyn nhw.
- Cred ddi-fudd: Dydy pobl ddim yn cymryd sylw ohonoch chi oni bai eich bod yn dangos eich bod yn flin neu'n ddig. Dyna'r unig ffordd i wneud eich pwynt.
- Awgrym ar gyfer dewis amgen mwy defnyddiol: Er y gallwch chi weithiau gael pobl i wneud beth

rydych chi eisiau iddyn nhw ei wneud drwy fod yn flin ac yn ddig gyda nhw, dydych chi byth wir yn eu cael ar eich ochr chi. Felly mae'n well siarad a pherswadio. Hyd yn oed wedyn, fydd bobl ddim bob amser yn gwneud yr hyn rydyn ni am iddyn nhw ei wneud, ond dydy hynny ddim yn ddiwedd y byd chwaith.

- Cred ddi-fudd: Mae pobl eraill yn hunanol, yn hunanganolog ac yn ddigymwynas. Os ydych chi eisiau iddyn nhw eich helpu chi, rhaid i chi eu *gorfodi* nhw i wneud.
- Awgrym ar gyfer dewis amgen mwy defnyddiol: Er bod yna rai pobl sy'n hynod hunanol, bydd y rhan fwyaf o bobl yn helpu ei gilydd os bydd rhywun yn gofyn iddyn nhw.
- Cred ddi-fudd: Mae pobl eraill yn elyniaethus yn y bôn. Rhaid i chi fod ar eich gwyliadwriaeth, fel arall byddan nhw'n bachu ar unrhyw gyfle i'ch tanseilio.
- Awgrym ar gyfer dewis amgen mwy defnyddiol: Er bod yna rai pobl sy'n gallu bod yn eithaf gelyniaethus, mae'r rhan fwyaf o bobl yn cefnogi ei gilydd yn y bôn ac yn ystyriol o'i gilydd.
- Cred ddi-fudd: Os yw pobl yn gwneud rhywbeth o'i le mae'n rhaid eu cosbi nhw. Fedrwch chi ddim gadael i bobl fynd heb gael eu cosbi.
- Awgrym ar gyfer dewis amgen mwy defnyddiol: Mae'n well perswadio na chosbi, ac edrych i'r dyfodol yn hytrach nag i'r gorffennol. Weithiau dydych chi ddim hyd yn oed yn gallu perswadio pobl ac mae

pobl yn llwyddo i fynd heb gael eu cosbi. Felly, fe wna i gadw at fy safonau fy hun.

- Cred ddi-fudd: Mae'n iawn bod yn ddig gyda phlismyn, bownsers ac ati, neu eu taro nhw.

- Awgrym ar gyfer dewis amgen mwy defnyddiol: Mae plismyn, bownsers ac ati yn bobl go iawn yn union fel pawb arall. Dydy hi ddim yn fwy rhesymol i'w taro nhw nag ydy hi i daro unrhyw berson arall.

- Cred ddi-fudd: Mae rhiant / fforman / rheolwr / goruchwyliwr *i fod* yn bigog, yn flin ac yn llym. (Os ydych chi'n fam / yn dad / yn fforman / yn rheolwr / yn oruchwyliwr.)

- Awgrym ar gyfer dewis amgen mwy defnyddiol: Mae angen i dad / mam / fforman / rheolwr / goruchwyliwr fod yn esiampl dda. Mae hyn yn golygu bod yn gyfeillgar a chefnogol yn hytrach nag yn flin ac yn ddig.

- Cred ddi-fudd: Mae fy mam / fy nhad / fy mhartner / fy mab / fy merch yn boen llwyr, does dim ond angen i mi edrych arnyn nhw i deimlo'n flin. (Os oes yna un person penodol sy'n cynhyrchu'r ymateb emosiynol yna ynoch chi.)

- Awgrym ar gyfer dewis amgen mwy defnyddiol: Mae fy mam / fy nhad / fy mhartner / fy mab / fy merch yn union fel pawb arall – mae ganddyn nhw eu nodweddion da a'u nodweddion drwg. Does dim pwynt cynhyrfu gormod am eu nodweddion drwg.

Defnyddiwch gardiau ciw os dymunwch chi

Mae rhai'n ysgrifennu cerdyn bach iddyn nhw eu hunain (cerdyn ciw). Mae hwn yn dangos y gred ddi-fudd ar un ochr a dewis mwy defnyddiol ar yr ochr arall. Weithiau bydd pobl yn creu fersiynau eithaf cymhleth o'r rhain. Er enghraifft, gallech chi ysgrifennu'r fersiwn ddi-fudd mewn coch (am 'berygl') a'r un fwy defnyddiol ar yr ochr arall mewn gwyrdd (am 'fynd'). Ac efallai yr hoffech chi ychwanegu anogaeth ar ôl y fersiwn ddefnyddiol, rhywbeth fel 'Amdani!' Mae rhai hyd yn oed yn mynd i'w siop argraffu leol a chael y cerdyn wedi'i lamineiddio'n hyfryd unwaith maen nhw wedi'i lunio yn union fel maen nhw am ei gael! P'un a ydych chi'n hoffi eich cerdyn yn blaen neu'n ecsotig, mae'n syniad reit dda ei gario gyda chi fel rhywbeth i'ch atgoffa'n barhaus. Mae'n debyg na fydd eisiau wyth cerdyn arnoch chi – mae'n annhebygol eich bod yn agored i bob un o'r wyth cred ddi-fudd, dim ond un neu ddwy, mae'n debyg – ac felly dim ond un neu ddau gerdyn fydd eu hangen arnoch chi. Gallech chi hefyd wneud rhywbeth tebyg ar eich ffôn neu fel neidlen ar eich cyfrifiadur.

Rhoi'r meddyliau ar waith

Mae'n debyg y byddwch yn cofio i ni nodi mewn pennod flaenorol nad yw *meddwl* yn wahanol yn ddigon. Mae angen i chi hefyd *weithredu* ar eich meddyliau newydd. Mae meddyliau newydd ac ymddygiad newydd yn gyfuniad hynod o bwerus. Rhywbeth yn debyg i ddau feic sy'n gallu pwyso yn erbyn ei gilydd a dal ei gilydd i fyny yn gwbl sefydlog am byth, mae eich meddylfryd newydd yn cael ei gefnogi gan eich ymddygiad newydd, ac yn yr un modd, mae eich ymddygiad newydd yn cael ei gefnogi gan eich meddylfryd newydd. Bydd y naill yn cadarnhau'r llall yn barhaus. Dyma'r agosaf y down ni at symudiad diddiwedd.

Felly sut rydyn ni'n ei roi ar waith? Mae yna rai posibiliadau:

- Dychmygwch sut byddai person gyda'r gred newydd, amgen, fwy defnyddiol yn gweithredu ac efelychwch hynny.
- Dewch o hyd i fodel rôl i chi'ch hun. Mewn geiriau eraill, meddyliwch am rywun sy'n gweithredu fel pe bai'n credu'r gred newydd, well, a dychmygwch beth fyddai'n ei wneud, a gwnewch hynny.

Yn y ddau achos mae'n rhaid i chi wneud hyn gydag elfen o argyhoeddiad. Er enghraifft, mae angen i Lola, mam y bachgen ollyngodd y mŵg, weithio'n galed ar ei chred ei fod yn iawn yn y bôn (yn hytrach na hunanol), ac y byddai'n dda iddi osod esiampl o fod yn gyfeillgar a chymwynasgar a gweithredu fel pe bai hi wir yn *credu*'r ddwy gred newydd yma. Felly, yn hytrach nag yngan y geiriau 'Dos i nôl brwsh i'w sgubo nhw', ychydig yn grintachlyd (a fyddai, rhaid cyfaddef, yn welliant ar ei hymddygiad blaenorol), mae hi'n mynd gam ymhellach ac yn dweud 'Dos i nôl brwsh i'w sgubo nhw, dyna fachgen da', ac yn defnyddio tôn llais fydd yn ei annog. Y pwynt yw nad dim ond cymhennu ei hymddygiad er mwyn iddo beidio â'i blino hi a phawb arall cymaint yw ei nod, ond asio ei hymddygiad newydd, mwy defnyddiol, â chredoau sylfaenol newydd, mwy defnyddiol, er mwyn iddi fod yn fwy heddychlon tuag ati ei hun a bod pobl eraill hefyd yn gallu gweld hynny. Mae hyn yn amlwg yn well i bawb na dim ond cnoi ei thafod.

Yn yr un modd bydd Omar, sy'n eistedd wrth ddrws y bar, nawr yn sylweddoli nad oedd y pum unigolyn a adawodd y drws ar agor yn ddihirod hunanol sy'n haeddu cosb, ond yn unigolion hollol iawn sydd ddim ond angen cael eu hatgoffa i gau'r drws. Mae'r ffordd y bydd yn gofyn iddyn nhw wneud hynny felly yn gyfeillgar a thawel, yn unol â'r gred honno. Yn yr un modd eto bydd Errol, sydd â'i wraig yn ei gywiro yn gyhoeddus, yn sylweddoli er y gall eraill chwerthin pan fydd hyn yn digwydd, nad yw hynny'n arwydd eu bod yn sylfaenol elyniaethus tuag ato, oherwydd mae pobl ar y cyfan yn gefnogol a chyfeillgar. Gan weithredu ar hyn, gall bellach ymuno yn y chwerthin. Ac eto, does dim rhaid i Brandon gynhyrfu ei hun cymaint dros bethau sydd ddim yn union fel y mae am iddyn nhw fod. Gall naill ai wneud y dasg mae'r bòs yn gofyn iddo'i gwneud neu beidio. Yr hyn oedd yn ei gynhyrfu oedd pa mor ofnadwy oedd hi nad oedd pethau fel yr oedd e'n dymuno. Nawr ei fod wedi derbyn y ffaith honno gall fwrw ymlaen â phethau. Does dim rhaid i fflyrtio Ella wylltio Lemy nawr ei fod yn derbyn nad yw Ella na phobl eraill yn elyniaethus yn y bôn, ond yn hytrach fod y rhan fwyaf o bobl yn gyfeillgar a chefnogol; gall dderbyn ymddygiad Ella fel difyrrwch diniwed, a gweithredu ar hynny drwy ymuno yn yr hwyl.

Pe bai Terry hefyd wedi derbyn fod y rhan fwyaf o bobl yn iawn yn hytrach nag yn elyniaethus, fyddai e ddim wedi neidio i'r casgliad fod rhywun wedi gwthio ei benelin yn fwriadol wrth y bar. Byddai wedi tybio mai damwain oedd hi, o bosib wedi gwneud jôc o'r peth, ac efallai y byddai wedi derbyn peint am ddim hefyd. Fyddai Amy ddim wedi colli ei thymer gyda'i merch oedd yn eistedd yn y bath yn hytrach na thacluso ei hystafell. Yn hytrach na bod mor grac am nad oedd pethau fel y byddai hi wedi dymuno (roedd yr ystafell yn dal yn flêr) a phenderfynu bod rhaid cosbi'r ferch am ei chamymddygiad, gallai fod wedi derbyn fod ystafelloedd plant weithiau'n flêr a beth bynnag, mai'r peth gorau iddi hi oedd gosod esiampl dda fel rhiant. A doedd dim rhaid i Chris fod wedi mynd ar ôl y dyn a dorrodd ar draws ei lwybr ar y gylchfan. Pe na bai ond wedi derbyn nad oes rhaid i bobl gael eu cosbi am eu camymddygiad, ac weithiau eu bod hyd yn oed yn mynd heb gael eu cosbi, gallai fod wedi gweithredu ar y gred hon drwy gadw at ei safonau ei hun a gyrru ei gar fel mae'n credu y dylai ceir gael eu gyrru – gan arbed llawer o drafferth iddo'i hun.

Gall model rôl fod yn ddefnyddiol

Gallwn weld o'r enghreifftiau hyn ei bod hi'n ddigon syml penderfynu ar gred newydd a gweithredu arni yn ein bywyd bob dydd. Mae llawer o bobl yn gwneud hynny yn llwyddiannus iawn a gyda llawer o bleser. (Mae'n foddhaol iawn eich gweld eich hun yn cymryd cyfrifoldeb dros eich tynged eich hun, yn penderfynu ar gredoau call a gweithredu yn unol â'r rheini.) Bydd pobl eraill yn cyrraedd yn union yr un cyrchfan ar lwybr gwahanol. Maen nhw'n meddwl am berson penodol sydd i'w weld yn meddu ar yr un credoau â'r rhai rydyn ni wedi sôn amdanyn nhw ac yn holi eu hunain, 'Beth fyddai ef/hi'n ei wneud yn y sefyllfa yma?' I rai pobl, mae dychmygu hyn yn ei wneud yn llawer haws ei efelychu. Ac mae efelychu'r ymddygiad wedyn yn cadarnhau'r credoau newydd.

Gall y model rôl fod yn rhywun rydych chi'n ei adnabod, fel ffrind neu berthynas, neu gall fod yn rhywun dydych chi erioed wedi'i gyfarfod – rhywun rydych chi wedi'i weld ar y teledu, efallai. Un pwynt pwysig os ydych chi'n dewis yr olaf: does dim ots mewn gwirionedd a yw'r person yn debyg i'w bersona ar y sgrin mewn bywyd go iawn ai peidio. Er enghraifft, fy nau hoff fodel rôl yw'r datryswr problemau ar y teledu Syr John Harvey-Jones a'r sylwebydd criced gwych Brian Johnston. Nawr, dydw i erioed wedi cyfarfod y naill na'r llall, a chyn belled ag y gwn i efallai eu bod yn hollol wahanol yn eu bywydau preifat i'r cymeriadau hoffus sy'n cael eu cyflwyno ganddyn nhw ar y teledu a'r radio. Fel mae'n digwydd, mae, neu roedd, y ddau ŵr bonheddig – bu farw Brian Johnston rai blynyddoedd yn ôl – yn ôl y sôn yr un fath yn eu bywydau preifat ag yr oedden nhw'n ymddangos yn gyhoeddus. Ond fy mhwynt i fan hyn yw nad oes ots; at ddibenion model rôl, y persona rydych chi'n ei adnabod sy'n bwysig.

A does dim rhaid i'ch modelau rôl gyfateb i chi o ran oedran na rhyw, na dim byd arall. Yr unig beth sy'n bwysig yw eich bod yn gallu holi eich hun: 'Beth fyddai ei safbwynt ef/hi ar hyn?' a 'Sut fyddai ef/hi wedi ymddwyn yn y sefyllfa yma?' ac ati. Dydy'r ffaith nad ydw i wedi gallu ymddwyn cystal â fy modelau rôl ddim yn bwysig chwaith; maen nhw'n bendant yn cael effaith dda. Y peth allweddol yw eich bod yn canfod model rôl da i chi'ch hun er mwyn iddo allu eich arwain i ymddwyn yn y ffordd y byddech yn dymuno ei wneud.

Adolygu a chofnodi

Fel yn y bennod flaenorol, mae adolygu a chofnodi yn arferion gwych i'w mabwysiadu er mwyn sefydlu eich credoau newydd a mwy defnyddiol.

'Adolygu' yw, yn llythrennol, edrych ar y sefyllfa sydd newydd ddigwydd a'i hailchwarae. Efallai eich bod yn y sefyllfa ffodus lle gallwch chi fwynhau adolygu pa mor dda y gwnaethoch chi ymddwyn, pa mor dda y gwnaethoch chi ddefnyddio eich credoau newydd a'u plethu gydag ymddygiad rhagorol newydd. Os felly, gwych: mwynhewch bob eiliad ohono. Ac nid dim ond mwynhad yw hyn chwaith; fel y dywedon ni o'r blaen, gweithgaredd hynod ddefnyddiol yw adolygu pethau sydd wedi mynd yn iawn. Pan mae pethau'n mynd yn dda mae gennych chi dempled a fydd yn sail i'ch llwyddiant yn y dyfodol, felly mae'n ddefnyddiol atgyfnerthu ac archwilio'r templed hwnnw. Os ydych chi wedi ymdrin â sefyllfa anodd yn dda, heb fynd yn flin nac yn ddig o gwbl, yna ewch dros y sefyllfa eto a'i hadolygu, gan fwynhau'r eiliad.

Yn yr un modd, os ydych chi wedi ymdrin â sefyllfa'n wael yn eich barn chi, os ydych chi wedi ildio i rai credoau di-fudd ac wedi defnyddio ymddygiad blin a dig, yna ewch ati i ailchwarae'r sefyllfa fel y credwch y dylai fod wedi digwydd. Cofiwch ddefnyddio'r credoau mwyaf defnyddiol, a dychmygu'r ymddygiad mwyaf defnyddiol. *Mae ailchwarae'r sefyllfa yn y ffordd y byddai'n well gennych iddi fod wedi digwydd yn beth da iawn i'w wneud;* mae'n ei gwneud hi'n llawer mwy tebygol mai felly y bydd hi'r tro nesaf. (Ond byddwch yn ofalus: mae'n eithaf di-fudd ailchwarae'r ffordd *anghywir* o ymdrin â'r sefyllfa. Mae'n well meddwl am hynny fel 'dŵr o dan y bont'.)

Crynodeb

- Yn y bennod hon rydyn ni wedi edrych ar sut mae ein credoau'n effeithio ar y ffordd rydyn ni'n gwerthuso a barnu sefyllfa, ac o ganlyniad sut rydyn ni'n ymddwyn yn y sefyllfa honno.

- Rydyn ni wedi rhestru'r credoau di-fudd mwyaf cyffredin sy'n effeithio ar ganfyddiadau pobl o'r sefyllfaoedd maen nhw'n eu profi.

- Rydyn ni wedi rhestru'r credoau amgen mwyaf defnyddiol i ddisodli'r rhai di-fudd.

- Rydyn ni wedi edrych ar y dull o ddisodli credoau di-fudd gyda rhai defnyddiol. Mae hyn yn defnyddio'r dull AG: amlygu'r gred Amgen ddefnyddiol a Gweithredu'r sefyllfa yn unol â'r credoau hynny.

- Rydyn ni wedi edrych ar bwysigrwydd adolygu llwyddiannau a'u cadarnhau fel templedi ar gyfer ymddygiad da yn y dyfodol, a hefyd ar bwysigrwydd adolygu methiannau – ond gan ein hatgoffa ein hunain sut bydden ni wedi dewis ymddwyn yn y sefyllfa, er mwyn i ni fod yn fwy tebygol o'i chael yn iawn y tro nesaf.

Prosiect

- Ar ddarn o bapur, ysgrifennwch un neu ragor o'r credoau di-fudd rydych chi'n credu sy'n berthnasol i chi.

- Ar gyfer pob un ohonyn nhw, ysgrifennwch y gred fwy defnyddiol. Efallai mai dim ond mater o gopïo'r hyn sydd gen i uchod fydd hyn, neu efallai y byddwch eisiau eu rhoi yn eich geiriau eich hun.

- Ailchwaraewch sefyllfa ddiweddar lle'r arweiniodd eich credoau di-fudd chi i werthuso sefyllfa yn wael ac i ymateb mewn ffordd flin a dig. Ailchwaraewch sut byddech chi wedi gweld y sefyllfa pe baech chi wedi defnyddio eich credoau mwy defnyddiol, a beth fyddech chi wedi'i wneud. (Er enghraifft, os mai chi oedd Omar byddech chi'n ailchwarae eistedd wrth y bar ger y drws, gan gredu'n awr bod hyd yn oed y bobl sy'n gadael y drws ar agor yn iawn yn y bôn; byddech chi'n gwerthuso'r sefyllfa'n wahanol ac yn gofyn, yn gyfeillgar, i bob person gau'r drws.) Gwnewch yr ailchwarae yn eich meddwl mor fyw â phosib.

- Yn bwysicaf oll, cofiwch ymarfer eich credoau newydd, gan weld pob sefyllfa drwy lygaid rhywun sydd â'r credoau newydd hyn, neu drwy lygaid model rôl rydych chi wedi'i ddewis. Yna ceisiwch wneud i'ch ymddygiad gyfateb i'ch canfyddiadau newydd – yn union fel y byddai Omar yn ei wneud yn y pwynt blaenorol.

- Bob tro y byddwch yn cyrraedd eich nod, adolygwch y llwyddiant hwnnw a mwynhewch y foment. Adolygwch sut gwnaeth eich credoau newydd eich helpu, a sut roedd eich ymddygiad newydd yn unol â'r credoau hynny. Os gwnaethoch chi siomi'ch hun neu 'adael eich hun i lawr', adolygwch y digwyddiad yn y ffordd y byddai'n well gennych iddo fod wedi mynd. Cyn bo hir bydd gennych chi lawer o adolygiadau 'da' a dim llawer o'r math arall!

15

Cathod, camelod ac adloniant: dicter

Teitl twp ar gyfer pennod. Dim ots, waeth i chi ei darllen oherwydd gall fod yn berthnasol iawn i chi. I rai pobl bydd yn hollol berffaith.

Cofiwch mai'r model rydyn ni'n gweithio arno yw sbardun, gwerthusiad/barn, dicter, ataliadau, ymateb. Testun y bennod hon yw'r blwch 'dicter'; ac mae tri phwynt i'w gwneud am hyn.

Disodli dicter

Y pwynt cyntaf yw bod modd *disodli dicter*. Yn aml gelwir y broses hon yn 'cicio'r gath' neu 'rwyt ti wastad yn brifo'r un rwyt ti'n ei garu'. Er enghraifft, efallai eich bod yn cael diwrnod gwael yn y gwaith, ond yn meddwl bod mynd yn ddig gyda'ch bòs yn syniad drwg. Yr hyn rydych chi'n ei wneud, felly, yw dod adre a chicio'r gath (yn drosiadol wrth gwrs!): mewn geiriau eraill, bwrw'ch llid ar bwy bynnag neu beth bynnag sy'n digwydd bod o gwmpas. Y peth rhyfedd yw bod pwy bynnag neu beth bynnag sy'n digwydd derbyn eich dicter yn ymddangos yn hynod bryfoclyd ar yr adeg dan sylw. Dydych chi ddim bob amser yn ymwybodol eich bod yn 'disodli' neu'n trosglwyddo eich dicter oddi wrth eich bòs yn y gwaith ac i'r bobl rydych chi'n eu caru/y gath gartref.

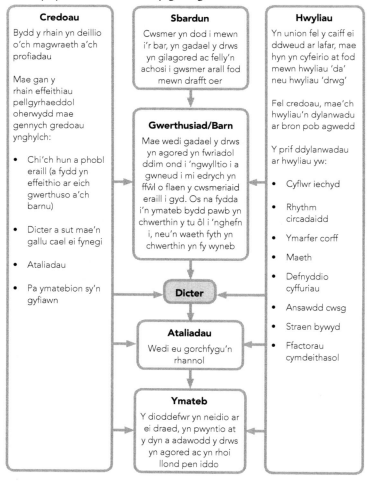

Credoau

Bydd y rhain yn deillio o'ch magwraeth a'ch profiadau

Mae gan y rhain effeithiau pellgyrhaeddol oherwydd mae gennych gredoau ynghylch:

- Chi'ch hun a phobl eraill (a fydd yn effeithio ar eich gwerthuso a'ch barnu)

- Dicter a sut mae'n gallu cael ei fynegi

- Ataliadau

- Pa ymatebion sy'n gyfiawn

Sbardun

Cwsmer yn dod i mewn i'r bar, yn gadael y drws yn gilagored ac felly'n achosi i gwsmer arall fod mewn drafft oer

Gwerthusiad/Barn

Mae wedi gadael y drws yn agored yn fwriadol ddim ond i 'ngwylltio i a gwneud i mi edrych yn ffŵl o flaen y cwsmeriaid eraill i gyd. Os na fydda i'n ymateb bydd pawb yn chwerthin y tu ôl i 'nghefn i, neu'n waeth fyth yn chwerthin yn fy wyneb

Dicter

Ataliadau

Wedi eu gorchfygu'n rhannol

Ymateb

Y dioddefwr yn neidio ar ei draed, yn pwyntio at y dyn a adawodd y drws yn agored ac yn rhoi llond pen iddo

Hwyliau

Yn union fel y caiff ei ddweud ar lafar, mae hyn yn cyfeirio at fod mewn hwyliau 'da' neu hwyliau 'drwg'

Fel credoau, mae'ch hwyliau'n dylanwadu ar bron bob agwedd

Y prif ddylanwadau ar hwyliau yw:

- Cyflwr iechyd

- Rhythm circadaidd

- Ymarfer corff

- Maeth

- Defnyddio cyffuriau

- Ansawdd cwsg

- Straen bywyd

- Ffactorau cymdeithasol

Ffigur 15.1 Model ar gyfer dadansoddi tymer flin a dicter

Mae dicter yn adiol

Yr ail bwynt yw bod *dicter yn rhywbeth adiol* (*additive*): mae'n cronni. Eto, y gymhariaeth orau yw'r bwced sy'n gollwng y gwnaethon ni ei ddefnyddio gyntaf yn Rhan Un. Dychmygwch fod gennych chi fwced sy'n gollwng; gallwch lenwi'r bwced i'r ymylon drwy dywallt jygiau lawer o ddŵr i mewn iddo'n gyflym iawn. Pan fydd y bwced yn gorlifo, mae hynny'n cyfateb i ffrwydrad o ddicter.

Felly, os yw pump o bobl yn dod i mewn i far o fewn cyfnod o awr neu ddwy a phob un yn gadael y drws ar agor gan achosi drafft, bydd y bwced yn gorlifo (neu o leiaf mae'n gwneud yn achos Omar) ac mae ffrwydrad yn digwydd. Pe bai'r un pum person yn dod i mewn i'r bar dros gyfnod o chwe mis, gydag Omar yn eistedd wrth y drws bob tro, mae'n annhebygol y byddai wedi ffrwydro ar y pumed tro. Mae hyn oherwydd y byddai ei ddicter wedi cael cyfle i 'ollwng' ar bob achlysur cyn y 'llenwad' nesaf.

Mae'r 'cronni' yma hefyd yn cael ei adnabod fel ffenomen 'cyrraedd pen eich tennyn'. Mae'n well gen i ddelwedd y bwced sy'n gollwng, fodd bynnag, oherwydd os caiff hanner cyfle, bydd eich dicter fel arfer yn 'gollwng' yn ddigon hawdd.

Dicter adloniadol

Mae'r trydydd pwynt fan hyn, ac efallai'r pwysicaf, yn ymwneud â'r hyn rydw i'n ei alw yn 'ddicter adloniadol'. Dyma enghraifft – a pheidiwch â chael eich digalonni gan y ffaith ei bod hi'n enghraifft eithafol iawn; mae'r un ffenomen yn digwydd yn feunyddiol.

Yn gynnar iawn yn fy ngyrfa, pan oeddwn i'n gweithio fel seiciatrydd mewn carchar, fe ddes i ar draws carcharor oedd yn cael cryn dipyn o drwbl wrth dreulio cyfnod ei ddedfryd; byddai'n mynd yn gythryblus a llawn straen, ac o bryd i'w gilydd byddai'n creu llanast o'i gell. Fe ddysgais iddo sut i ymlacio a gwneud peth gwaith 'cwnsela' gydag e, a chanlyniad hyn oedd ei fod wedi cyfaddef i mi ei fod wedi ymosod ar hanner dwsin o swyddogion carchar yn ei garchar blaenorol. (Does gen i ddim syniad pa mor wir oedd yr honiad hwn, ond dyna ddywedodd e wrtha i.)

Beth bynnag, roedd wedi llunio cynllun erbyn hynny y byddai, ar ôl cael ei ryddhau, yn mynd i chwilio am y chwe swyddog carchar yma a'u saethu un ar y tro.

Fe gymerais i hyn yn gwbl o ddifrif, (a) oherwydd 'mod i'n ifanc a diniwed ac yn cymryd popeth o ddifrif, a (b) oherwydd ei fod eisoes yn y carchar am saethu rhywun, felly yn amlwg roedd ganddo'r gallu i wneud yr hyn roedd yn dweud y byddai'n ei wneud. At hynny, fe ddisgrifiodd sut y gwnaeth yn union yr un peth yn ystod ei gyfnod blaenorol yn y carchar: hynny yw, roedd wedi treulio amser yn meddwl a chynllunio sut byddai'n saethu'r person yma ar ôl cael ei ryddhau. A dyna'n union wnaeth e, a dyma fe yn ôl yn y carchar eto am y drosedd honno.

Nawr, byddai'n braf meddwl y byddai seicolegydd carchar ifanc yn gwybod yn union beth i'w wneud mewn sefyllfa o'r fath, ond doeddwn i ddim. Felly bydden ni'n siarad am y peth, fe'n dweud wrtha i sut byddai hi …

I dorri stori hir yn fyr, roedd hi'n arferiad ganddo dreulio awr ar ôl awr yn ffantasïo am sut byddai'n dial. Roedd hyn, mae'n debyg, yn bleserus iawn iddo, a byddai amser yn gwibio heibio wrth iddo wneud hyn.

A dyma'r achos cyntaf i mi ei weld o 'ddicter adloniadol': dicter sydd o leiaf yn difyrru'r amser, weithiau'n rhoi tipyn o 'ias' i chi ac sy'n aml yn eich rhoi mewn cyflwr meddwl gwahanol, lle byddai gweithredoedd na fydden nhw fel arfer yn ymddangos yn gall a rhesymol yn edrych fel petaen nhw. Gan fynd yn ôl at gymhariaeth y bwced sy'n gollwng, mae fel pe baech chi wedi llenwi'r tyllau yn y bwced i gyd, yn awyddus i gadw'r holl ddŵr sydd ynddo, ac wedyn wedi treulio'r amser yn edrych ar y dŵr. Neu, ychydig yn fwy llythrennol, rydych chi'n gwneud popeth i geisio atal eich dicter rhag llithro i ffwrdd ac yn treulio amser yn hel meddyliau amdano.

Dyma'r peth gorau i'w wneud yn y sefyllfa hon:

- Peidio â gwneud beth mae eich dicter yn dweud wrthych chi am ei wneud.
- Gwneud rhywbeth arall (rhagor am hyn yn nes ymlaen).

Gadewch i ni ymhelaethu ychydig. Pan fyddwch chi'n ddig a blin mae fel pe bai'r dicter yn cymryd drosodd. Mae'r dicter yn dweud wrthych chi am wneud pethau na fyddech chi'n eu gwneud yn eich cyflwr arferol. Felly beth ydych chi am gymryd fwyaf o sylw ohono, eich dicter neu chi'ch hun?

Wel, mae'r ateb yn amlwg: mae'n bwysicach i chi fod yn driw i chi'ch hun nag i ryw gyflwr dros dro o ddicter. Ar y llaw arall, mae'n anodd iawn *peidio â* gwneud rhywbeth. Bron fel 'peidio â meddwl am jiráff', mae hi bron yn amhosib. Os bydd rhywun yn dweud wrthych chi am *beidio â* meddwl am jiráff, mae llun o wddw hir oren yn dod i'r meddwl waeth pa mor ofalus rydych chi'n ceisio ufuddhau. Yn yr un modd, mae peidio â gwneud beth mae eich dicter yn ei ddweud yn anodd iawn hefyd.

Troi oddi wrth ddicter

Yr ateb yw *canolbwyntio ar wneud rhywbeth arall.* Unrhyw beth. Mae enghreifftiau go iawn o'r hyn y mae pobl yn troi ato yn y sefyllfa hon yn cynnwys y canlynol:

- Gwneud ymarfer corff: cerdded, rhedeg, nofio ac ati.
- Darllen llyfr, cylchgrawn, papur newydd.
- Gwylio'r teledu neu wrando ar y radio.
- Garddio.
- Ffonio neu fynd i weld ffrind.
- Tynnu eich hun allan o'r sefyllfa a mynd i rywle arall.

Mae'r rhain i gyd yn cyfateb i 'wneud rhywbeth arall'. Ac mae hyn yn ddigon i'r rhan fwyaf ohonom. Yn achos y carcharor y soniais amdano gynnau, fyddai tactegau fel darllen llyfr ddim yn ddigon, gan fod ganddo broblem hirdymor, ganwaith gwaeth nag unrhyw beth sy'n effeithio ar y rhan fwyaf ohonon ni. Serch hynny, gydag ef, fe wnaethon ni fabwysiadu'r union strategaeth yma ac, yn wir, aeth ati i 'wneud rhywbeth arall'. Fe gysylltodd â menyw oedd yn rhedeg hostel i gyn-garcharorion ac ysgrifennodd ati i weld a oedd yr hostel yn rhywle y gallai aros ynddo ar ôl cael ei ryddhau.

Diolch byth, fe ysgrifennodd hithau'n ôl yn dweud y gallai

fod yn opsiwn iddo, ac yn bwysicach, fe anfonodd hi lun o'r hostel ato (roedd hyn cyn dyddiau'r rhyngrwyd!). Dwi'n siŵr mai'r ffotograff wnaeth ei berswadio mewn gwirionedd. Nawr gallai ragweld yn llythrennol beth arall y gallai ei wneud ar ôl gadael y carchar. Yn hytrach na mynd i'w hen garchar ac araf stelcio'r chwe swyddog carchar dan sylw, gallai ddal trên i'r hostel yma a setlo yno. Yn ffodus, roedd mewn rhan hollol wahanol o'r wlad.

Wel, mae hyn i gyd yn swnio'n synhwyrol iawn, on'd yw e? Felly pam nad yw pobl yn gwneud hyn? Pan fyddwch chi'n teimlo'n ddig iawn a'ch dicter yn dweud wrthych chi am wneud rhywbeth drastig, pam ydych chi weithiau'n ei wneud er bod y rhan resymegol o'ch ymennydd yn gwybod mai cyflwr dros dro yw hyn i chi?

Dwi'n meddwl mai un rheswm yw bod rhai pobl yn meddwl ei bod hi'n fwy 'gonest' iddyn nhw fynegi eu dicter. Dydw i ddim yn cytuno. Mae 'gonestrwydd' yn nodwedd wych pan mae'n golygu (a) peidio â dweud celwydd neu (b) peidio â dwyn oddi ar bobl eraill, ond yn nodwedd ddinistriol iawn pan gaiff ei ddefnyddio i olygu (c) dweud pethau di-dact a niweidiol ar y sail 'Dwi ddim ond yn bod yn onest' neu (ch) ildio i hyrddiadau o ddicter yn gwbl ddi-hid am y canlyniadau i chi'ch hun neu i bobl eraill. Sut bynnag y bydden ni'n disgrifio'r pethau hyn, does ganddyn nhw ddim i'w wneud â gonestrwydd.

Rhowch amser i chi'ch hun

Mae yna un rheswm pwysig pam ei bod hi bob amser yn synhwyrol, yn gyntaf, i beidio â gwneud beth mae'ch dicter yn dweud wrthych chi am ei wneud, ac yn ail, i wneud rhywbeth arall. Y rheswm am hyn yw y gallwch, unwaith y byddwch wedi adennill eich cydbwysedd emosiynol, benderfynu wrth eich pwysau beth rydych chi'n credu yw'r peth gorau i'w wneud am y sefyllfa, yn hytrach na gadael i'ch dicter ddweud wrthych chi beth i'w wneud.

Dyma i chi enghraifft. Disgrifiodd Lemy i mi sut y bu iddo, unwaith, gael ei gynhyrfu cymaint gan ei wraig yn chwerthin a thynnu coes gyda dynion eraill, a hynny mewn parti, nes iddo feddwl am sut roedd am adael Ella, ac yn fwy penodol, sut roedd e am ddweud wrth Ella am ei benderfyniad. Roedd yn mwynhau meddwl, mewn rhyw ffordd ryfedd, sut byddai hyn yn 'dysgu gwers iddi' a pha mor flin fyddai hi wedyn.

A mater o lwc yn hytrach na barn oedd na ddigwyddodd hyn. Wrth fynd adref yn y car roedd yn 'pwdu', ond mewn gwirionedd roedd yn dal i ymarfer beth roedd yn mynd i'w ddweud ac yn dal i fwynhau'r effaith a ragwelai. Fe barhaodd y pwdu ar ôl cyrraedd adref, ond fel y dywedais, yn fwy drwy lwc na barn, fe benderfynodd y byddai'n gohirio dweud wrthi tan y bore ac aeth i gysgu. Yn ffodus, erbyn y bore wedyn roedd cwsg wedi gweithio ei hud, roedd y dicter wedi symud i'r sedd gefn ac er bod y drafodaeth yn danllyd, doedd hi ddim mor ddeifiol ag y byddai wedi bod y noson gynt. Felly, yn ddamweiniol, roedd Lemy wedi dilyn y fformiwla: Peidiwch â gwneud beth mae'ch dicter yn dweud wrthych chi am ei wneud, gwnewch rywbeth arall (yn yr achos yma, mynd i gysgu).

Mae Lemy yn un o fy hoff achosion, am ddau reswm. Yn gyntaf, mae yna lawer o bobl debyg iddo fe, dynion sydd wedi caniatáu i'w dicter ddweud wrthyn nhw beth i'w wneud a'u priodasau wedi chwalu o ganlyniad i hynny. Yn ail, yn achos Lemy, yn y pen draw fe lwyddodd i gynnal adolygiad llawn o'i farnau a'i gredoau, rhywbeth tebyg i'r hyn sydd wedi ei ddisgrifio yn y penodau blaenorol, gan weld pethau mewn goleuni cwbl wahanol wedyn. Y canlyniad oedd bod ymddygiad Ella nid yn unig wedi peidio â'i gythruddo; fe ddaeth yn gaffaeliad i'w perthynas unwaith y daeth i sylweddoli ei fod yn ddiniwed, ac, efallai'n fwy perthnasol, fod pawb arall yn gwybod nad oedd ganddi unrhyw fwriad difrifol.

Crynodeb

- Wrth sôn am ddicter mae angen gwneud tri phwynt. Yn gyntaf, gall dicter gael ei ddisodli sy'n golygu er mai eich bòs allai fod wedi achosi eich dicter, eich partner neu rywun arall sy'n ei chael hi. Yn ail, mae dicter yn adiol o ran ei natur. Dychmygwch mai bwced sy'n gollwng yw'ch dicter. Os bydd llond jwg o ddicter yn cyrraedd cyn i'r llond jwg cyntaf gael amser i ollwng, yna mae eich bwced yn llenwi. Yn y pen draw, os bydd trydydd, pedwerydd neu bumed llond jwg yn cyrraedd, gallai'r bwced orlifo, gan arwain at ffrwydrad o ddicter. Yn drydydd, mae 'dicter adloniadol' yn bod, lle rydych chi'n cael rhyw wefr ryfedd o hel meddyliau am eich dicter a beth rydych chi am ei wneud amdano.
- Mae'n debyg mai'r gymhariaeth orau ar gyfer dicter yw'r 'bwced sy'n gollwng'. Os yw'n cael ei lenwi'n rhy

gyflym, yna mae'n gallu gorlifo; ond os caiff hanner cyfle, bydd dicter yn gollwng dros gyfnod o amser.

- Ni waeth a yw eich dicter ar fin gorlifo, neu a ydych mewn cyflwr o ddicter adloniadol, neu rywbeth arall, y polisi gorau yw (a) peidio â chaniatáu i'ch dicter ddweud wrthych chi beth i'w wneud a (b) gwneud rhywbeth arall. Dim ond ar ôl i chi gyrraedd rhyw fath o ymdeimlad o gydbwysedd y dylech chi benderfynu beth i'w wneud am y sefyllfa a sbardunodd y dicter.

- Mae defnyddio model rôl (person rydych chi'n ei ddefnyddio fel esiampl dda) yn gallu bod yn bwerus iawn yma. Gallwch holi eich hun 'Beth fyddai X (eich model) yn ei wneud nawr?' Yn ddiddorol, bydd eich dicter yn taro'n ôl ac yn dweud wrthych chi am ganiatáu iddo gael ei ffordd ei hun. Ceisiwch oedi eich dicter am ychydig, a dychmygwch beth fyddai eich model rôl da yn ei wneud yn y sefyllfa dan sylw.

Prosiect

- Un o'r gwersi pwysicaf yn y bennod hon yw sut i wahaniaethu rhwng beth mae'ch dicter yn ei ddweud wrthych chi a beth rydych chi eich hun eisiau ei wneud. Felly prosiect perthnasol yw gweithio ar ddod yn fwy ymwybodol o'r ddau 'lais' yma. Beth rwy'n ei feddwl yw, y tro nesaf y byddwch yn teimlo'n ddig, ceisiwch ddarganfod (a) beth mae eich dicter yn dweud wrthych chi am ei wneud a (b) beth fyddai'r 'chi go iawn' yn dweud wrthych chi am ei wneud.

- Mae'n beth da ymarfer hyn mewn sefyllfaoedd sy'n eich gwneud chi fymryn yn ddig yn unig. Y rheswm am hyn yw pan fyddwch chi'n ddig iawn y bydd y 'llais dig' yn gweiddi mor uchel nes ei fod yn boddi llais y 'chi go iawn'. Felly mae'n rhaid i chi ymarfer clywed llais y 'chi go iawn' mewn sefyllfaoedd o ddicter cymedrol, er mwyn i chi allu ei glywed, yn y pen draw, hyd yn oed mewn sefyllfaoedd o ddicter mawr. A chofiwch, mae'r rhan fwyaf ohonom eisiau bod yn driw i ni'n hunain yn hytrach nag i'r hyn y mae dicter yn dweud wrthyn ni am ei wneud.

16

Hel meddyliau, cnoi cil a phendroni: pam mae corddi'ch hun yn beryglus

Dwi am ddweud dwy stori wrthych chi am bobl yn corddi eu hunain, i weld a yw'r rhain yn canu cloch gyda chi. Straeon ychydig yn debyg i hanes y carcharor oedd yn cynllunio i ladd hanner dwsin o swyddogion carchar, ond ychydig yn fwy cyffredin na hynny.

Daw'r stori gyntaf gan grŵp o yrwyr bysiau y bues i'n siarad â nhw. Fe ddywedon nhw eu bod, o bryd i'w gilydd, yn cael dadl gyda rhywun sy'n dod ar y bws. Efallai nad oes gan y person ddigon o arian i dalu'r pris llawn, ond ei fod yn dal i deimlo y dylai gael mynd ar y bws; a dydy e ddim yn hapus pan fydd y gyrrwr yn mynnu bod rhaid iddo dalu'r pris llawn yn union fel pawb arall. Rhywbeth felly. Felly maen nhw'n dadlau, ac yn y pen draw mae'r teithiwr yn talu'r arian ac yn mynd i eistedd i gefn y bws. Popeth yn iawn.

Ond dydy popeth ddim yn iawn, oherwydd beth sy'n digwydd yw bod y teithiwr yn eistedd yno yn 'corddi', efallai'n meddwl bod y gyrrwr wedi siarad yn amharchus ag e, efallai'n meddwl bod y gyrrwr bws wedi bod yn orfrwdfrydig wrth fynnu'r tâl llawn ganddo ac roedd yn benderfynol o dalu ychydig yn llai beth bynnag. Yr hyn sy'n digwydd nesaf yw bod y teithiwr, wrth adael y bws, yn dechrau dadlau'n gas gyda'r gyrrwr; bydd brwydr eiriol yn dechrau, ac weithiau bydd rhaid i'r gyrrwr amddiffyn ei hun yn gorfforol.

Mae hyn yn rhyfedd, on'd yw e, oherwydd doedd dim byd wedi digwydd rhwng y ddadl gyntaf a'r ail, ar wahân i'r teithiwr yn eistedd yng nghefn y bws. Ond allwch chi ddychmygu beth sy'n digwydd ym meddwl y teithiwr? Roedd ei feddwl yn troelli i bob cyfeiriad. Roedd yn troelli nes ei fod yn teimlo'n llawn egni, wedi'i gythruddo, a'i fod yn hollol gywir. Ydy, mae'n ddicter, ac yn ddicter dwys iawn, ond mewn ffordd ryfedd mae hefyd yn reit bleserus – gan eich bod yn teimlo mor llawn egni ac mor gywir. Pryd arall mae rhywun yn teimlo felly? Byth efallai.

Mae'r ail stori yn sôn am rywbeth tebyg ddigwyddodd i mi yn bersonol. Flynyddoedd yn ôl fe wnaeth un o'r cwsmeriaid roedden ni'n darparu hyfforddiant iddo rywbeth drwg mewn perthynas â thorri hawlfraint. Heb os, roedd yn beth drwg, ond roedd fy ymateb i dros ben llestri'n llwyr. Ac, ar ben hynny, fe aeth ymlaen am fisoedd. Ysgrifennais lythyr deifiol ac atebodd y cwsmer; atebais innau'n ôl ac atebodd y cwsmer eto; atebais innau eto ac ymlaen ac ymlaen. Roedd bron fel hobi, ond roedd yn hobi gwych, oherwydd fel y straeon dwi wedi sôn amdanyn nhw, roeddwn innau hefyd yn teimlo'n llawn egni, yn gywir iawn, ac roeddwn i'n dangos 'mod i'n rhywun na ddylai neb ei drin yn ysgafn.

Nawr, wrth gwrs, dwi'n teimlo'n hollol dwp 'mod i wedi gallu suddo i'r fath gyflwr; 'Ro'n i'n wallgof, mae'n rhaid,' dwi'n dweud wrthyf fy hun. Ac mewn ffordd, mae hyn yn

fwy na throsiad; mae'r meddylfryd rydyn ni'n ei gyrraedd yn
y cyflyrau hyn yn agos iawn at fod yn rhith o hunan-dwyll. A
phan fyddwn ni'n ymdawelu gallwn weld hynny'n glir iawn,
ond yn anffodus, dydyn ni ddim yn gallu ei weld e tra'n bod
ni yn y cyflwr hwnnw!

Os nad ydych chi wedi bod mewn cyflwr fel hyn yn
bersonol, nac wedi gweld unrhyw un arall mewn cyflwr o'r
fath, yna mae'n siŵr eich bod yn cael trafferth dychmygu'r
hyn dwi'n sôn amdano. Ar y llaw arall, os ydych chi wedi
bod mewn cyflwr fel hyn, neu'n adnabod rhywun sydd wedi
bod, yna mae'n debyg y byddwch yn teimlo rhyddhad o
weld y cyflwr yn cael ei ddisgrifio. Dicter yw hyn wrth gwrs,
ond mae'n fath eithafol o ddicter nad yw'n cael ei drafod yn
aml iawn. Ond mae'n fath difrifol iawn, oherwydd ei fod yn
gallu eich meddiannu am ddyddiau neu am fisoedd. Ac fel
rydyn ni wedi'i weld, gall fod iddo oblygiadau difrifol iawn
o safbwynt eich bywyd chi a bywydau'r bobl o'ch cwmpas.

Felly beth fedrwn ni ei wneud am hyn? Dau beth: mesurau
ataliol a mesurau adferol.

Un mesur ataliol pwysig yw ceisio sicrhau bod eich bioleg
yn iawn. Cael digon o gwsg, gwneud ymarfer corff, bwyta
deiet da, gochel rhag sylweddau sy'n newid hwyliau, megis
alcohol ac ati. Mae'r pethau yma'n rhoi cyfle da i ni reoli ein
hemosiynau mewn ffordd resymol.

Wedyn daw'r mesurau adferol. Mewn geiriau eraill, gan
gymryd eich bod yn gallu sylwi eich bod mewn cyflwr o'r
fath, beth allwch chi ei wneud am hynny? Dyma'r ateb gorau:
ewch â'ch cwyn at 'lys cyflafareddu'. Fe roddais ddyfynodau
am y geiriau hynny, oherwydd nid llys cyflafareddu yw
hwn yn llythrennol, ond person rydych chi'n wirfoddol yn

rhoi'r pwerau hynny iddo. Efallai fy mod yn mynegi hyn yn rhy fawreddog. Neu efallai nad ydw i, oherwydd pwynt y llys cyflafareddu yw eich bod yn ufuddhau i'r hyn mae'n ei ddweud. Felly gallwch ddewis pwy rydych am siarad ag ef ond rhaid i chi ufuddhau i ddwy reol:

1. Rhaid i chi ddisgrifio'r sefyllfa i'r person yn deg ac yn llawn. Rhaid i chi beidio â cheisio dylanwadu ar ei farn.
2. Rhaid i chi dderbyn y farn – ei gyngor. Mae hyn yn bwysig oherwydd bod eich barn eich hun mewn lle rhyfedd, nid fel y mae fel arfer, felly byddwch chi'n gwneud cam â chi'ch hun os byddwch yn dibynnu arni. Dyna pam rydych chi'n gofyn i ffrind dibynadwy, felly rhaid i chi ildio i'w farn a pheidio â mynd i ofyn i rywun arall nes eich bod yn cael barn sy'n cyd-fynd â'ch barn chi, sy'n wyrdroëdig dros dro!

Felly i bwy fyddwch chi'n gofyn? Mae'n debyg ei bod hi'n well i chi benderfynu nawr, gan gymryd eich bod yn eich cyflwr meddwl normal ar hyn o bryd. Rydych chi'n chwilio am rywun rydych chi'n ymddiried yn ei farn, a rhywun sydd 'ar eich ochr chi' yn yr ystyr ei fod yn tueddu i weld y byd yn yr un math o ffyrdd â chi – byddai fel arfer yn cytuno â'ch ffordd chi o edrych ar bethau. Mae hyn yn bwysig oherwydd rydych chi eisiau rhywun fydd yn rhoi cyngor i chi a fydd yn cyd-fynd â'ch gwerthoedd chi. Holl bwynt y peth yw eich bod yn galluogi eich barn arferol i fod yn drech na'ch safbwynt gwyrdroëdig dros dro. Yn eich cyflwr o ddicter dwys dydych chi ddim yn gallu gwneud hynny drosoch eich hun, a dyna pam rydych chi'n troi at berson arall dibynadwy.

Beth os nad oes gennych chi berson arall dibynadwy (ac mae llawer o bobl heb neb o'r fath). Mae'n dal yn ofynnol i chi gael rhywun ar wahân i chi'ch hun i gywiro eich safbwynt gwyrdroëdig dros dro, a dwi'n awgrymu mai'r ffordd orau o wneud hyn yw gofyn i gwnselydd neu therapydd. A'r ffordd orau o ddod o hyd i berson fel hyn yw mynd at eich meddyg teulu. Ond unwaith eto, byddwch yn gwbl agored am bopeth, fel y byddech chi gyda ffrind rydych chi'n ymddiried ynddo.

17

Ymwybyddiaeth ofalgar

Mae llawer wedi cael ei ysgrifennu am ymwybyddiaeth ofalgar dros y degawd diwethaf ac mae peth ohono yn ddefnyddiol iawn i ni. Yn y bennod hon dwi eisiau dangos i chi pa rannau sydd yn ddefnyddiol, a sut i'w defnyddio er eich lles.

O'r holl sgiliau sy'n rhan o ymwybyddiaeth ofalgar mae tri sgìl allweddol o'n safbwynt ni. Y rhain yw:

1. Y gallu i arsylwi.
2. Y gallu i ddisgrifio.
3. Y gallu i wneud y rhain yn bwyllog a heb farnu.

Yr ymarfer mae pobl yn aml yn ei ddisgrifio er mwyn dysgu'r sgiliau hyn yw bwyta rhesinen. Dydy hyn ddim yn ymarfer arbennig o ddefnyddiol i ni (fe esboniaf pam mewn eiliad), ond os ydych chi eisiau gwneud yr ymarfer mae pawb arall yn ei wneud, mae angen i chi gael gafael ar resinen a'i bwyta. Ond dydych chi ddim jest yn ei bwyta, fodd bynnag; rydych chi'n ei rhoi yn eich ceg ac yn sylwi ar bopeth amdani. Hyd yn oed cyn ei rhoi yn eich ceg sylwch sut olwg sydd arni a disgrifiwch hyn, sylwch sut mae'n teimlo a disgrifiwch hynny.

A gwnewch hyn i gyd heb farnu; mewn geiriau eraill dydych chi ddim yn dweud, 'Dwi ddim yn hoffi golwg hon,' ond yn hytrach byddwch yn dweud, 'Mae'n fach, tua maint darn ceiniog ac mae'n beth crwn, siâp pêl, ond yn feddal a chrychlyd. Mae'n rhyw liw brown neu ddu, ychydig yn galed, ond hefyd yn sgwishi.' Neu beth bynnag rydych chi eisiau ei ddweud ar hyd y trywydd yma. Wedyn rydych chi'n ei rhoi yn eich ceg ac yn arsylwi arni a'i disgrifio hi. Felly gallech chi ddweud, 'Does fawr o flas arni, ond dwi'n gallu teimlo'r crychau, ac eto mae hi'n dal yn sgwishi, dwi'n gallu ei gwasgu yn erbyn top fy ngheg gyda fy nhafod' ac ati. Eto, sylwch fod hyn yn cael ei wneud heb farnu. Er enghraifft, dydych chi ddim yn dweud, 'Dwi'n eitha hoffi'r blas' neu 'Dydw i ddim yn hoffi'r blas'.

Fe ddywedais i nad yw hwn yn ymarfer defnyddiol iawn i ni, ond efallai 'mod i wedi siarad ar fy nghyfer. Efallai ei fod yn ymarfer hyfforddi da, oherwydd mae hi'n bwysig i ni ddod yn dda am arsylwi ar bethau a'u disgrifio heb farnu.

Ond yr hyn dwi am i ni arsylwi arno a'i ddisgrifio'n bwyllog yw ein hemosiynau. Nid yn gymaint dicter, ond emosiynau eraill megis:

- Siom
- Rhwystredigaeth
- Tristwch
- Teimladau o gael eich gwrthod
- Unigrwydd
- Cariad
- Chwant

Felly, er enghraifft, ceisiwch feddwl am y tro diwethaf i chi fod yn siomedig. Os nad ydych chi'n dda iawn am arsylwi ar eich emosiynau a'u disgrifio, efallai y bydd hon yn dasg anodd i chi. Heb os, mae pob un ohonom yn cael ein siomi o bryd i'w gilydd. Felly fe fydd yna adeg yn y gorffennol agos pan ydych chi wedi cael eich siomi, ond ydych chi'n gallu meddwl amdani nawr?

Os gallwch chi feddwl amdani – os gallwch chi gofio adeg pan gawsoch chi eich siomi yn ddiweddar – oedd yna unrhyw emosiwn arall yn bresennol? Er enghraifft, oeddech chi'n ddig bod rhywun wedi eich siomi chi? Os felly, byddech yn yr un cwch â sawl un arall. Mewn gwirionedd mae llawer o bobl yn diystyru'r siom yn llwyr; yn hytrach na dweud eu bod yn siomedig am rywbeth, maen nhw'n dweud yn syth eu bod yn ddig amdano. Ac yn wir, dyna sut maen nhw'n teimlo ar unwaith.

Y rheswm am hyn yw eu bod wedi ychwanegu haen o farnu i'w siom fel eu bod bellach nid yn unig yn siomedig, ond yn ddig hefyd. Mae'r dicter yn aml yn cael ei alw'n 'ail saeth' (y siom yw'r saeth gyntaf). Felly os gallwn ni ddysgu dim ond i fod yn siomedig, yna gallwn osgoi'r ail saeth yn ein taro yn ein cefn.

Felly sut rydyn ni'n dysgu sut i fod yn siomedig (neu beth bynnag) ac nid yn ddig *ac* yn siomedig? Dyna lle mae peidio â barnu mor bwysig: rydyn ni'n dweud wrthym ein hunain ein bod yn siomedig ac mae rhyw awgrym o 'be 'di'r ots?' ynghlwm wrth hynny. Mewn geiriau eraill: 'Dwi'n siomedig, ond be 'di'r ots – dyna yw bywyd, ac nid dyma'r tro cyntaf i mi gael fy siomi ac nid dyma fydd y tro olaf. A dwi'n un o ryw chwe mil o filiynau o bobl sy'n cael eu siomi o bryd i'w gilydd'. Felly, os gallwn ni ddysgu gwneud hynny (a gallaf ddweud wrthych chi nad yw'n anodd mewn gwirionedd) yna gallwn arbed ein hunain rhag yr ail saeth – y dicter, y teimladau drwg i gyd – y cyfan oll.

Ond efallai eich bod wedi dweud na fedrwch chi gofio'r tro diwethaf i chi fod yn siomedig. Ond fedrwch chi gofio'r tro diwethaf i chi fod yn ddig? Dwi'n dyfalu y gallwch chi neu fyddech chi ddim yn darllen y llyfr hwn. Os gallwch chi, dwi'n eich gwahodd i feddwl yn ôl dros y profiad hwnnw i weld a fyddai modd disgrifio eich dicter yn well fel rhywbeth arall – siom, bod wedi eich brifo, teimlo wedi eich gwrthod, ac ati. Os felly – ac i fod yn onest, mae modd gwneud hynny fel arfer – yna nid eich dicter oedd y prif emosiwn; yr ail saeth yn pwnio eich cefn oedd hwnnw. Roeddech chi eisoes wedi cael eich brifo neu beth bynnag ac fe ddigioch chi hefyd, sy'n fwy na dwywaith cynddrwg.

Felly, os yw hyn yn eich disgrifio chi, dwi'n eich gwahodd i edrych yn ofalus iawn y tro nesaf y byddwch chi'n teimlo'n ddig i weld a fyddai modd disgrifio eich dicter yn well fel rhywbeth arall. Byddwch yn garedig wrthych chi'ch hun – byddwch â ffydd ynoch chi'ch hun – gadewch i chi'ch hun ddweud 'Ydw, a dweud y gwir dwi'n teimlo'n siomedig ac wedi fy mrifo', a byddwch ag ymddiriedaeth ynoch eich hun i ddelio â hynny oherwydd rydyn ni'n delio â'r peth yn yr un ffordd yn union ag y gwnaethon ni o'r blaen. Mewn geiriau eraill, 'Wel, dwi'n teimlo'n siomedig ac wedi brifo, ond dyna ni, nid dyma'r tro cyntaf i mi deimlo fel hyn ac nid dyma fydd y tro olaf, a dwi ddim ond yn un o chwe mil o filiynau o bobl sy'n cael eu siomi a'u brifo o bryd i'w gilydd.'

Felly, yn nhermau ymwybyddiaeth ofalgar, rydyn ni'n archwilio a disgrifio ein hemosiynau yn gywir ac yn gwneud hynny'n bwyllog neu heb farnu. Dydy hyn ddim yn newid y siom neu'r boen rhyw lawer, ond mae'n atal yr ail saeth – y dicter. Ac mae hon yn gamp enfawr, oherwydd yn aml yr ail saeth sy'n achosi'r broblem wirioneddol i ni gan y gallwn ymdopi â rhyw lefel o boen meddwl (y saeth gyntaf) ond heibio rhyw bwynt rydyn ni'n methu ymdopi, yn mynd ar chwâl. Mae'r rhan fwyaf o bobl wedi cael profiad o hyn, felly dwi'n siŵr y byddwch chi'n gwybod am be dwi'n sôn. Os ydych am fynd gam ymhellach:

1. Ceisiwch ymarfer arsylwi ar eich emosiynau a'u disgrifio'n fanwl. Gwnewch hynny heb farnu; mewn geiriau eraill, sylwch beth yw eich emosiwn a'i ddisgrifio. Peidiwch â'i ddilyn ag unrhyw beth arall ar wahân, efallai, i holi eich hun, 'Be 'di'r ots?!'

2. Gwnewch hyn nifer o weithiau i weld a ydych chi'n gallu dod i'w wneud yn well ac i weld a ydy e'n lleihau eich dicter. I fod yn onest, byddwn i'n synnu pe na bai'n gwneud hynny; mae taclusrwydd y strategaeth a pha mor hawdd yw hi i'w gwneud, a'r ffaith bod modd ei mwynhau, i gyd yn cyfuno i'w gwneud yn strategaeth bleserus i roi cynnig arni.

3. Gallwch hefyd ledaenu eich ymwybyddiaeth ofalgar ychydig. Er enghraifft, gallwch ymarfer bwyta yn ofalgar, yn debyg i ddisgrifiad y rhesinen. Ond gallwch gymhwyso hyn i bopeth. Gallwch edrych yn ofalus ar beth rydych chi ar fin ei fwyta, ac unwaith y mae yn eich ceg gallwch ddisgrifio i chi'ch hun sut mae'n teimlo ac yn blasu, a gwneud hynny mewn ffordd nad yw'n barnu.

4. Mewn rhai ffyrdd does dim pwynt i ymarfer o'r fath, ond mae'n gallu bod yn eithaf pleserus, ac mae hefyd yn eich paratoi'n dda i ddefnyddio'r un dull gyda'ch emosiynau.

5. Os ydych chi'n awyddus i archwilio ymwybyddiaeth ofalgar ymhellach, mae llawer o lyfrau da am y pwnc, ac mae rhai apiau defnyddiol ar gael ar gyfer eich teclynnau llaw.

18

Cryfhau y chi go iawn

Cafodd y syniadau dwi'n eu disgrifio yn y bennod hon eu sbarduno gan therapi derbyn ac ymrwymo (ACT: *acceptance and commitment therapy*), gwaith Steven Hayes, Kirk Strosahl a Kelly Wilson. Mae therapi derbyn ac ymrwymo mor gymhleth nes bod rhai pobl yn dweud os ydych chi'n credu eich bod yn ei ddeall, fod hynny'n dangos cyn lleied rydych chi'n ei ddeall amdano. Wel, dydw i ddim yn hollol siŵr 'mod i'n ei ddeall, ond efallai 'mod i ar y trywydd iawn.

Ond mae yna un syniad clir a syml dwi wedi ei ddeall, a dwi'n credu ei fod yn un allweddol ar gyfer yr hyn rydyn ni'n ei drafod yn y llyfr hwn. Ydych chi'n cofio i mi sôn mewn pennod flaenorol ein bod yn gallu mynd i gyflwr lle mae'n barn arferol yn cael ei herwgipio, lle rydyn ni'n cael ein llethu gan ein dicter ac yn teimlo'n llawn egni, ac yn hollol gywir? Efallai y byddwch hefyd yn cofio i mi ddweud rhywbeth tebyg mewn pennod arall, sef nad ydyn ni fel arfer yn gwneud yn dda iawn os ydyn ni'n ufuddhau i'r hyn mae'n dicter yn ei ddweud wrthyn ni, a'i bod hi'n well i ni wneud yr hyn mae ein ni go iawn yn ei ddweud wrthyn ni.

Mae'r ddau syniad yma'n rhagdybio bod ein 'ni go iawn' wedi'i ddatblygu'n dda, yn glir ac yn gryf – os nad yw e, yna bydd y dicter yn ei drechu'n hawdd. Efallai fod y chi go iawn yn dda ac yn gryf, ond dwi'n gwybod o brofiad personol fod f'un i wedi elwa wrth i mi weithio arno, a dyna'n rhannol yw pwynt therapi derbyn ac ymrwymo.

Ystyr ACT yw:

Accept – Derbyn eich meddyliau a'ch teimladau a phethau eraill sydd y tu hwnt i'ch rheolaeth bersonol.

Commit – Ymrwymo i ddilyn cyfeiriad sy'n unol â'ch gwerthoedd.

Take action – Gweithredu yn unol â'ch gwerthoedd.

Ac fe welwch, os byddwch yn dilyn y tri chyfarwyddyd yma, y bydd hyn yn cryfhau eich 'chi go iawn' fel bod cyfle da iddo ddal ei dir pan fydd eich dicter yn cael ei sbarduno. Fe fydd yn frwydr deg rhwng eich dicter a'r chi go iawn a gobeithio mai'r chi go iawn fydd yn ennill y dydd.

Ac mae'n rhaid i ni fod yn gwbl glir ynghylch beth yw ein gwerthoedd, a dyna yw ffocws y bennod hon. Os gallwn fod yn glir ynghylch ein gwerthoedd, yna gallwn ymrwymo i weithredu yn unol â'r gwerthoedd hynny. Os nad ydyn ni'n gwybod beth yw ein gwerthoedd, yna rydyn ni mewn trafferth cyn i ni gychwyn.

Pam na threuliwch chi ychydig amser yn nodi ar bapur beth yw eich gwerthoedd? Cymerwch egwyl am funud i gofnodi eich gwerthoedd yn rhywle.

Does dim cwestiynau i'ch twyllo yn y llyfr hwn – mae'n siŵr mai dyma'r un mwyaf lletchwith, a hynny am fod llawer ohonom yn niwlog iawn ynghylch beth yw ein gwerthoedd. Os oes gennych chi werthoedd cwbl glir, yna llongyfarchiadau – a dwi'n amau eich bod yn gwybod eich bod yn y lleiafrif.

Felly sut rydyn ni'n penderfynu ar ein gwerthoedd? Dywedodd Russ Harris (awdur llyfr rhagorol o'r enw *ACT Made Simple*) rywbeth fel hyn:

Yn nwfn eich calon, am beth ydych chi eisiau i'ch bywyd fod? Beth ydych chi eisiau sefyll drosto? Mae gwerthoedd yn disgrifio sut rydyn ni eisiau ymddwyn. Mae egluro gwerthoedd yn gam hanfodol er mwyn creu bywyd ystyrlon.

Mae'n swnio'n dda, on'd yw e, ac mae e yn dda. Ond sut rydyn ni'n adnabod ein gwerthoedd? Mae Steven Hayes a Russ Harris yn disgrifio syniadau tebyg i hyn – oes rhai ohonyn nhw'n taro tant i chi?

1. Holwch eich hun:
   Beth sy'n bwysig i mi mewn bywyd?
   Beth ydw i eisiau sefyll drosto?

2. Sut fyddech chi am weld eich hun yn cael eich disgrifio mewn ysgrif goffa? (Dwi'n siŵr na fyddech chi am gael ysgrif goffa o gwbl, ond fe wyddoch beth dwi'n ei feddwl.)

3. Ar nodyn hapusach, dychmygwch ei bod hi'n mynd i fod yn ben-blwydd mawr arnoch chi (deunaw, chwe deg neu beth bynnag). Mae rhywun yn gwneud araith amdanoch chi, beth rydych chi'n ei gynrychioli, beth rydych chi'n ei olygu iddo, y rôl rydych chi wedi ei chwarae yn ei fywyd. *Mewn byd delfrydol*, lle rydych chi'n byw eich bywyd fel rydych chi eisiau ei fyw, beth fyddech chi am ei glywed yn ei ddweud?

4. Beth nad ydych chi'n ei hoffi neu beth ydych chi'n ei anghymeradwyo yng ngweithredoedd pobl eraill? Sut fyddech chi'n gweithredu'n wahanol pe baech chi yn eu hesgidiau nhw? Pam?

Os oedd rhai o'r cwestiynau wedi arwain at atebion da i chi, yna dwi'n awgrymu eich bod yn eu hysgrifennu yn rhywle, naill ai mewn llyfr nodiadau neu ar y ffôn clyfar neu'r cyfrifiadur. Dyma'r math o eiriau rydw i wedi gweld pobl yn eu nodi:

- abl
- didwyll
- caredig
- cyfrifol
- yn dangos parch
- ymroddgar
- yn mwynhau pethau/yn hwyl
- ffyddlon
- gonest
- chwaraewr tîm
- urddasol
- cydweithredol
- yn dangos empathi/cydymdeimlad
- doeth
- cadarn
- yn hoffi dysgu
- tosturiol
- cyfeillgar
- hael

- optimistig
- dibynadwy
- hyblyg

Mae'r rhestr yn un hir, wedi ei llunio drwy gyfuno rhestrau llawer o bobl, a bydd gan bob unigolyn nifer fach o werthoedd craidd, dau neu dri efallai. *Caredig a ffyddlon,* er enghraifft. Dydy hyn ddim yn golygu bod person fel hyn yn awtomatig yn garedig a ffyddlon neu'n naturiol garedig a ffyddlon. Mae'n golygu ei fod yn ymrwymo i weithredu i'r perwyl hwnnw – er mwyn datblygu i fod yn garedig a ffyddlon. Mae hwn yn brosiect tymor hir, fesul diwrnod, ac yn un sy'n bleserus ac yn werth ei wneud.

Mae rhai pobl yn tanseilio eu hunain drwy ddweud, 'Ond nid dyna sut un ydw i'n naturiol' neu eiriau tebyg. Ac mae'n bwynt pwysig, hyd yn oed os yw'n eu tanseilio nhw. Mae gennym lawer o adrannau yn yr ymennydd, ac mae un o'r rhain fwy neu lai'n cynrychioli pwy ydyn ni'n naturiol. Ond yn ffodus, mae'r rhan fwyaf ohonom eisiau bod yn fwy soffistigedig nag ydyn ni fel arfer, er mwyn ein gwahaniaethu oddi wrth ein hynafiaid hynaf, ac mae'n debyg mai dyna'r math o reswm wnaeth i chi ddarllen y llyfr hwn. Fe siaradwn ni ymhellach am beth sy'n digwydd yn yr ymennydd cyn bo hir.

Felly dyna ni, mae mor syml â hynny. Mae'r bennod hon wedi bod yn fyr, ond dwi'n credu ei bod o leiaf mor bwysig ag unrhyw bennod arall. Yma rydyn ni wedi mabwysiadu'r hyn a elwir weithiau yn ddull adeiladol, yn yr ystyr ei fod yn adeiladu ein hochr dda yn y sicrwydd y bydd hyn yn ein cynnal pan fydd ein dicter yn ceisio ein meddiannu dros dro. Gobeithio y byddwch yn mwynhau'r prosiect.

Prosiect

1. Meddyliwch am eich gwerthoedd, ac os dymunwch, trafodwch eich gwerthoedd gyda phobl eraill rydych chi'n eu hadnabod neu'n eu parchu.
2. Sylwch (a) pryd rydych chi'n gweithredu'n unol â'ch gwerthoedd a (b) sylwch sut beth yw gwneud hynny.
3. Nodwch eich gwerthoedd – ar eich ffôn clyfar o bosib – er mwyn i chi allu cyfeirio atyn nhw am byth.

Mynd gam ymhellach

Dyma'r llyfrau y soniais i amdanyn nhw:

Acceptance and Commitment Therapy gan Steven Hayes, Kirk Strosahl a Kelly Wilson (Guilford Press, 1999)

ac

ACT Made Simple gan Russ Harris (New Harbinger, 2009).

19

Diolch byth am ataliadau

Fel rydyn ni wedi'i ddweud yn barod, mae rhai o'r farn bod ataliadau'n bethau gwael i'w cael. Maen nhw'n meddwl yn nhermau 'bod wedi eu hatal', gan feddwl bod hynny'n gyfystyr â bod yn anniddorol a di-fflach.

Yn ein cyd-destun ni, y gwrthwyneb sy'n wir. Cofiwch ble mae'r blwch ataliadau'n ffitio yn ein model (Ffigur 19.1).

Y pwynt yma yw bod dicter yn emosiwn y gallwn ddewis ei ddangos neu beidio â'i ddangos i eraill. Felly mae'n bosib i rywun fod yn ddig tuag atoch chi heb i chi sylweddoli hynny, dim ond am ei fod yn penderfynu peidio â dweud wrthych chi neu beidio â'i ddangos mewn unrhyw ffordd. Ac wrth gwrs, mae'r gwrthwyneb i hyn hefyd yn wir: mae'n hollol bosib i chi fod yn teimlo'n flin a dig iawn ac i bobl eraill fod yn gwbl anymwybodol o hynny. Mae hon yn ffenomen ddefnyddiol ac yn digwydd diolch i'n hataliadau. Nid damwain yw hi bod yna ran o'r ymennydd sydd â'r swyddogaeth benodol o atal pob emosiwn posib rhag cael ei fynegi.

Mae'r rhan hon o'r ymennydd yn gallu cael ei niweidio dros dro, drwy alcohol er enghraifft, neu'n barhaol yn sgil anaf neu salwch. Yn ffodus, fodd bynnag, mae hefyd yn gallu cael ei datblygu. Yn y bennod hon byddwn yn edrych ar ataliadau, pam rydyn ni eisiau eu defnyddio a sut gallwn ni ddatblygu ein gallu i'w defnyddio nhw.

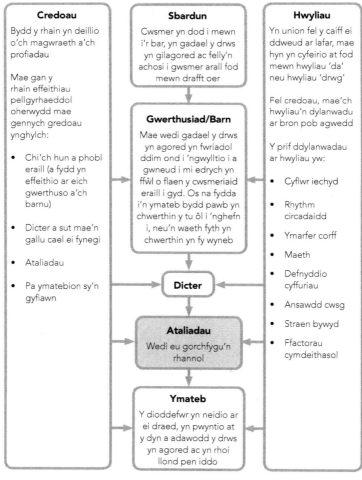

Credoau

Bydd y rhain yn deillio o'ch magwraeth a'ch profiadau

Mae gan y rhain effeithiau pellgyrhaeddol oherwydd mae gennych gredoau ynghylch:

- Chi'ch hun a phobl eraill (a fydd yn effeithio ar eich gwerthuso a'ch barnu)

- Dicter a sut mae'n gallu cael ei fynegi

- Ataliadau

- Pa ymatebion sy'n gyfiawn

Sbardun

Cwsmer yn dod i mewn i'r bar, yn gadael y drws yn gilagored ac felly'n achosi i gwsmer arall fod mewn drafft oer

Gwerthusiad/Barn

Mae wedi gadael y drws yn agored yn fwriadol ddim ond i 'ngwylltio i a gwneud i mi edrych yn ffŵl o flaen y cwsmeriaid eraill i gyd. Os na fydda i'n ymateb bydd pawb yn chwerthin y tu ôl i 'nghefn i, neu'n waeth fyth yn chwerthin yn fy wyneb

Dicter

Ataliadau

Wedi eu gorchfygu'n rhannol

Ymateb

Y dioddefwr yn neidio ar ei draed, yn pwyntio at y dyn a adawodd y drws yn agored ac yn rhoi llond pen iddo

Hwyliau

Yn union fel y caiff ei ddweud ar lafar, mae hyn yn cyfeirio at fod mewn hwyliau 'da' neu hwyliau 'drwg'

Fel credoau, mae'ch hwyliau'n dylanwadu ar bron pob agwedd

Y prif ddylanwadau ar hwyliau yw:

- Cyflwr iechyd

- Rhythm circadaidd

- Ymarfer corff

- Maeth

- Defnyddio cyffuriau

- Ansawdd cwsg

- Straen bywyd

- Ffactorau cymdeithasol

Ffigur 19.1 Model ar gyfer dadansoddi tymer flin a dicter

Ataliadau mewnol ac allanol

Mae dau gategori o ataliadau:

- ataliadau moesol, neu 'fewnol';
- ataliadau ymarferol, neu 'allanol'.

Heb fynd i fanylu ar hyn o bryd ar sut rydyn ni'n dod â'r ataliadau hyn i'r meddwl ar yr union amser iawn, gadewch i ni edrych ar bob un o'r categorïau hyn.

Ataliadau moesol

Dyma rai enghreifftiau o ataliadau moesol:

- 'Dydy hi ddim yn iawn mynd o gwmpas yn arthio ar bobl.'
- 'Dydy hi ddim yn iawn bod yn ddig gyda phobl yn gyson.'
- 'Dydy hi ddim yn iawn taro pobl.'

… ac yn y blaen. Dros filoedd o flynyddoedd mae athronwyr wedi bod yn cnoi cil ar beth sy'n gwneud gweithredoedd yn foesol neu beidio, ac mae gwahanol gynlluniau wedi cael eu cynnig. Un cynllun o'r fath yw'r ddadl 'Beth pe bai pawb yn gwneud hyn?', ac mae'n debyg ei bod yn un o'r rhai mwy perthnasol fan hyn. Pe bai pawb yn mynd o gwmpas yn arthio ar ei gilydd, yn ddig tuag at ei gilydd, yn taro ei gilydd, yna mae'n amlwg y byddai'r byd yn lle diflas dros ben. Felly, os nad yw hi'n iawn i bawb wneud hyn, sut all hi fod yn iawn i ti neu fi wneud hyn?

Sail arall i foesoldeb yw'r cynllun 'cadw at reolau gosod'; mae'r Deg Gorchymyn yn un enghraifft o hyn. Ac mae hyn yn gyfyngiad pwerus ar ymddygiad pobl. Rydyn ni i gyd yn gosod rheolau i ni'n hunain sy'n rheoli ein hymddygiad – gan roi sylw i'r manylyn eithaf weithiau. Gall rhai o'r rheolau hyn fod yn rhyfedd a hyd yn oed yn atgas. Er enghraifft, mae rhai dynion yn arddel y rheol 'Dydych chi byth yn bwrw menyw, oni bai eich bod chi'n byw gyda hi.' Nawr pa sail foesegol bosib all fod i reol fel hon? Dim y gallaf i na'r rhan fwyaf o bobl ei gweld; ond er hynny, mae'r rheol yma'n rheoli ymddygiad rhai dynion.

Mae rhai rheolau'n cael eu gosod arnon ni gan gymdeithas ac mae'r rhan fwyaf ohonom yn cadw at y rhain. Mae enghreifftiau'n cynnwys 'Dwyt ti ddim yn trywanu pobl', 'Dwyt ti ddim yn saethu pobl' a 'Dwyt ti ddim yn taro pobl'. Ond wrth gwrs, dydy pawb ddim yn cadw at bob un o'r rheolau hyn. Mae'r rhan fwyaf o bobl yn cydymffurfio â'r ddwy reol gyntaf, ond mae nifer sylweddol sydd ddim yn cydymffurfio â'r drydedd. Dwi'n dweud hynny oherwydd bod rhai rhieni'n dal i daro eu plant, er eu bod fel arfer yn defnyddio gair arall fel 'slap' neu 'smac' neu 'chwip din'.

Unwaith y byddwch yn dechrau gosod rheolau ar eich cyfer eich hun, ar ben y rhai y mae cymdeithas yn eu gosod, yna gall pethau fynd yn gymhleth, yn enwedig o ystyried y dylai hyn fod yn fater syml. Er enghraifft, cyn i'n plant gael eu geni, fe osododd fy ngwraig a minnau reol i ni'n hunain na fydden ni byth yn eu taro nhw. Rheol dda, roedden ni'n meddwl, ac yn wir, rydyn ni wedi cadw ati. Ond mae trafferthion ynghlwm wrth hyn, a byddaf yn esbonio hynny i chi.

Ond cyn gwneud hynny, fe hoffwn i chi ystyried digwyddiad yr oeddwn yn dyst iddo wrth gerdded drwy ardal cerddwyr canol dinas. Roedd menyw yn cerdded gerllaw gyda'i dau blentyn oedd tua wyth a deg oed. Wrth iddyn nhw gerdded, roedd hi'n taro un ohonyn nhw yn ôl ac ymlaen ar draws ei ben, gan ddweud hyn wrth wneud: 'Sawl gwaith ydw i wedi dweud wrthot ti am beidio â tharo dy frawd?' Roedd natur groes geiriau ac ymddygiad y fam rhywsut yn rhoi gwedd oedd bron yn ddoniol i'r olygfa drist yma. Serch hynny, mae'r meddylfryd 'rhoi blas o'i ffisig ei hun' yma roedd hi'n ei ddangos yn ddigon cyffredin. Ond yn anffodus, bydd effaith bwerus modelu fwy na thebyg yn drech na phopeth arall. Bydd y bachgen bach yn cael y syniad syml 'ei bod hi'n iawn taro pobl – mae hyd yn oed Mam yn gwneud hynny'.

Ond yn ôl at fy nghyfyng-gyngor fy hun. Dyna lle roedden ni, yn magu ein plant yn hunanfoddhaus heb eu taro/slapio/smacio nhw. Oedd hyn yn golygu eu bod yn ymddwyn fel angylion? Nac oedd siŵr; mewn gwirionedd, roedden nhw'n ymddwyn yn union fel pob plentyn arall. Er enghraifft, pan oedden nhw'n ifanc, bydden nhw'n gweiddi, yn ffraeo, yn pinsio ac yn taro ei gilydd. Yn gweiddi yn arbennig. Felly sut wnes i ddatrys y sefyllfa, sut wnes i ymyrryd i'w hatal rhag gweiddi a ffraeo? Wel, yn naturiol, fe wnes i weiddi'n uwch na'r un ohonyn nhw.

Roedd hynny fel arfer yn gweithio yn y tymor byr, ond oedd e'n bolisi da? Nac oedd, mae'n amlwg, oherwydd roeddwn i'n gwneud yn union yr un peth â'r fenyw a welais i yn yr ardal gerdded: ceisio atal ymddygiad drwy arddangos yr un ymddygiad yn union. Felly pa wers fyddai fy mhlant yn ei dysgu? Mae'n debyg mai 'Mae hi'n iawn gweiddi, mae hyd yn oed Dad yn gwneud hynny' fyddai hynny. (Byddwch yn falch o glywed na wnes i hyn ryw lawer, unwaith y sylweddolais pa mor wirion oedd e.)

'Modelu' yw'r cysyniad allweddol fan hyn. Mae'n cyfeirio at y 'model' neu'r 'esiampl' rydych chi'n ei gosod. Gyda rhieni a phlant, mae'r esiampl rydyn ni'n ei gosod yn un bwerus iawn.

Dyma enghraifft arall o osod rheolau. Dyn ifanc oedd Mo oedd wedi dod i 'ngweld i oherwydd ei fod wedi mynd i'r arfer o ddiweddu dadleuon gyda'i gariad drwy ei tharo hi. Byddai pethau'n dechrau gyda nhw'n dadlau, byddai'r ddau yn gweiddi ar ei gilydd, a dim ond ar ôl iddo fe ei tharo hi y byddai'r broses yn dod i ben. Byddai'n teimlo'n ofnadwy o euog wedyn, roedd hi'n teimlo'n ofnadwy, ac roedd hyn yn gosod straen dealladwy ar y berthynas gyfan. Ac eto, doedd e ddim yn gallu stopio. Roedd hyn yn beth rhyfedd; gallech chi ddweud, 'Os nad yw e eisiau gwneud hyn, pam nad yw'n *stopio*?' Ond, fel sy'n aml yn wir, roedd fel pe bai'n ddioddefwr i'w ymddygiad ei hun. Doedd Mo ddim yn gallu atal ei hun ac felly aeth i chwilio am gymorth allanol drwy therapi.

Bu Mo a fi'n sôn am ei gefndir ac fe ddywedodd wrtha i am ei ddyddiau ysgol a choleg (nad oedden nhw'n bell iawn yn ôl; dim ond yn ei ugeiniau cynnar yr oedd e ar y pryd). Yn benodol, fe ddywedodd wrtha i sut roedd fel pe bai'n darged naturiol i gael ei fwlio. Hyd yn oed yn ei flwyddyn olaf yn yr ysgol roedd un cyd-ddisgybl penodol yn arfer pigo arno. Ar un achlysur, fe bigodd y bachgen hwn arno unwaith yn rhy aml gan rwygo ei grys, yn ddamweiniol, mae'n debyg. Dywedodd Mo wrtha i fod rhywbeth wedi snapio y tu mewn iddo. Fe afaelodd yn ei boenydiwr, yn afreolus, a'i fwrw'n ddidrugaredd. Dim syndod efallai fod hyn wedi dod â'r bwlio i ben. Yn wir, fe wnaeth y poenydiwr nid yn unig roi'r gorau i boenydio Mo, ond roedd hefyd yn ymddangos yn wirioneddol edifeiriol.

Yn yr un ffordd, doedd hi ddim yn syndod fod Mo'n teimlo'n eithaf balch ohono'i hun. Roedd hi'n ymddangos ei fod wedi dod o hyd i'r ateb i nifer o broblemau bywyd, er nad oedd wedi geirio'r peth yn agored ac yn ymwybodol iddo'i hun fel hyn. Serch hynny, roedd hi'n rhyw chwe mis ar ôl y digwyddiad hwnnw pan drawodd ei gariad am y tro cyntaf. Ac o hynny ymlaen doedd dim troi'n ôl; roedd y patrwm wedi'i sefydlu.

Felly dyma'r cwestiwn: Pa reol oedd Mo wedi'i sefydlu iddo'i hun? Rhywbeth fel hyn, mae'n debyg: 'Mae hi'n iawn taro pobl, ac mewn gwirionedd bydd hynny'n datrys llawer o broblemau'.

Ac eto, pan edrychwn ni ar y dystiolaeth, dim ond rhan o'r gwir oedd hynny. Yn yr achos cyntaf, heb ystyried a oedd Mo'n 'iawn' i daro'r bachgen arall, roedd wedi gweithio'n dda iddo. Gyda'i gariad, roedd yn gweithio'n wael i'r ddau ohonyn nhw.

Fe ofynnais iddo roi cynnig ar reol newydd, sef: 'Mae hi weithiau'n iawn mynd i ffeit gyda dynion yr un oed â mi, ond gyda neb arall.' Fe roddodd gynnig ar hyn, fel arbrawf i ddechrau; wedyn, yn raddol, fe gyflwynodd y rheol newydd i'w fywyd a'i mabwysiadu fel ei reol ei hun. Fe ddaeth gyda'i gariad i'w apwyntiadau wedi hynny, ac fe ddywedon nhw fod yr agwedd newydd hon yn gweithio'n dda iawn iddyn nhw. (Gyda llaw, wnaeth Mo *ddim* mynd o gwmpas wedyn yn ymladd â dynion o'r un oed. Yn wir, roedd i'w weld yn gymeriad digon heddychlon yn y bôn.)

Felly mae gennym gategori cyntaf o ataliadau, y categori moesol. Gallai'r ataliadau hyn gael eu sefydlu gan y cwestiwn 'Beth pe bai pawb yn mynd o gwmpas yn gwneud hyn?' Bydd yr egwyddor hon fel arfer yn ein hatal rhag arthio, gweiddi a tharo pobl yn ddiwahân.

Y ffon fesur arall ar gyfer yr ataliadau moesol hyn yw 'ufuddhau i reol'. Mae llawer o reolau'n gyfraith gwlad ac yn amlwg mae'n well cadw at y rhain. Mae eraill, fel taro plant, yn rhai rydyn ni'n eu gosod arnon ni'n hunain. Hyd yn oed wedyn, maen nhw'n gallu cael effaith rymus iawn ar ein hymddygiad. Fe soniais mewn pennod flaenorol am y dyn wrth y bar a gadwodd ei hun rhag cael ei daro drwy ddweud wrth yr un a oedd am ymosod arno, 'Hei, dwi dros fy neugain oed.' Erbyn i'r ymosodwr wirio ei restr rheolau i weld a oedd ganddo un oedd yn dweud, 'Dwyt ti ddim yn taro dynion dros ddeugain oed', roedd yr eiliad wedi mynd heibio.

Ataliadau ymarferol

Un ymarferol yw'r ail gategori o ataliadau; dim byd i'w wneud â moesoldeb. Mae ataliadau yn y categori hwn yn cyfyngu ar ein hymddygiad drwy ein hatgoffa o'r canlyniadau difrifol y gallwn ni eu hwynebu os nad ydyn ni'n cadw atyn nhw.

Ymarfer

Isod dwi wedi rhestru rhai o'r enghreifftiau rydyn ni wedi sôn amdanyn nhw yn y llyfr hwn, ar ffurf cwestiynau sy'n eich gwahodd i ddweud pam nad yw'r person dan sylw yn gwneud yr union beth sy'n dod i'w feddwl. Dwi wedi ateb y tri cyntaf er mwyn dangos i chi pa fath o beth sydd yn fy meddwl. Rhowch chithau gynnig ar wneud y lleill.

1. Mae Justin yn cael ei wylltio'n fawr gan ei gymdogion swnllyd yn chwarae cerddoriaeth yn rhy uchel y drws nesaf iddo.
   Pa ystyriaethau ymarferol sy'n ei atal rhag mynd draw a dweud wrth ei gymdogion yn union beth sydd ar ei feddwl?

   Ateb: Mae'n credu pe bai'n gwneud hynny, mae'n debyg y bydden nhw'n chwarae eu cerddoriaeth hyd yn oed yn uwch. A beth bynnag, mae'r dyn drws nesaf yn fwy ac yn dipyn mwy ffit na Justin, felly mae'n teimlo bod rhaid iddo ei drin gyda pheth parch.

2. Mae Marius yn cael ei wylltio'n gandryll gan blant ei gymdogion yn chwarae pêl-droed yn y stryd ac yn gadael i'r bêl redeg dros ei ardd i gyd. Beth sy'n ei atal rhag mynd i roi llond pen go iawn i'r plant a'u rhieni?

   Ateb: Gweler uchod. Yn yr achos hwn hefyd, mae Marius yn meddwl y bydd y plant yn ymddwyn yn waeth, ac yn chwerthin ar ei ben a'i watwar bob tro y byddan nhw'n ei weld, a gallai'r rhieni hyd yn oed eu hannog i wneud hynny.

3. Mae Aisha'n cael ei gwylltio'n fawr gan y sŵn mae ei gŵr yn ei wneud wrth fwyta. Beth sy'n ei hatal rhag neidio ar ei thraed gan fwrw'r bwrdd a gweiddi, 'Er mwyn dyn, pam na fedri di fwyta fel person normal?'

Ateb: Mae hi'n ofni pe bai'n gwneud hynny y byddai'n dod â holl anghytgord y briodas i'r wyneb. Byddai e'n sylweddoli nad oedd ei thymer flin yn ymwneud â'i fwyta mewn gwirionedd, ond gyda fe'n gyffredinol, a bod ei fwyta swnllyd yn symbol o rywbeth dyfnach iddi hi.

4. Mae Chris, sy'n gyrru cerbyd pedair olwyn smart, yn cael ei wylltio gan yrru gwael rhyw ddyn mewn hen groc o gar. Mae Chris yn gyrru ar ei ôl a phan mae'n rhaid i'r car aros wrth y gylchfan nesaf, mae'n teimlo fel gyrru'n syth i mewn i'w gefn. Beth sy'n ei atal rhag gwneud hyn?

5. Does gan Dylan fawr o feddwl o'r heddlu, felly pan gaiff ei stopio un noson a'i holi i ble mae'n mynd a beth mae'n ei wneud, mae'n teimlo fel dweud wrth y plismon am beidio â busnesu. A dweud y gwir, mae'n teimlo fel ymosod arno. Beth sy'n atal Dylan rhag gwneud hyn?

6. Mae gan Samantha broblem gyda 'bownsers' wrth ddrysau clybiau. Felly pan mae bownser yn ei rhwystro hi a'i ffrind rhag mynd i mewn i glwb penodol, mae hi'n gweiddi a sgrechian arno ac yn dechrau ymosodiad sy'n ymddangos yn egnïol – ond mewn gwirionedd, does dim grym tu cefn iddo. Pam nad ydy hi'n ymosod yn filain ar y bownser?

Isod mae atebion posib y bobl dan sylw. Edrychwch i weld sut maen nhw'n cymharu â'r hyn y gwnaethoch chi ei ysgrifennu.

4. Mae Chris, sy'n gyrru cerbyd pedair olwyn smart, yn cael ei wylltio gan yrru gwael rhyw ddyn mewn hen groc o gar. Mae Chris yn gyrru ar ei ôl a phan mae'n rhaid i'r car aros wrth y gylchfan nesaf, mae'n teimlo fel gyrru'n syth i mewn i'w gefn. Beth sy'n ei atal rhag gwneud hyn?

Ateb: Mae'n gwybod y byddai gwneud hynny'n debyg o achosi damwain ddifrifol ac y byddai e, Chris, yn ei gael ei hun o flaen llys o'i herwydd; ac y byddai, fan lleiaf, yn cael ei atal rhag gyrru.

5. Does gan Dylan fawr o feddwl o'r heddlu, felly pan gaiff ei stopio un noson a'i holi i ble mae'n mynd a beth mae'n ei wneud, mae'n teimlo fel dweud wrth y plismon am beidio â busnesu. A dweud y gwir, mae'n teimlo fel ymosod arno. Beth sy'n atal Dylan rhag gwneud hyn?

   Ateb: Mae'n gwybod y byddai'n debyg o gael ei arestio a'i gyhuddo ac y byddai ar ei golled yn sylweddol o'r herwydd.

6. Mae gan Samantha broblem gyda 'bownsers' wrth ddrysau clybiau. Felly pan mae bownser yn ei rhwystro hi a'i ffrind rhag mynd i mewn i glwb penodol, mae hi'n gweiddi a sgrechian arno ac yn dechrau ymosodiad sy'n ymddangos yn egnïol – ond mewn gwirionedd, does dim grym tu cefn iddo. Pam nad ydy hi'n ymosod yn filain ar y bownser?

   Ateb: Mae'n gwybod mai hi fyddai'n dioddef fwyaf, a beth bynnag, dydy hi ddim eisiau gwneud unrhyw beth fyddai'n ymddangos fel 'ymosodiad'.

Mae'n glir nad oes gan yr ataliadau hyn ddim i'w wneud â 'moesoldeb'. Maen nhw'n ymwneud yn gyfan gwbl â chanlyniadau ymarferol ein hymddygiad ac awydd i beidio â bod ar ein colled mewn unrhyw fodd. A dydy hynny ddim yn ddrwg o beth.

Crynodeb

Yn y bennod hon rydyn ni wedi edrych ar ddau fath o ataliad: mewnol ac allanol.

Mae ataliadau mewnol yn ymwneud yn bennaf â rheolau rydyn ni'n eu gosod arnom ein hunain neu reolau pobl eraill rydyn ni'n cadw atyn nhw. Mae'n ddefnyddiol i ni gael y rheolau hyn yn glir iawn yn ein meddwl – mae hyn yn ein helpu i gadw atyn nhw. Mae rhai pobl hyd yn oed yn gwneud nodyn o'u rheolau oherwydd bod hynny i'w weld fel pe bai'n rhoi mwy o rym iddyn nhw.

Mae ataliadau allanol yn deillio o ystyriaethau ymarferol ynghylch beth fydd yn digwydd os byddwch yn dilyn llwybr gweithredu penodol. Mae'r rhain yr un mor bwysig ac yr un mor 'dda' ag ataliadau mewnol.

Mae'n bwysig ein bod yn datblygu ein hataliadau ac yn eu haddasu'n fanwl os ydyn ni am reoli ein dicter yn dda.

Prosiect

Ceisiwch ateb y cwestiynau canlynol amdanoch eich hun:

1. Beth yw eich ataliadau mewnol – y rheolau sydd gennych mewn perthynas â dicter a thymer flin?
2. Ar ôl darllen y bennod hon, oes yna reol ychwanegol y byddech yn ei chreu i chi'ch hun? Os felly, beth yw'r rheol honno?
3. Pa mor gryf yw eich ataliadau allanol? (Gallech chi fesur eu cryfder drwy holi eich hun a ydyn nhw bob amser yn llwyddo i reoli eich ymddygiad yn y ffordd y byddech chi am iddyn nhw ei wneud, ac os nad ydyn nhw, pa mor aml maen nhw'n methu gwneud hyn?)
4. Pe baech chi am gryfhau eich ataliadau allanol, sut fyddech chi'n gwneud hynny? (Byddwn yn edrych ar hyn yn y bennod nesaf, ond mae hefyd yn ddiddorol i'w ystyried nawr).

20

Felly pam rydyn ni'n mynd yn flin ac yn ddig a beth rydyn ni'n ei wneud am hynny?

Yn dilyn o'r bennod flaenorol, mae'r cwestiwn canlynol yn gwbl resymol: 'Os oes yna gymaint o resymau moesol ac ymarferol i ni atal ein tymer flin a'n dicter, pam mae gennym ni'r gallu i fod yn ddig o gwbl – dydy pobl ddim fel arfer wedi'u creu i deimlo ac i wneud pethau sydd heb unrhyw bwrpas, felly beth yw'r pwrpas yn yr achos hwn?'

Y prif ateb yw ei bod yn ymddangos mai 'mecanwaith adborth' yw hwn – ffordd o adael i bobl eraill wybod fod yr hyn y maen nhw'n ei wneud yn cael effaith negyddol arnoch chi. Ffordd, felly, i bobl gael eu cymdeithasoli ac iddyn nhw weithio gyda'i gilydd fel cymdeithas yn hytrach na bod yn gasgliadau o unigolion sy'n cystadlu â'i gilydd.

Os felly, pam ddylen ni atal ein tymer flin a'n dicter? Os ydyn nhw'n cyflawni'r swyddogaeth bwysig hon o roi gwybod i bobl pan fyddwn ni'n teimlo eu bod yn mynd yn groes i'r hyn sy'n iawn, mae'n debyg wedyn os byddwn yn eu hatal y bydd popeth yn mynd yn draed moch. Bydd pobl eraill yn sathru arnon ni, yn hyderus na fydd yna unrhyw ddial neu dalu'r pwyth yn ôl.

Ac o'i gymryd i eithafion, byddai hynny'n wir. Pe na baech chi'n dangos unrhyw arwyddion o fod yn flin, unrhyw ddicter, byddai hynny, mae'n debyg, yn achosi dryswch i bobl. Fydden nhw ddim yn gwybod pryd fyddech chi'n fodlon a phryd fyddech chi'n anfodlon; byddai'n eithaf dryslyd i'r rhai sydd eisiau eich plesio chi.

Ond mae yna lwybr canol. Mae rhai pobl rydyn ni'n eu hadnabod yn bendant yn bobl 'flin'. Dydyn ni ddim yn awgrymu na ddylen nhw *fyth* ddangos unrhyw arwydd o fod yn flin neu o ddicter; byddai hynny, mae'n debyg, y tu hwnt i allu dynol (ac, fel rydyn ni newydd ei nodi, heb fod yn ddefnyddiol iawn). Mae yna bethau mewn bywyd *sydd* yn creu teimladau blin, pethau sy'n sbarduno person 'normal' i ddangos rhywfaint o dymer flin. Pan fyddwn ni'n disgrifio person fel rhywun 'blin' fan hyn, fodd bynnag, mae ef neu hi yn mynd yn rhy bell, ac yn teimlo'n flin am bethau na fydden nhw'n achosi tymer flin mewn person 'normal', neu'n mynd yn fwy blin na'r rhan fwyaf o bobl oherwydd pethau sydd ddim ond ychydig bach yn bryfoclyd.

Felly, fel arfer, nid mater o 'bopeth neu ddim' yw hyn. Ydy, mae hi weithiau'n ddefnyddiol i bobl allu synhwyro ein bod yn flin neu'n ddig. Ar y llaw arall, mae'n hawdd iawn mynd â hyn yn rhy bell, i'r pwynt lle mae'r peth bach lleiaf yn ein cythruddo, neu lle rydyn ni'n mynd yn flin pan nad yw pethau'n *union* fel rydyn ni am iddyn nhw fod. Yn yr achos hwnnw mae'r mecanwaith teimladau blin a dicter yn amlwg yn gorweithio, i'r graddau ei fod yn wrthgynhyrchiol. Pan mae'n gweithio ar yr union lefel iawn mae'n darparu adborth defnyddiol i bobl eraill; maen nhw'n gallu synhwyro pan ydyn ni ychydig yn flin ac yn ddig gyda'r hyn y maen nhw'n ei wneud ac o ganlyniad byddan nhw'n debyg o roi'r gorau iddi. Os yw'n gweithio'n rhy eithafol, bydd y bobl o'n cwmpas yn dychryn ac yn pryderu, a bydd ein perthynas ag eraill yn dechrau chwalu.

Mae cenfigen a meddiangarwch yn enghraifft dda o rywbeth tebyg. Mae'r rhan fwyaf o bobl yn eithaf hapus i'w hanwyliaid ddangos elfen fach o genfigen a meddiangarwch tuag atyn nhw. Os nad yw hyn yn digwydd, bydd llawer o bobl yn ei weld fel arwydd nad ydyn nhw wir yn cael eu caru. Ond beth sy'n digwydd pan mae hyn yn mynd yn rhy bell? Pan fydd rhywun yn treulio ei holl oriau effro yn pryderu am yr hyn y mae'r person y mae'n ei garu yn ei wneud, a yw e'n ffyddlon ac yn driw? Mae rhai'n mynd mor bell â phicio adref yn annisgwyl, gadael dyfeisiau gwrando o gwmpas y tŷ neu ar y ffôn, hyd yn oed llogi ditectifs preifat i ddilyn eu hanwyliaid. Yn amlwg, mae'r lefel hon o genfigen a meddiangarwch yn wrthgynhyrchiol ac mae'n mynd i arwain yn gyflym iawn at chwalu'r berthynas.

Felly yn y ddau achos, p'un a ydyn ni'n sôn am dymer flin a dicter neu am genfigen a meddiangarwch, gormod o bwdin a dagith gi. Yn wir, rhywbeth yn debyg i halen, mae'n ymddangos mai mymryn bach sydd orau!

Defnyddio'r brêcs

Gallwn weld bod angen i ni gyfyngu ar ein teimladau blin a'n dicter am bob math o resymau moesol ac ymarferol – bron i'r graddau o rwystro'r peth cyn iddo gychwyn. Os byddwn yn ei gadw i lawr i lefelau isel dros ben mae'n gallu gweithio'n arbennig o dda i ni ac i bawb o'n cwmpas; os byddwn yn gadael iddo fynd yn uwch, mae'r gwrthwyneb yn wir: mae'n gweithio'n wael iawn i ni ac i bawb o'n cwmpas.

Felly sut rydyn ni'n perfformio'r weithred anodd yma o gydbwyso, o gadw unrhyw deimladau blin a dicter i lawr i lefelau defnyddiol a llesol – i lawr i'r lefelau cynnil iawn yna lle mae'r rhai o'n cwmpas ni hyd yn oed yn teimlo'n falch i weld ein bod yn flin o dro i dro, dim ond am ei fod yn rhoi adborth iddyn nhw ar yr hyn sy'n digwydd?

Ar gyfer tasg mor gymhleth â hon, mae angen cyfatebiaeth syml arnon ni. A'r un orau y gwn i amdani yw'r un am oleuadau traffig. Os gyrrwch chi o gwmpas unrhyw dref gymharol fawr byddwch yn gweld fod yna system gymhleth o oleuadau traffig sy'n rhyngweithio â'i gilydd. Er enghraifft, yn agos at ble dwi'n byw mae cylchffordd y mae'n rhaid i mi yrru arni i gyrraedd y draffordd. Mewn un man ar y gylchffordd, mae yna drefn goleuadau traffig eithaf nodedig. Mae'r set gyntaf fel arfer yn eich gorfodi i stopio; am ryw reswm maen nhw fel arfer yn goch. Wrth i chi eistedd yn aros wrth y goleuadau hyn, gallwch weld fod yr ail set o oleuadau y mae'n rhaid i chi fynd drwyddyn nhw hefyd yn goch. Ymhen ychydig bydd eich set gyntaf yn troi'n wyrdd, a byddwch chi'n symud. Os ewch chi ar gyflymder digon rhesymol, erbyn i chi gyrraedd yr ail set o oleuadau (dim ond rhyw 40 neu 50 metr i ffwrdd) mae'r rheini hefyd yn newid i wyrdd a gallwch yrru ymlaen yn syth, er bod rhaid i chi ganolbwyntio'n llwyr yn ystod hyn i gyd. Mae'r un peth yn wir am y drydedd set o oleuadau, eto dim ond rhyw 40 i 50 metr ymhellach; mae'r rhain hefyd mewn dilyniant gyda'r ddwy set gyntaf, a gallwch amseru pethau i fynd drwy'r tair ohonyn nhw ar gyflymder cyson.

I grynhoi, mae'r hyn a fyddai'n llif cwbl flêr o draffig yn cael ei atal i ddechrau, ac yna'n cael mynd ymlaen yn gwbl drefnus a than reolaeth. Wrth gwrs, mae yna ffyrdd eraill sy'n croesi'r ffordd yma, a dyna'r rheswm dros y goleuadau. Byddai llun o'r awyr o'r drefn yma yn dangos nifer anhygoel o gerbydau, pob un yn gwau drwy'i gilydd yn wych ac yn gyrru ar gyflymder mor rhesymol ag sy'n bosib iddyn nhw. Gorchest wironeddol o ryngweithio a chydsymud.

Mae'r un peth yn union yn digwydd pan fydd dau neu ragor o bobl yn rhyngweithio. Mae gan bob unigolyn ei synnwyr cyfeiriad ei hun, ei gyflymder ei hun y mae am gadw ato, a'i ddiddordebau ei hun. Ar yr un pryd, maen nhw'n awyddus iawn i asio â'i gilydd, nid yn unig oherwydd eu bod yn gwybod fod hynny'n llesol i bob un, ond hefyd am ei fod yn bleserus a boddhaol.

Felly, sut mae cyfatebiaeth y goleuadau traffig yn gweithio yn ymarferol?

Y prif beth yw sylwi ar olau coch! Ac mae hynny'n hawdd. Cyn gynted ag y gwelwn unrhyw arwydd o fod yn flin neu o ddicter ynom, mae hynny'n olau coch. Felly dydyn ni ddim yn rhuthro ymlaen; trychineb fyddai hynny yn y pen draw.

Pan fydd golau coch o'n blaenau, sef tymer flin a dicter mewn geiriau eraill, rydyn ni'n stopio. Nid arwydd 'ildio' yw hyn; mae'n bendant yn arwydd 'stopio'. Mae gwir angen i ni wneud yn siŵr ein bod yn dod i stop llwyr. Weithiau bydd pobl yn dweud 'cyfra i ddeg'. Wel, gallwch chi wneud hyn os hoffech chi; yn sicr, mae hynny'n dod â phethau i stop yn eithaf pendant. Ar y llaw arall, gallwch nodi presenoldeb y 'golau coch' (tymer flin a dicter), parhau i siarad am beth bynnag y dymunwch, ac yna, ar ôl i'r dymer flin a'r dicter gilio i lefel bitw (y goleuadau'n newid i oren, os hoffwch chi) gallwch baratoi i symud ymlaen i ddweud neu wneud beth bynnag y credwch sydd orau.

Sut mae hynny'n gweithio yn ymarferol? Dyma rai enghreifftiau go iawn, ac mae'r gyntaf – fyddwch chi ddim yn synnu clywed – yn ymwneud ag Omar, mewn drafft wrth y bar.

Omar wrth y bar

Golau coch: Mae dyn arall eto fyth yn dod i mewn ac yn gadael y drws ar agor. Mae Omar yn profi hyrddiad sydyn o ddicter, ac mae'n ei adnabod fel golau coch.

Golau oren: Yn gyflym, bron ar unwaith, mae dicter Omar yn gostwng i lefel isel iawn. Mae stopio siarad am eiliad hyd yn oed wedi helpu. Mae'n barnu beth yw'r peth gorau i'w ddweud.

Golau gwyrdd: Mae Omar yn pwyso drosodd tuag at y dyn sydd newydd ddod i mewn ac sydd ar fin cerdded heibio, ac yn dweud: 'Cau'r drws, wnei di, mêt, mae drafft ofnadwy'n dod ffordd hyn.'

Ac ar ben hyn, gall ailadrodd y drefn yma dro ar ôl tro, yn union fel mae'n gallu ymdopi â channoedd o oleuadau traffig wrth deithio.

Nathaniel yn gwylltio Lola drwy ollwng mẁg ar y llawr

Golau coch: Mae sŵn y mẁg yn torri ar y llawr yn cynhyrchu ymchwydd sydyn o adrenalin yn Lola, ac mae'n adnabod hynny fel y golau coch. Dydy hi'n dweud dim am eiliad, wrth i'r dicter ostwng i lefel is.

Golau oren: Gyda'i dicter ar lefel lawer is, mae hi'n ystyried beth yw'r ymateb gorau.

Golau gwyrdd: Mewn llais sydd ychydig bach yn flin, mae'n dweud: 'Dos i nôl brwsh i glirio hwn a'i roi yn y bin, dyna fachgen da.'

Eto, mae hwn yn achos diddorol, gan fod Nathaniel yn torri pethau ar wahân i fygiau; a dweud y gwir, mae'n eithaf diofal. Mae'n briodol felly, mae'n debyg, fod llais Lola'n mynegi ychydig bach o dymer flin. Mae'n bendant yn ddiffuant iawn, mae hi wir yn profi'r teimladau blin. Ond drwy feddwl yn nhermau trefn goleuadau traffig mae hi'n ei osod mewn cyd-destun defnyddiol yn hytrach na chyd-destun dinistriol.

Vicky'n sôn am Danny a'i dillad isaf hi

Golau coch: Roedd Danny'n teimlo'n hynod o ddig fod Vicky wedi rhannu cyfrinach bersonol dros ben, nid i griw bach o bobl, ond ar y radio. Fe barhaodd y dicter dwys yma am nifer o ddyddiau. Felly ddywedodd e ddim byd.

Golau oren: Ar ôl i'r dicter leihau i lefel haws ei rheoli, penderfynodd Danny beth oedd y ffordd orau i fynd i'r afael â'r mater.

Golau gwyrdd: Ar adeg pan oedd digon o amser ar gael, a phan oedd Vicky ac yntau'n cyd-dynnu'n weddol dda, fe ddywedodd: 'Dwi eisiau i ni drafod rhywbeth, achos ti'n gwybod 'mod i'n wirioneddol ddig am beth ddywedaist ti ar y radio y diwrnod o'r blaen. Mae'n ymddangos i mi fod angen i ni siarad am beth ddylen ni ei gadw rhyngon ni ein dau a beth allwn ni ei ddweud wrth bobl eraill, achos dwi'n gwybod fod y ddau ohonon ni'n dod dan bwysau gan holwyr clyfar i ddweud pethau y byddai'n well gennym ni beidio â'u dweud. Felly dwi'n credu y dylen ni gytuno â'n gilydd nawr sut rydyn ni eisiau ymdopi â hyn.'

Mae'r dechneg goleuadau traffig yn un neilltuol o gryf a phwerus. Ond mae angen gwneud sawl pwynt.

Weithiau bydd y 'golau coch' yn aros ymlaen am gyfnod byr iawn, prin eiliad neu ddwy. Mae Omar yn y bar a Lola gyda Nathaniel sy'n gollwng y mŵg ar y llawr yn enghreifftiau o hyn. Mewn achosion eraill mae'r golau coch yn aros ymlaen am oriau neu ddyddiau hyd yn oed – fel gyda Danny a Vicky.

Yn ail, dydych chi ddim wastad yn cael yr hyn rydych chi ei eisiau. Mae Amy'n enghraifft o hyn. Wnaeth hi erioed gyrraedd y pwynt lle roedd ei merch yn mynd ati'n hapus i dacluso ei hystafell ar ei phen ei hun. Ac mae'n rhaid i ni sylweddoli nad oes yna gyfraith sy'n dweud y dylen ni gael yr hyn rydyn ni ei eisiau, ddim mwy nag y mae pobl eraill bob amser yn cael yr hyn maen nhw ei eisiau. Does dim angen 'ofnadwyo' y ffenomen hon. Dyna sut mae hi.

Y trydydd pwynt, a'r newyddion gorau, yw ein bod ni, yn union fel rydyn ni'n dod yn dda am ymdopi â goleuadau traffig coch go iawn, hefyd yn dod yn dda am ymdopi â'r rhai trosiadol yma. Felly, lle byddai Omar o'r blaen yn mynd yn fwy a mwy blin bob tro y byddai rhywun yn gadael drws y bar ar agor, nawr roedd yn dod yn fwy medrus wrth fynd drwy'r drefn goleuadau traffig. Felly bob tro y byddai'n dweud, 'Gwthia'r drws ar gau, wnei di, mêt, mae drafft ofnadwy'n dod ffordd hyn', roedd hi'n ymddangos fel y tro cyntaf iddo ddweud hynny cyn belled ag yr oedd y person oedd yn ei glywed yn y cwestiwn; ond mewn gwirionedd, roedd hon yn drefn fedrus yr oedd wedi'i datblygu.

Yn yr un modd, ac efallai yn enwedig, i Lola gyda Nathaniel sy'n torri mygiau. Fe roddodd Nathaniel ddigon o ymarfer i Lola i adnabod goleuadau coch, ond fe wnaeth Lola ei rhan hithau drwy eu hadnabod a symud drwyddyn nhw'n effeithiol ac yn gynhyrchiol.

Ymarfer

- Meddyliwch am enghraifft o 'olau coch' sydd wedi digwydd dros y ddau ddiwrnod diwethaf: rhywbeth wnaeth eich gwneud chi'n ddig, neu a allai fod wedi eich gwneud chi'n ddig.
- Wnaethoch chi ei adnabod fel unrhyw fath o olau coch a stopio bryd hynny?
- Wnaethoch chi stopio ac aros i'r dicter leihau i lefel isel iawn ac yna penderfynu ar eich ffordd orau ymlaen? Wnaethoch chi wedyn symud ymlaen ar hyd y llwybr cynhyrchiol a ddewisoch chi?

Wel, oni bai eich bod wedi darllen y llyfr hwn o'r blaen, mae'n debyg y byddwch wedi ateb 'na' i un neu ragor o'r cwestiynau hyn. Felly dyma un arall ...

Ymarfer

- Eto, beth yn union oedd y 'golau coch'? Mewn geiriau eraill, beth ddigwyddodd i'ch gwneud chi'n ddig?
- Beth fyddai 'stopio' wedi'i olygu yn y sefyllfa honno? Mewn geiriau eraill, allech chi fod wedi dweud dim? Neu fyddai hynny wedi bod yn rhyfedd? Fyddech chi efallai wedi gorfod parhau i siarad mewn rhyw ffordd neu barhau i wneud yr hyn roeddech chi'n ei wneud? Yn yr achos hwn, mae'r 'golau coch' yn golygu nid dim ond peidio ag ymateb i'ch dicter ond dal ati gyda'r hyn roeddech chi'n ei wneud.
- Ar ôl i'ch dicter leihau i lefel isel, beth fyddai'r llwybr gorau i chi fod wedi'i gymryd? Dyma'r cyfnod oren: mae'ch dicter ar lefel isel, a chi (nid eich dicter) sy'n penderfynu ar y ffordd orau ymlaen.
- Sut yn union fyddai 'gwyrdd' wedi edrych? Mewn geiriau eraill, beth fyddech chi wedi ei ddweud neu ei wneud? Pa dôn llais fyddech chi wedi'i defnyddio?

Os yw hyn i gyd yn swnio'n gymhleth iawn, mae hynny'n gamarweiniol. Mae'n ddull syml a phleserus iawn. Ond y peth gorau, fodd bynnag, yw mynd drosto yn eich meddwl ychydig o weithiau, fel y mae'r ail o'r ddau ymarfer yma'n ei awgrymu. Bob tro y byddwch yn bwrw 'coch', mae angen i chi adnabod hynny, a chaniatáu i'r dicter leihau i lefel isel iawn, ac yna penderfynu ar y ffordd orau ymlaen i chi. Yna symudwch ymlaen, a gwneud yr hyn rydych wedi penderfynu ei wneud (gwyrdd).

Awgrym

Dim ond un fagl sydd gyda'r dull hwn, sef twyllo eich hun eich bod wedi cyrraedd oren pan fyddwch chi mewn gwirionedd yn dal ar goch. Cofiwch fod nodweddion oren yn golygu bod eich teimladau blin a'ch dicter ar lefelau isel dros ben. Weithiau, mae'n wir, fydd hyn ddim ond hanner eiliad ar ôl y ffrwydrad dwys gwreiddiol o ddicter. Dro arall, fodd bynnag, mae'n digwydd gryn dipyn o amser wedyn.

Crynodeb

Yn y bennod hon rydyn ni wedi edrych ar:

- Pam ein bod yn mynd yn flin ac yn ddig: y syniad bod lefel isel iawn o fod yn flin ac yn ddig yn cynnig adborth defnyddiol i'r rhai o'n cwmpas ni, tra bod unrhyw beth uwch na'r lefel isel iawn hon yn wrthgynhyrchiol a dim ond yn rhoi pawb ar bigau'r drain.
- Sut gallwn ni ddwyn ataliadau i gof pan fyddwn ni eu heisiau, a gweithredu arnyn nhw mewn modd defnyddiol drwy ddull y goleuadau traffig.

Prosiect

Mae dau brosiect yn deillio o'r bennod hon:

1. Y prosiect ymarferol yw un y goleuadau traffig. Mae angen i chi ymarfer sylwi ar 'oleuadau coch'. Mewn geiriau eraill, ymarfer sylwi ar yr adegau pan fyddwch chi'n mynd yn ddig. Gadewch i'r dicter suddo i lefel isel (oren) mor gyflym â phosib. Dim ond bryd hynny y byddwch chi'n penderfynu beth fyddai'n ffordd resymol o fynd ymlaen. Yna, ar ôl i chi benderfynu, symudwch ymlaen at y gwyrdd; mewn geiriau eraill, y ffordd orau ymlaen yw gweithredu'r hyn rydych chi'n ei feddwl. A chofiwch, fedrwch chi ddim cael eich ffordd eich hun bob amser!

2. Fel ag o'r blaen, adolygwch eich llwyddiannau, naill ai yn eich pen neu ar bapur. Mae dadansoddi llwyddiannau'n beth da gan ei fod yn dangos i ni y ffordd at lwyddiant.

21

Y llinell sylfaen: ymateb

Ydych chi'n gwybod beth yw ystyr 'y llinell sylfaen', neu yn Saesneg, y 'bottom line'? Mae'n dod o fyd busnes ac mae'n cyfeirio at linell waelod y cyfrifon: y ffigur terfynol sy'n dangos yr elw (neu'r golled). Does dim gwahaniaeth bod pennaeth y busnes wedi gweithio'n galed iawn a phawb arall yn y busnes yn anhygoel o gydwybodol; os mai'r llinell sylfaen yw bod y busnes wedi gwneud colled, yna dyna'r unig beth sy'n bwysig mewn gwirionedd. Ar y llaw arall, does dim ots bod pennaeth busnes arall yn ddiog ac yn swrth a'r gweithlu yn ddi-hid; os ydy'r llinell sylfaen yn dangos bod y busnes wedi gwneud elw da, yna dyna'r unig beth sy'n bwysig mewn gwirionedd.

Mae'r un peth yn wir fan hyn. Yn ein model (Ffigur 21.1) rydyn ni nawr yn edrych ar y blwch 'ymateb'. Y pwynt yw os bydd ein hymateb terfynol yn un derbyniol (h.y. heb fod yn biwis nac yn ddig), yna does dim ots mewn gwirionedd beth yw ein credoau, beth yw ein hwyliau, beth sbardunodd bethau, pa mor ddig aethon ni, pa mor dda ydyn ni am ddefnyddio ataliadau, ac ati. Yn ddamcaniaethol, o leiaf, gallwch deimlo bod popeth yn milwrio yn eich erbyn ond gan ymateb yn dderbyniol hyd yn oed wedyn. Ac yn wir, nid damcaniaeth yn unig yw hyn; mae'n gallu digwydd, ac yn digwydd go iawn hefyd.

Felly os ydych chi'n edrych am lwybr tarw, dyma fe, er, pe bawn i yn eich lle chi, byddwn i'n ei ystyried fel darn olaf y jigso; fel yna bydd popeth yn gweithio o'ch plaid.

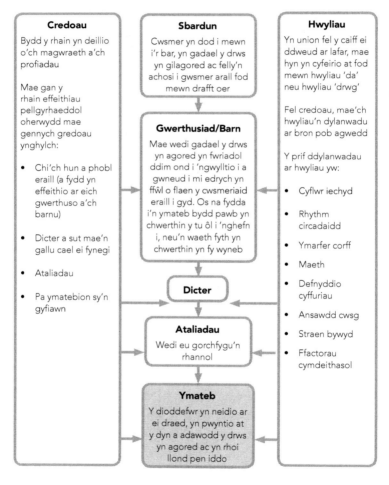

Credoau

Bydd y rhain yn deillio o'ch magwraeth a'ch profiadau

Mae gan y rhain effeithiau pellgyrhaeddol oherwydd mae gennych gredoau ynghylch:

- Chi'ch hun a phobl eraill (a fydd yn effeithio ar eich gwerthuso a'ch barnu)

- Dicter a sut mae'n gallu cael ei fynegi

- Ataliadau

- Pa ymatebion sy'n gyfiawn

Sbardun

Cwsmer yn dod i mewn i'r bar, yn gadael y drws yn gilagored ac felly'n achosi i gwsmer arall fod mewn drafft oer

Gwerthusiad/Barn

Mae wedi gadael y drws yn agored yn fwriadol ddim ond i 'ngwylltio i a gwneud i mi edrych yn ffŵl o flaen y cwsmeriaid eraill i gyd. Os na fydda i'n ymateb bydd pawb yn chwerthin y tu ôl i 'nghefn i, neu'n waeth fyth yn chwerthin yn fy wyneb

Dicter

Ataliadau

Wedi eu gorchfygu'n rhannol

Ymateb

Y dioddefwr yn neidio ar ei draed, yn pwyntio at y dyn a adawodd y drws yn agored ac yn rhoi llond pen iddo

Hwyliau

Yn union fel y caiff ei ddweud ar lafar, mae hyn yn cyfeirio at fod mewn hwyliau 'da' neu hwyliau 'drwg'

Fel credoau, mae'ch hwyliau'n dylanwadu ar bron bob agwedd

Y prif ddylanwadau ar hwyliau yw:

- Cyflwr iechyd

- Rhythm circadaidd

- Ymarfer corff

- Maeth

- Defnyddio cyffuriau

- Ansawdd cwsg

- Straen bywyd

- Ffactorau cymdeithasol

Ffigur 21.1 Model ar gyfer dadansoddi tymer flin a dicter

Y naill ffordd neu'r llall, y cyfan y mae pobl eraill yn ei weld yw eich ymateb chi. Does dim ots ganddyn nhw beth sydd wedi bod yn mynd ymlaen yn eich pen chi; os byddwch chi'n ymateb yn flin ac yn ddig yna rydych chi'n berson blin a dig. Yn yr un modd, os byddwch chi'n ymateb mewn ffordd nad yw'n flin nac yn ddig, yna dyna sut y cewch chi eich diffinio.

Felly, o dderbyn y byddai'n well gan y rhan fwyaf ohonom *beidio* â chael ein gweld fel pobl flin a dig, beth ddylen ni ei wneud? Y newyddion da yma yw ein bod eisoes wedi trafod y rhan fwyaf o'r hyn sydd ei angen arnon ni. Y tri prif gysyniad yw:

- Cyfatebiaeth y goleuadau traffig.
- Modelu eich hun ar esiampl dda.
- Adolygu digwyddiadau llwyddiannus (ac aflwyddiannus).

Goleuadau traffig

Gadewch i ni edrych ar gyfatebiaeth y goleuadau traffig i ddechrau.

Daw'r 'golau coch' ymlaen pan fyddwch chi'n gallu gweld eich bod ar fin ymateb yn flin ac yn ddig – neu o leiaf mewn ffordd y bydd pobl eraill yn ei gweld felly. Rydych chi'n trin yr ysfa hon fel golau coch: mewn geiriau eraill, rydych chi'n stopio'n llythrennol. Y cyfan y byddwch yn ei wneud yw *peidio* â dweud neu wneud yr hyn roeddech chi ar fin ei ddweud neu ei wneud. Os bydd pethau eraill, tebyg, yn dod i'ch meddwl, yna rydych chi'n aros wrth y golau coch. Fyddwch chi ddim yn paratoi i symud *hyd nes* y byddwch chi'n dechrau meddwl am ymatebion amgen, nad ydyn nhw'n flin nac yn ddig.

Weithiau fyddwch chi ond yn gallu meddwl am un ymateb 'rhesymol'. Weithiau mae'n cymryd amser maith i ymateb fel hyn ddod i'ch meddwl. Os felly, mae'n golygu eich bod yn aros yn eich unfan wrth y golau coch am gryn amser. Mae hyn, wrth gwrs, yn adlewyrchu bywyd; yn achlysurol byddwch yn dod at oleuadau traffig sy'n ymddangos fel petaen nhw'n sownd ar goch am byth. Ond yn y pen draw, weithiau ar ôl hanner eiliad, weithiau ar ôl hanner wythnos, rydych chi'n meddwl am ymateb rhesymol. Dyna eich sbardun i symud at y gwyrdd. Y 'golau gwyrdd' yw gwneud beth bynnag yw'r ymateb rhesymol. Ond cofiwch, eich barn *chi* yw beth sy'n 'rhesymol', nid barn eich dicter. Rydych chi'n gwybod yn iawn fod eich dicter yn dweud wrthych chi am wneud pethau y byddai'r *chi* go iawn yn anghytuno â nhw. Felly peidiwch â gadael i'ch dicter gael y gair olaf; mynnwch mai *chi* sy'n cael hwnnw.

Un o'r enghreifftiau y buon ni'n edrych arni'n gynharach oedd Lola yn ymdopi â'i mab diofal, Nathaniel, sy'n dueddol o ollwng a thorri pethau – mygiau, er enghraifft. Mae hi'n disgrifio un achos pan deimlodd bwl enfawr o ddicter cyn gynted ag y chwalodd y mŵg ar y llawr; roedd hi eisiau gweiddi arno, waeth beth fyddai'n dod o'i cheg. Mae hi hefyd yn dweud iddi adnabod hynny fel golau coch, gan gadw ei cheg ar gau am ennyd. Roedd hyn, fwy neu lai, yn olau coch 'hanner eiliad'. Wrth iddi ddod i stop sydyn wrth y golau coch, fe welodd yn gyflym mai'r cyfan roedd angen iddi ei wneud oedd ei gael i glirio'r llanast. Mewn geiriau eraill, fe aeth yn syth at yr oren, lle daeth ymateb rhesymol i'w phen; ac yna ymlaen at y gwyrdd: 'Dos i nôl brwsh i glirio hwn, dyna fachgen da,' meddai, gyda dim ond mymryn o annifyrrwch yn ei llais.

Mae'r un peth yn wir gyda Chris, y cymeriad oedd yn dueddol o ildio i'r cythraul gyrru. Fe hyfforddodd yntau ei hun i adnabod y golau coch. Fe ddisgrifiodd ddigwyddiad lle roedd rhywun wedi tynnu i mewn o'i flaen ychydig yn fwy sydyn nag y teimlai y dylai fod wedi'i wneud; ar ôl brecio, fe deimlodd yn llythrennol fod gan ei droed ei hewyllys ei hun, a'i fod eisiau gwasgu i lawr ar y sbardun er mwyn gyrru wrth gwt y troseddwr. Erbyn y cam hwn yn yr hyfforddiant roedd wedi dysgu adnabod yr ysfa hon ac fe lwyddodd i beidio ag ildio iddi. Yr 'ymateb cywir' i Chris oedd dweud wrtho'i hun am 'yrru yn ôl ei safonau ei hun'. Y golau gwyrdd oedd gwneud hynny: cymryd ei gyfarwyddyd yn llythrennol, gyrru'n dda ac yn gyfrifol.

Dilyn esiampl dda

Yr ail gysyniad yw modelu eich hun ar esiampl dda. Mae hwn hefyd yn un o'm hoff rai i. Y peth gwych am gael esiampl i fodelu eich hun arni yw eich bod yn gallu dychmygu'n glir sut y gallwch chi ymateb. Y cyfan sy'n rhaid i chi ei wneud yw holi eich hun: 'Beth fyddai ef neu hi'n ei wneud yn y sefyllfa yma?' ac mae gennych dempled parod ar gyfer eich ymddygiad eich hun. Wedyn dim ond mater o efelychu hynny yw hi.

Felly drwy dreulio ychydig funudau nawr, gallwch arbed oriau lawer o anhawster i chi'ch hun yn ddiweddarach. Y cyfan sydd angen i chi ei wneud yn y cyfnod byr hwnnw yw meddwl am rywun fyddai'n esiampl arbennig o dda i chi.

Dyma rai awgrymiadau i'ch helpu i ddewis:

- Rydych chi'n chwilio am rywun, yr un rhyw â chi os oes modd ond nid o raid, ac sydd fel arfer yn ymateb i bethau heb fod yn flin nac yn ddig. Rhywun y mae'n anodd ei wneud yn ddig. *Peidiwch* â modelu eich hun ar rywun sy'n mynd yn flin ac yn ddig yn hawdd!
- Dylai fod yn rhywun rydych chi'n hoff ohono, yn ei edmygu hyd yn oed; rhywun y byddech chi'n falch o fod yn debyg iddo.
- Does dim rhaid i'r unigolyn rydych chi'n modelu eich hun arno fod yn 'berffaith'. Efallai fod ganddo elfennau na fyddech chi am eu hefelychu. Hyd yn oed wedyn, ar y cyfan rydych chi'n ei hoffi neu'n ei edmygu ac yn bendant dydy e ddim yn mynd yn flin nac yn ddig.
- Gall y person y byddwch yn meddwl amdano fod yn rhywun rydych chi'n ei adnabod o'ch bywyd go iawn, neu'n rhywun rydych chi'n ei adnabod mewn rôl gyhoeddus yn unig, efallai o'r teledu neu'r radio. Ond mae'n bwysig bod gennych syniad clir iawn o'r hyn mae'n ei ddweud ac yn ei wneud, er mwyn i chi allu ei efelychu'n hawdd.

Gallech chi feddwl am fwy nag un person i fodelu eich hun arnyn nhw. Dydy hyn ddim o anghenraid yn beth da, oherwydd yng ngwres y funud mae angen i chi fod ag un ddelwedd glir i'w hefelychu. Felly mae'n debyg y byddai'n well i chi, yn bendant yn ystod y camau cyntaf, fod â dim ond un person sy'n dod i'ch meddwl ar unwaith, er mwyn i chi allu holi eich hun yn gyflym beth fyddai ef neu hi'n ei wneud yn y sefyllfa dan sylw.

Fe wnaeth Lemy (yr un yr oedd ei wraig Ella yn ei gythruddo drwy chwerthin a thynnu coes gyda dynion eraill) ddefnyddio Jamie fel model. (Roedd gwraig Jamie, Michelle, hefyd ychydig yn fflyrtiog, ond yn yr un ffordd ddiniwed ag Ella yn union.) Roedd Jamie yn fodel hynod addas i Lemy gan ei fod yn adnabod Jamie a Michelle yn dda ac yn gweld fod gan Michelle nifer o nodweddion tebyg i Ella, a gallai weld y byddai popeth yn iawn pe bai'n gallu gwneud iddo'i hun ymddwyn fel Jamie. Yn wir, fe weithiodd hyn yn arbennig o dda oherwydd roedd yn golygu bod y pedwar ohonyn nhw'n cyd-dynnu'n well nag o'r blaen, gyda phob un o'r pedwar yn adlewyrchu ymddygiad y naill a'r llall.

Roedd Aaron, tad y bachgen deuddeg oed oedd heb wneud ei waith cartref, wedi defnyddio cymeriad athro canol oed o opera sebon fel ei fodel yntau. Roedd hwn yn un diddorol; doeddwn i ddim wedi fy argyhoeddi fod hwn yn fodel rôl da i'w ddewis: i ddechrau oherwydd bod y person dipyn yn hŷn nag Aaron ac yn ail am ei fod mewn gwirionedd yn athro ac felly mewn sefyllfa i helpu pobl ifanc gyda'u gwaith cartref yn eithaf hawdd. Doedd Aaron ei hun ddim yn arbennig o dda gyda gwaith cartref ei fab, felly doedd e ddim yn dda iawn am helpu. Y trydydd peth oedd yn fy mhryderu i braidd oedd fod ei gymeriad ychydig yn rhy angylaidd, felly roeddwn i'n pryderu y gallai Aaron fod yn gosod targed amhosib iddo'i hun. Yn ffodus, fe ges i fy mhrofi'n anghywir, a chafodd Aaron fod ei fodel rôl yn un da iawn. Hyd yn oed pan nad oedd yn gallu helpu ei fab Marius, roedd fel pe bai'n dal i'w gynnal. Dyma yw grym 'modelu'.

Adolygu

Byddwch yn sylweddoli bod y syniad yma'n codi dro ar ôl tro. Ac yn ddigon teg; mae'n bwysig iawn. Dyma sut rydyn ni wir yn cadarnhau pethau: drwy adolygu digwyddiadau da a drwg, a dysgu ein gwersi ohonyn nhw.

Felly, os byddwch yn teimlo eich bod wedi siomi eich hun (h.y. wedi mynd yn rhy flin neu'n rhy ddig), yna, cyn gynted ag y byddwch wedi dychwelyd i'ch cyflwr arferol, gwnewch adolygiad trylwyr. Beth fyddai'n well gennych chi fod wedi ei wneud yn y sefyllfa honno? (Mewn geiriau eraill, sut fyddech chi wedi dewis ymateb?) Fyddai hi wedi bod yn well defnyddio'r dechneg goleuadau traffig, y dechneg fodelu, neu gyfuno'r ddwy? Pan fyddwch chi'n cyfuno'r ddwy dechneg, yr hyn wnewch chi fydd stopio wrth olau coch tymer flin a dicter, meddwl am eich model rôl i'ch helpu i feddwl am ymateb addas (y golau oren), ac yna mynd ymlaen i weithredu'r ymateb (y golau gwyrdd).

Felly rydych chi'n llythrennol yn ail-fyw'r sefyllfa, ond yn rhoi gwell diweddglo iddi. Yr enw technegol ar hyn yw 'ymarfer gwybyddol'. Mae'n effeithiol iawn, oherwydd fel rydyn ni wedi sôn eisoes, does fawr o ots gan yr ymennydd p'un a ydych chi'n gwneud pethau go iawn neu yn eich dychymyg. Felly rydych chi'n creu'r llwybr drwy'r jyngl, gan baratoi trywydd er mwyn i chi fod yn fwy tebygol o ymateb yn y modd rydych chi am ei wneud y tro nesaf y bydd sefyllfa debyg yn codi, yn hytrach nag ymateb yn y modd mae'ch arferiad neu'ch dicter yn dweud wrthych chi am wneud.

Gair i gall

Mae yna un fagl wrth adolygu, sef eich bod ddim ond yn ail-fyw beth bynnag a achosodd i chi fod yn ddig. Gofalwch eich bod yn osgoi'r fagl hon. Holl bwrpas adolygu yw 'ail-fyw' gwell ymateb. Heb os mae pobl yn dweud a gwneud pethau y byddai'n well gennym iddyn nhw beidio â'u dweud a'u gwneud, ond dydy hynny ddim yn golygu bod rhaid i ni ymateb yn wael. Felly rydyn ni'n ail-fyw ac yn ymarfer (yn ein meddwl) yr ymateb y byddem wedi dymuno ei gael.

Yr un mor bwysig, ac efallai yn bwysicach hyd yn oed, mae angen i ni ail-fyw ein llwyddiannau. Pan welwn rywbeth yn digwydd fyddai gynt wedi arwain at ymateb gwirioneddol wael gennym, ac eto, y tro yma, rydyn ni'n delio'n dda â'r sefyllfa, rhaid i ni dreulio amser yn mwynhau llongyfarch ein hunain. Mor fuan â phosib ar ôl y digwyddiad, gwnewch adolygiad yn union fel y byddech chi pe *na* baech chi wedi ymateb fel roeddech chi wedi ei ddymuno. Unwaith eto, gofal piau hi er mwyn osgoi'r fagl o adolygu'r hyn a allai fod wedi eich gwneud chi'n ddig yn unig. Yn hytrach, adolygwch sut gwnaethoch chi lwyddo i ymateb cystal ag y gwnaethoch chi. Gallwch hyd yn oed fynd gam ymhellach a dychmygu gwahanol sbardunau a sut byddech chi'n ymateb iddyn nhw mewn ffordd nad yw'n flin nac yn ddig.

Crynodeb

- Yn y bennod hon rydyn ni wedi gweld y gallem, pe dymunem, dorri drwy bopeth arall a chyrraedd y 'llinell sylfaen': sut rydyn ni'n ymateb. Waeth pa sbardunau sy'n cael eu gosod yn ein ffordd, ni sy'n gyfrifol am ein hymatebion ein hunain.

- Mae yna dair ffordd dda i chi gael eich hun i gynhyrchu'r math o ymatebion rydych am eu cael, ac mae'r tair ffordd yn cydweddu â'i gilydd.

- Y gyntaf yw'r dechneg goleuadau traffig. Pan fyddwch chi'n teimlo ton o deimladau blin a dicter, rydych chi'n stopio. A byddwch chi'n aros ar 'goch' nes eich bod yn gallu meddwl am ymateb rhesymol (gennych chi yn hytrach na gan eich dicter); dyma 'oren'. Unwaith y bydd yr ymateb hwnnw'n glir yn eich meddwl, gallwch symud ymlaen at 'wyrdd' a'i roi ar waith.

- Yr ail dechneg yw modelu eich hun ar esiampl dda. Byddwch yn meddwl am berson arbennig sydd bob amser (cyn belled ag y gwyddoch chi) yn ymateb yn dda mewn sefyllfa anodd; hynny yw, mewn ffordd nad yw'n flin nac yn ddig. Byddwch yn cadw'r person yma yn eich meddwl yn gyson, a phan fyddwch yn wynebu sefyllfaoedd sydd â'r potensial i greu tymer flin a dicter, rydych chi'n ymateb fel y byddai ef/hi. Yn y pen draw, mae hyn yn dod yn rhan ohonoch chi: byddwch wedi impio'r ymatebion gwell yma ar yr elfennau da o'ch personoliaeth eich hun.

- Y drydedd dechneg yw adolygu: achosion lle gwnaethoch chi ymateb yn wael – ac yn arbennig – achosion lle gwnaethoch chi ymateb yn dda. Yn y ddau achos byddwch yn ymarfer ymatebion at y dyfodol lle rydych chi'n llythrennol yn dychmygu'r sbardun sydd â'r potensial i greu dicter (ond cofiwch osgoi'r fagl o'i ail-fyw) ac yn ymarfer yr ymateb y byddech yn ei ddymuno.

Prosiect

Dau beth da i'w gwneud:

- Dechreuwch gyda'r dechneg goleuadau traffig. Dewch yn arbenigwr ar adnabod dicter a thymer flin yn dynesu, a rhowch eich hun ar olau coch yn syth. Meddyliwch am y person rydych wedi'i ddewis fel esiampl i fodelu eich hun arno, a beth fyddai e'n ei wneud yn y sefyllfa yma. Mae hyn yn eich gosod ar oren, oherwydd nawr mae gennych chi ddarlun o ymateb gwirioneddol dda (heb dymer flin na dicter). Yna symudwch ymlaen at y gwyrdd; mewn geiriau eraill, rhowch yr ymateb hwnnw ar waith, yn frwd a gydag argyhoeddiad.
- Adolygwch yr adegau y byddwch yn delio'n dda â sefyllfaoedd sydd â'r potensial i sbarduno dicter, dadansoddwch sut gwnaethoch chi hynny, a

chanmolwch eich hun. Os hoffech chi, adolygwch hefyd yr adegau hynny pan wnaethoch chi ymateb yn wael a meddyliwch beth ddylech chi fod wedi'i wneud yn lle hynny. Mae'r ddau beth yma'n bethau da i'w gwneud.

Mae hwn yn brosiect gwerth chweil a fydd o fudd mawr i chi os byddwch yn ei wneud â'ch holl galon.

22

Beth sy'n digwydd yn yr ymennydd pan fyddwn ni'n mynd yn ddig

Yn y bennod hon dwi am i ni edrych yn fwy manwl ar yr hyn sy'n digwydd yn yr ymennydd pan fyddwn ni'n mynd yn ddig. Rydyn ni wedi ei ddisgrifio'n gryno ym Mhennod 1, a nawr dwi am edrych arno ymhellach, ac yn enwedig edrych ar yr hyn y gallwn ni ei wneud i reoli'r 'dicter di-oed' y mae rhannau cyntefig yr ymennydd yn gallu'i gynhyrchu. Mae'n berthnasol er mwyn deall ein dicter a'n tymer flin, ac yn enwedig y pos lle mae'n ymddangos ein bod yn gwneud pethau nad ydyn ni eisiau eu gwneud. Mae 'Beth ddaeth dros fy mhen i?' a geiriau llawn dryswch o'r fath yn ddigon cyffredin pan fyddwch chi'n siarad gyda phobl ddig a blin.

Y system limbig

Mae'r system limbig yn eithaf allweddol i allu deall pethau. Daw'r gair 'limbig' o'r Lladin am 'ymylol' ac mae'r gair yn enw a roddwyd ar ddarn o'r ymennydd oedd yn ymddangos yn ymylol i brif ran yr ymennydd. Dyma gartref yr amygdala a'r hypothalamws ac mae'n gyfrifol i raddau helaeth am ein hemosiynau. Mae Carl Sagan weithiau'n cyfeirio ato fel yr ymennydd ymlusgiadol ac mae Paul Gilbert yn aml yn cyfeirio ato fel yr hen ymennydd (esblygiadol), a dwi'n eithaf hoff o gyfeirio ato fel yr ymennydd cyntefig. Mae'n debyg fod pob un o'r termau hyn yn cyfleu'r syniad eich bod yn dod o hyd i'r rhan yma o'r ymennydd yn y rhan fwyaf o famaliaid; mae'n gyfrifol am lawer o'n hemosiynau, ein hysfeydd a'n greddfau.

Gan ei fod yn gartref i'r amygdala (y gair Lladin am gneuen almon – mae'n ffurf sydd yr un maint a'r un siâp ag almon ac yn gyfrifol am lawer o'n hemosiynau), pan gawn ein llethu gan ddicter neu emosiwn cryf arall, cyfeirir at hyn weithiau fel 'herwgipiad yr amygdala' oherwydd ei bod fel petai ein gallu i feddwl yn rhesymol wedi cael ei herwgipio. Mae pobl hefyd yn cyfeirio at y cyflwr hwn fel 'niwl coch yn dod drostyn nhw' neu 'fod yn benwan'. Mae rhai gwledydd hyd yn oed yn cydnabod hyn yn y gyfraith lle mae ganddyn nhw gategori troseddol o'r enw 'crimes passionnels' sy'n awgrymu bod y person wedi'i 'herwgipio' i'r fath raddau gan ei emosiynau ar y pryd fel nad yw, dros dro, yn *compos mentis* – does ganddo ddim digon o bwyll i fod â barn gytbwys.

Y cortecs cerebrol

Dyma'r rhan o'r ymennydd sy'n ceisio ein gwneud yn fwy diwylliedig nag y byddai'r system limbig yn naturiol yn caniatáu i ni fod. Mae'n gyfrifol am feddwl, cynllunio, ataliadau, symudiad, deall y delweddau y mae'r llygaid yn eu casglu a'r seiniau y mae'r clustiau'n eu clywed, ac ati. Dyma y byddwn fel arfer yn ei ystyried yn ymennydd, yn enwedig pan fyddwn yn disgrifio person fel rhywun 'ymenyddol', sy'n golygu y gallai fod yn treulio llawer o amser yn gwneud croeseiriau a phosau rhesymeg ac yn meddwl yn ddwfn a thrafod pethau.

Y rhyngweithio rhwng y system limbig a'r cortecs cerebrol

Dyma lle mae pethau'n dechrau mynd yn ddiddorol. Dwi'n credu mai Carl Sagan a soniodd am yr anffawd ein bod wedi ein creu gydag un rhan o'r ymennydd sy'n gallu dyheu am reoli'r byd a rhan arall o'r ymennydd sy'n gallu ceisio darganfod sut gallen ni wneud hynny. Adolf Hitler sy'n dod i'r meddwl yn syth, ond dim ond un o blith nifer yw hwnnw.

Rydw innau'n cofio gweld rhywun oedd yn ymddangos yn analluog i'w rwystro ei hun rhag ymosod yn rhywiol ar fechgyn bach. Cymaint oedd yr ysfa oedd yn dod o'i system limbig fel nad oedd yn gallu gwrthsefyll y peth. Yn y diwedd, daeth y rhan o'i ymennydd sy'n meddwl – y cortecs cerebrol – i'r casgliad mai'r unig ffordd allan oedd iddo'i ladd ei hun, ac fe weithredodd yn unol â hyn. (Ond fe gafodd ei 'achub' gan ymwelydd annisgwyl â'i gartref ac felly fe oroesodd, gan dreulio gweddill ei fywyd yn y carchar.) Mae hwn yn achos eithafol, ond mae'n dangos grym yr ysfa sy'n dod o'r ymennydd cyntefig.

I amddiffyn yr ymennydd cyntefig, dylwn hefyd dynnu sylw at y ffaith ei fod yn gyfrifol am gynhyrchu'r emosiynau a'r ysfeydd sy'n esgor ar yr ymddygiad dewr ac altrwistaidd a welwn yn ddyddiol. Er enghraifft, pobl yn gadael eu cartrefi cysurus i beryglu eu bywydau drwy deithio i helpu pobl mewn gwledydd sy'n dioddef yn sgil epidemig o firws marwol. Yn nhermau'r cortecs cerebrol dydy ymddygiad fel hyn 'ddim yn gwneud synnwyr'; mae'n cael ei yrru gan rywbeth llawer dyfnach o'n mewn ni.

Mae Marsha Linehan wedi cynhyrchu diagram sydd, efallai, wedi'i wreiddio yn yr hyn rydyn ni'n ei drafod fan hyn. Mae hi'n disgrifio'r meddwl rhesymegol a'r meddwl emosiynol ac yn eu darlunio fel dau gylch sy'n gorgyffwrdd, gyda'r rhan sy'n gorgyffwrdd yn cael ei galw'n 'feddwl doeth' gan gymryd i ystyriaeth y rhesymegol a'r emosiynol ar yr un pryd. Y syniad yw y gallwn weithredu ar sail y meddwl doeth, gan unwaith eto gymryd i ystyriaeth dwy adran yr ymennydd. Mae hyn yn ymddangos fel syniad rhagorol a dyma sy'n digwydd, er enghraifft, mewn 'gwaith cadair' – gweler Pennod 13.

Ond un o'r problemau sydd gennym gyda dicter a thymer flin yw bod yr ymennydd cyntefig yn gweithredu cymaint yn gynt na'r ymennydd rhesymegol. Felly, weithiau rydyn ni'n ddig hyd yn oed cyn i'r ymennydd sy'n meddwl gael cyfle i ystyried a oes gennym ni hawl i fod yn ddig. Mae hyn yn achosi problemau i ni. Mae pethau'n gallu digwydd sy'n ein gwneud yn ddig ar unwaith, a bydd ein hymateb yr un mor sydyn, ac yn ddigon aml byddwn yn difaru hyn. Dyma pryd mae sylwadau fel 'beth ddaeth dros fy mhen i?' yn berthnasol. Ac mewn gwirionedd, wrth gwrs, doedden ni ddim yn meddwl, dyna'r pwynt – daeth ein hymateb o'r ymennydd cyntefig yn hytrach na'r ymennydd rhesymegol, sy'n meddwl.

Felly beth fedrwn ni ei wneud am hyn? Afraid dweud nad ydy hyn yn rhywbeth y gallwn feddwl drwyddo'n rhesymegol a chynllunio sut i ymateb yn ei erbyn gan ei fod yn dod o'r ymennydd cyntefig. Ar y llaw arall, rydyn ni'n gwybod yn iawn fod yr ymennydd cyntefig weithiau'n fwy blin ac weithiau'n haws ei gynddeiriogi nag ar adegau eraill.

Os byddwch yn cadw dyddiadur tebyg i'r un a gafodd ei ddisgrifio'n gynharach, yna efallai y gallwch ddadansoddi a chanfod rhyw batrwm; i'ch galluogi i weld pryd mae eich ymennydd cyntefig yn cael ei gynddeiriogi fwyaf. Os nad ydych yn cadw dyddiadur, byddwn yn awgrymu fod rhai pethau'n eich gwneud yn fwy agored i hyn, megis:

- Bod yn sâl neu mewn poen
- Bod wedi blino
- Bod eisiau bwyd
- Bod yn feddw
- Peidio â bod yn ffit neu eich bod heb gael ymarfer corff yn ddiweddar
- Bod yn bryderus
- Bod yn isel
- Pobl neu sefyllfaoedd penodol

Felly'r peth lleiaf y gallwn ni ei wneud yw cydnabod y pethau hyn – a lleihau'r nifer o weithiau rydyn ni wedi blino, eisiau bwyd, yn feddw, ddim yn ffit, yn bryderus neu'n isel.

Mae 'pobl neu sefyllfaoedd penodol' yn gategori diddorol, fodd bynnag. Efallai y byddwch wedi sylweddoli bod dicter a thymer flin yn faterion sy'n berthnasol i mi'n bersonol a dwi'n falch o allu dweud 'mod i wedi eu trechu nhw. Neu o leiaf, wedi eu trechu i'r graddau y gall unrhyw un ei wneud. Ac eto, roeddwn yn eistedd wrth fwrdd gyda chwech o bobl eraill dros ginio yn ddiweddar ac roedd y fenyw nesaf ataf i yn mynd dan fy nghroen i gymaint nes i mi orfod gwneud esgus i newid lle. Byddwn yn dadlau mai dyma oedd y peth iawn i'w wneud yn hytrach nag eistedd yno'n brwydro i reoli fy nheimladau blin. Y ffordd orau i gael gwared ar y teimladau'n llwyr oedd symud i le gwahanol wrth y bwrdd. Dwi'n credu bod hon yn strategaeth dda, a byddwn yn eich annog i wneud yr un peth pe bai angen neu pe baech yn gweld eich bod mewn sefyllfa debyg.

Beth am 'sefyllfaoedd penodol'? Un categori o sefyllfaoedd penodol i mi yw orielau celf. Fedra i mo'u dioddef. Mae hyn yn anffodus oherwydd bod gan fy ngwraig gymhwyster ôl-radd mewn hanes celf ac mae hi wrth ei bodd â nhw. (Rhag ofn i chi neidio i'r casgliad mai'r rheswm nad ydw i'n eu hoffi yw oherwydd bod fy ngwraig yn eu hoffi, dydw i ddim yn credu bod hynny'n wir: dwi'n hoffi llawer o bethau mae fy ngwraig yn eu hoffi.) Gyda dim ond dau eithriad (y National Portrait Gallery yn Llundain a'r Metropolitan Museum yn Efrog Newydd, os ydych chi am gael gwybod), mae pob oriel gelf rydw i wedi bod iddi wedi ennyn teimladau blin a diflas ynof. Does gen i ddim syniad pam; efallai oherwydd i mi gael fy llusgo o gwmpas llefydd tebyg yn blentyn a 'mod i wedi eu cysylltu ag artaith byth oddi ar hynny, pwy a ŵyr? Yr hyn dwi yn ei wybod yw mai peth call yw i mi eu hosgoi nhw, a dyna fydda i'n ei wneud, ac eto, i mi, nid twyllo yw hyn; mae'n fater o synnwyr cyffredin, ac yn ddull o weithredu y byddwn yn ei argymell i chi os ydych chi'n gweld bod hyn yn canu cloch yn eich bywyd chi. (Gyda llaw, mae fy ngwraig yn mabwysiadu'r un strategaeth gydag ystafelloedd arddangos ceir, sy'n ei diflasu hi.)

Mynd gam ymhellach

Os hoffech chi weld enghraifft ddoniol o'r ymennydd cyntefig ar waith, chwiliwch am 'Ellen scares Taylor Swift' ar YouTube. Fel y mae'r teitl yn ei awgrymu, mae Ellen DeGeneres yn neidio allan o flaen Taylor Swift sy'n syrthio i'r llawr mewn dychryn ar unwaith. Gallwch weld ei hymennydd rhesymegol yn graddol adennill rheolaeth ond gallwch hefyd weld bod ei hymennydd cyntefig wedi ei rhoi mewn cyflwr argyfwng ar unwaith, cyflwr y mae hi'n dod allan ohono yn arafach nag yr aeth hi i mewn iddo, gan geisio cysur i'w gyflawni.

Fe restrais i rai ffactorau a allai 'gynddeiriogi' yr ymennydd cyntefig. Oes yna rai sy'n berthnasol i chi? Os felly, ticiwch nhw a gwnewch gynllun gweithredu. Oes yna rai eraill yr hoffech chi eu hychwanegu at y rhestr? Dyma nhw eto:

- Bod yn sâl neu mewn poen
- Bod wedi blino
- Bod eisiau bwyd
- Bod yn feddw
- Peidio â bod yn ffit neu eich bod heb gael ymarfer corff yn ddiweddar
- Bod yn bryderus
- Bod yn isel
- Pobl neu sefyllfaoedd arbennig

Os oes gennych ddiddordeb, efallai yr hoffech chi chwilio ar y we am ddelweddau o'r ymennydd i weld sut mae'n edrych a gweld a ydych chi'n gallu dod o hyd i'r rhannau rydyn ni wedi eu trafod.

23

'Ond dwi ddim bob amser yn flin, dim ond weithiau': hwyliau

Y newyddion drwg am y bennod hon yw ei bod hi'n hir. Ond mae yna ddau newydd da: y cyntaf yw bod y pwnc dan sylw'n naturiol ddiddorol a pherthnasol. Yr ail yw bod yna isbenawdau clir, felly gallwch ddewis y darnau rydych chi'n credu sy'n mynd i fod yn *fwyaf* diddorol a pherthnasol i chi'n bersonol, pe bai'n well gennych chi wneud hynny.

Ydych chi weithiau'n cael y profiad o *deimlo'n* flin heb reswm amlwg? Does neb hyd yn oed wedi gwneud dim byd eto, ond rydych chi'n gwybod pe baen nhw'n gwneud rhywbeth y byddai wir yn dân ar eich croen chi. Neu rydych chi gyda phobl eraill ac mae popeth mae unrhyw un yn ei ddweud neu ei wneud, a'r ffordd maen nhw'n gwneud hynny, yn eich gwneud chi'n flin.

Efallai nad yw pobl eraill yn sylweddoli eich bod yn teimlo felly, efallai eich bod yn gallu cadw hyn i chi'ch hun – o bosib o ganlyniad i ddarllen y bennod flaenorol ar 'ymatebion'. Ond tu mewn, rydych chi'n teimlo'n 'bigog'.

Yr enw ar hyn yw 'bod mewn hwyliau drwg', ac mae

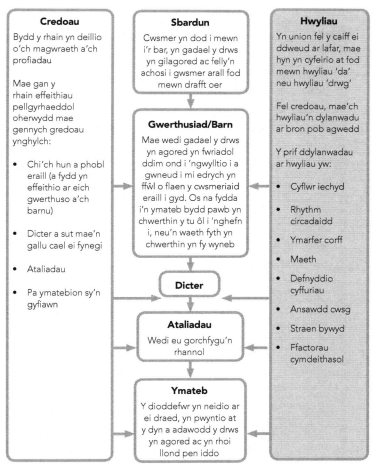

Ffigur 23.1 Model ar gyfer dadansoddi tymer flin a dicter

hynny'n crynhoi'r peth. Yn dechnegol, hefyd, mae'r teimlad yn dod dan y pennawd 'hwyliau'. 'Nôl yn Rhan Un fe edrychon ni ar y mathau o bethau sy'n dylanwadu ar hwyliau, sef:

trefn, ymarfer corff, maeth, cyffuriau, cwsg, salwch, straen a ffactorau cymdeithasol (fel uchod). Os gallwn ni gael y ffactorau hyn yn iawn, yna rydyn ni'n llawer llai tebygol o gael ein hunain mewn 'hwyliau drwg'.

Yn ddiddorol, mae llawer o bobl wedi cael cymaint o'r ffactorau hyn allan o drefn fel eu bod yn treulio llawer o'u bywydau mewn hwyliau drwg, ac yn teimlo fod hyn yn 'rhan o fywyd'. Y newyddion da yw nad yw hynny'n wir; mae'n ddigon posib – ac yn weddol hawdd – i chi ddatrys y ffactorau hyn nes bod 'hwyliau drwg' mynych yn mynd yn rhan o'r gorffennol.

Felly gadewch i ni edrych arnyn nhw yn eu tro.

Trefn

Mae'r corff wrth ei fodd â threfn, gwneud yr un pethau yr un pryd bron bob dydd. Peidiwch â chael eich twyllo gan y syniad fod rhaid i 'drefn' fod yn ddiflas. I'r gwrthwyneb, gallwch, os dymunwch, fyw'r bywyd mwyaf cyffrous yn y byd; dim ond i chi wneud yn siŵr eich bod yn gwneud hynny bob dydd!

Y ddau *brif* beth mae'r corff eisiau eu gwneud ar amseroedd rheolaidd yw bwyta a chysgu. O'r ddau, mae'n debyg mai cysgu yw'r pwysicaf. Felly yr hyn sy'n rhaid i chi ei wneud yw mynd i'r gwely a chodi fwy neu lai yr un pryd y rhan fwyaf o'r amser.

Yn yr un modd, mae angen i chi geisio bwyta fwy neu lai yr un amser y rhan fwyaf o ddyddiau. Y ffordd orau i wneud hynny yw gosod amseroedd i chi'ch hun ar gyfer brecwast, cinio, te a swper (os mai dyna'r prydau rydych chi'n eu bwyta), ac yna rhoi hanner awr o ras i chi'ch hun cyn neu ar ôl yr amseroedd hynny. Felly, efallai y byddwch yn dweud eich bod yn bwyta brecwast am 8 a.m., cinio am 1 p.m., te neu fyrbryd am 5 p.m. a swper am 8 p.m., a fyddai mewn gwirionedd yn golygu eich bod yn cael brecwast rywbryd rhwng 7.30 a.m. a 8.30 a.m., cinio rywbryd rhwng 12.30 p.m. a 1.30 p.m., te neu fyrbryd rywbryd rhwng 4.30 p.m. a 5.30 p.m., a swper rywbryd rhwng 7.30 p.m. a 8.30 p.m.

Dwi'n pwysleisio hyn oherwydd fy mod i wedi gweld rhai pobl sy'n mynd yn rhy ofalus ynghylch bwyta yr un pryd *yn union* bob dydd, a gall hyn gyfyngu arnyn nhw a bod yn anodd ei gynnal. Y cyfan dwi'n ei awgrymu yw eich bod yn yfed ac yn bwyta *fwy neu lai* yr un pryd, ar y rhan fwyaf o ddyddiau.

A beth sy'n digwydd os na wnewch chi hynny? Os ydych chi'n gwybod sut beth yw *jet lag*, yna dyna sut bydd eich bywyd, ond eich bod mewn cyflwr parhaus sy'n debyg i *jet lag*. Does dim byd cyfriniol ynghylch sut mae *jet lag* yn digwydd: does ganddo ddim i'w wneud ag injans jet neu awyrennau ynddynt eu hunain; mae'n digwydd pan fydd rhywun yn symud o un gylchfa amser i un arall, ac mae hyn yn amharu ar 'gloc y corff', sef rhythm neu drefn gorfforol rhywun.

Yr enw technegol ar hyn yw'r 'rhythm circadaidd' – rhythm y drefn reolaidd o gwmpas y cylch 24 awr y mae'r corff yn hoffi ei chynnal.

A phan fyddwch chi mewn cyflwr o *jet lag* – sy'n aml yn cael ei ddisgrifio fel bod 'wedi blino ac yn flin' – rydych chi, heb os, yn flin. Felly gallwch leihau'n enfawr pa mor flin ydych chi dim ond drwy gynnal trefn reolaidd.

Mae hyn i gyd yn arwain at brosiect clir a phwerus i sefydlu trefn.

Cam 1: Rhestrwch y canlynol i gyd:

- Amser codi:
- Amser y pryd cyntaf:
- Amser yr ail bryd:
- Amser y trydydd pryd:
- Amser y pedwerydd pryd (os oes un):
- Amser gwely:

Cam 2: Cadwch at yr amseroedd rydych chi wedi eu nodi, o fewn 30 munud cynt neu wedyn.

Cam 3: Gallwch gadw dyddiadur os dymunwch; hynny yw, cofnodwch yn union pa amser rydych chi'n bwyta ac yn cysgu. Efallai y byddwch yn cael eich synnu gan ba mor anodd yw hi i'w cadw'n rheolaidd, yn enwedig os nad ydych chi wedi arfer gwneud hyn. Ond dyfal donc; dyma un o gerrig sylfaen cynhyrchu hwyliau sefydlog ar eich cyfer eich hun.

Ymarfer corff

Dwi'n gwybod eich bod wedi clywed hyn o'r blaen, bod ymarfer corff yn dda i chi. Wel, mae gen i ofn fod hynny'n hollol wir: mae bodau dynol wedi eu creu i wneud ymarfer corff. Mae'n codi'r hwyliau, yn cryfhau pob math o ffactorau corfforol, ac yn gyffredinol mae'n gwbl wych.

Yr unig newyddion da (os ydych chi'n debyg i mi) yw nad oes raid i ymarfer corff fod yn waith caled. Does dim rhaid i chi fynd i gampfa am sesiwn galed. Mae cerdded yr un mor effeithiol.

Mae doethineb confensiynol yn mynnu mai ymarfer aerobig sydd orau, ond mae ymchwil mwy diweddar yn ymddangos fel pe bai'n awgrymu bod unrhyw ymarfer corff yn ymarfer da. Felly cerddwch pryd bynnag y gallwch chi, rhedwch i fyny i'r llofft – yn gyffredinol, gwnewch yn siŵr eich bod yn cael cymaint o ymarfer corff ag y gallwch chi. Os hoffech chi fynd i nofio yn ogystal, neu ymuno â champfa, neu wneud ioga neu pilates, yna mae hyn yn wych hefyd. Ond peidiwch â gwneud ymarfer caled cyn cael gair â'ch meddyg teulu yn gyntaf.

Awgrym neu ddau

Mae tri ffactor wedi codi'n eithaf rheolaidd gyda phobl dwi wedi eu gweld, sef:

- Mae pobl (menywod yn arbennig, ond nid dim ond menywod) yn dweud y bydden nhw'n cerdded ond eu bod yn cael eu rhwystro rhag gwneud hynny oherwydd bod ganddyn nhw'r esgidiau anghywir. Dydyn ni ddim yn siarad am gerdded 'o ddifrif'; dim ond cerdded 'nôl a 'mlaen o'r arhosfan bysiau, neu hyd yn oed i fyny'r grisiau weithiau. Yn amlwg, mae a wnelo hyn â faint o flaenoriaeth sy'n cael ei rhoi i wneud ymarfer corff; rhowch ychydig mwy o flaenoriaeth iddo a gwnewch yn siŵr fod gennych chi esgidiau sy'n ddigon cysurus i gerdded ynddyn nhw ac, os dymunwch, rhai sy'n edrych yn dda hefyd.

- Mae rhai, sy'n cael braidd dim cyfle naturiol i wneud ymarfer corff, yn dweud eu bod wedi blino gormod i wneud ymarfer corff ar ôl cyrraedd adref. Yn eironig, pe baen nhw'n gallu gwneud iddyn nhw'u hunain wneud ymarfer corff, yna byddai'r ymarfer ei hun yn gwneud iddyn nhw deimlo'n fwy egnïol. Yr ail ffordd o edrych ar y peth (oherwydd mae hi, mewn gwirionedd, yn beth anodd iawn 'gwneud' i chi'ch hun wneud ymarfer corff) yw y dylen nhw roi mwy o flaenoriaeth i'r ymarfer: mewn geiriau eraill, ymarfer yn gynharach yn y bore, ganol dydd, neu rywbryd arall, os ydyn nhw'n gwybod y byddan nhw wedi blino gormod gyda'r nos. (Ac yn ei dro, byddai hyn hefyd yn eu gwneud yn llai blinedig gyda'r nos.)

- Mae rhai pobl yn cael eu temtio i gymysgu ymarfer corff gyda gorbryder. Er enghraifft, fe welais i un dyn oedd yn fwriadol yn gadael ychydig yn hwyr i ddal y bws bob bore. Roedd hynny'n golygu y byddai'n gorfod cerdded yn eithaf cyflym i lawr y ffordd i'r arhosfan bysiau. Mae hyn yn drueni; mae ymarfer corff i fod yn weithgaredd naturiol, dibryder!

Prosiect ymarfer corff

Mae hwn hefyd yn faes allweddol a allai ddod â manteision enfawr i chi.

- Y prosiect gorau yw cadw dyddiadur o faint o ymarfer corff rydych chi'n ei wneud. Gall hwn fod yn ymarfer 'endemig', lle mae ymarferion yn cael eu 'hadeiladu i'ch trefn ddyddiol' drwy gerdded o un lle i'r llall ac yn y blaen. Mewn gwirionedd, mae ei wneud yn rhan annatod o'ch dydd yn syniad da iawn; mae hynny'n golygu na fydd yn llithro unwaith y bydd eich brwdfrydedd yn pallu! Neu gall fod yn ymarfer wedi'i drefnu: mynd am dro yn fwriadol, neu i nofio, neu am sesiwn yn y gampfa.
- Y naill ffordd neu'r llall, mae'n syniad da iawn cofnodi faint o ymarfer corff rydych chi'n ei wneud; yn wir, mae'n gallu bod yn ddiddorol – ac yn llesol – i weld cyn lleied mae rhywun yn ei wneud weithiau!

Y cwestiwn olaf: faint yn union o ymarfer corff ddylech chi ei wneud? Yr ateb yw: fwy neu lai cymaint ag yr ydych chi eisiau ei wneud. I'r rheini ohonom sy'n dilyn trefn 'arferol' mae'n anodd cael llawer o ymarfer corff. Ond gwnewch yn siŵr eich bod yn cael digon o weithgaredd ysgafn. Mae anadlu'n gyflymach nag arfer, ac efallai chwysu hyd yn oed, yn beth da; efallai nad yw bod yn amlwg yn fyr eich gwynt a theimlo anghysur yn beth da.

Maeth

Yn y rhan fwyaf o'r byd Gorllewinol mae pobl yn bendant yn bwyta digonedd o galorïau. Ond mater arall efallai yw a ydych chi'n bwyta deiet sy'n dda i chi.

Yn aml, mae'n ymddangos bod llawer o wybodaeth sy'n gwrth-ddweud ei hun ynghylch beth sy'n gwneud deiet da, ac mae hynny weithiau'n golygu bod pobl yn teimlo fel rhoi'r gorau iddi a bwyta'n union beth maen nhw eisiau ei fwyta. Mae hyn yn drueni, oherwydd mae hi'n ddigon syml cael deiet cymharol gytbwys.

Mae'r doethineb confensiynol cyfredol yn cael ei grynhoi orau drwy ddweud fod yna bedwar prif fath o fwyd:

1. Ffrwythau a llysiau.
2. Bwydydd uchel mewn carbohydradau fel bara, reis, tatws, pasta.
3. Bwydydd uchel mewn protein fel cig, pysgod, dofednod.
4. Bwydydd uchel mewn braster fel pysgod olewog, wyau, llaeth, cnau ac ati.

... ac y dylen ni fwyta pob un ohonyn nhw. Does dim byd yn 'bod' ar unrhyw un o'r pedwar categori; mater o gydbwysedd yw'r cyfan.

Mae'n debyg mai camgymeriad fyddai i chi osgoi mathau penodol o fwyd oni bai bod gennych alergedd y cawsoch ddiagnosis clir ohono – fel cnau i rai pobl. Er enghraifft, mae'n gallu bod yn annoeth osgoi colesterol yn llwyr, oherwydd dangoswyd bod lefelau isel iawn o golesterol yn gysylltiedig â hwyliau isel. (Ond ar yr un pryd, dydy cymryd swm cymedrol o golesterol *ddim* yn golygu bwyta llwyth o fisgedi a siocledi; mae rhai o'r mathau gorau o golesterol i'w cael mewn pysgod olewog fel mecryll, penwaig ac ati.) Yn yr un modd, gwelwyd bod peidio â chael digon o unrhyw un o'r categorïau yn cael effaith niweidiol.

Y peth nesaf yw: pa mor dda ydych chi am dreulio eich bwyd? Mae'n siŵr eich bod wedi cael cyfarwyddyd, pan oeddech chi'n ifanc, bod angen cnoi eich bwyd yn iawn cyn llyncu – ac mae hynny'n dal yn wir! Y rheswm am hyn yw nid yn unig bod suddoedd treulio'n dod i'r geg, ond mae cnoi hefyd yn cynhyrchu suddoedd eraill yn y llwybr treulio er mwyn i'r bwyd, pan fydd yn cyrraedd y fan honno, fod yn 'ddisgwyliedig'.

Mae'n well os gallwch chi 'roi'ch meddwl ar waith' wrth fwyta, yn hytrach na bwyta wrth symud, neu tra eich bod wedi ymgolli mewn sgwrs â phobl eraill, ac yn y blaen. A'r gred gyffredinol yw ei bod hi'n beth da bwyta bwyd heb ei brosesu cymaint â phosib, oherwydd fe gewch chi wedyn well teimlad o ba fwyd mae'ch system ei eisiau ar unrhyw adeg benodol.

Ac yn olaf, mae'n dal i fod yn wir nad yw rhai pobl yn yfed digon o ddŵr. Ac mae'n debyg ei *bod* hi'n well dweud 'dŵr' yn hytrach na 'hylif', er bod yr olaf yn swnio'n llawer mwy technegol! Y broblem yw, os byddwch chi'n meddwl yn nhermau 'hylifau', mae'n agor y drws i ormod o goffi, te, sudd ffrwythau, diodydd pefriog ac ati. Mae'n well meddwl yn nhermau dŵr. Does dim rhaid i chi yfed mwy nag yr ydych chi ei eisiau, ond cofiwch yfed digon.

Prosiect maeth

Does dim angen mynd dros ben llestri gyda hwn, dim ond sicrhau eich bod yn gwneud y pethau canlynol:

- Bwyta deiet cymharol gytbwys, fel sy'n cael ei ddisgrifio uchod.
- Rhoi cyfle da i'ch corff dreulio'r bwyd rydych chi'n ei fwyta'n iawn drwy barchu amseroedd bwyd, y bwyd ei hun a'ch llwybr treulio! Cofiwch nid yn gymaint 'ein bod ni'r hyn rydyn ni'n ei fwyta', ond yn hytrach 'ein bod ni'r hyn rydyn ni'n ei dreulio'n iawn'.
- Yfed digon o ddŵr.

Dwi'n dweud 'does dim angen i chi fynd dros ben llestri' gan nad ydw i eisiau i chi fynd yn obsesiynol ynghylch beth rydych chi'n ei fwyta, sut rydych chi'n ei fwyta a beth rydych chi'n ei yfed gyda fe. Serch hynny, mae maeth yn bwysig; felly, os yw hyn yn arbennig o berthnasol i chi, gwnewch yn siŵr eich bod yn ei ddatrys. Yn bersonol, dwi wedi sylwi ei fod yn cael effaith enfawr.

Caffein

Mae caffein yn droseddwr mawr o ran amharu ar ein hwyliau, felly gadewch i ni edrych i weld o ble mae'n dod. Mae'r tabl ar dudalen 285 yn dangos mai prif ffynonellau caffein yw coffi (yn cynnwys coffi parod), te (fwy neu lai yr un faint â choffi parod, sy'n synnu llawer o bobl), diodydd egni a diodydd cola.

Mae cryn dipyn hefyd mewn siocled tywyll, yn enwedig os ydych chi'n bwyta llawer ohono!

TABL: FAINT O GAFFEIN SYDD MEWN RHAI DIODYDD A BWYDYDD:

Eitem	Cyfartaledd caffein (mg)
Coffi (cwpan 5 owns/140g) dull trwytho a diferu	115
coffi percoladur	80
coffi parod	65
coffi heb gaffein, wedi'i drwytho	3
coffi heb gaffein, parod	2
Te wedi'i drwytho (cwpan 5 owns/140g)	50
te parod (cwpan 5 owns/140g)	30
te oer (12 owns/340g)	70
Diod coco (cwpan 5 owns/140g)	4
Diod siocled llaeth (8 owns/227g)	5
Llaeth siocled (1 owns/28g)	6
Siocled tywyll, lled felys (1 owns/28g)	20
Coca-Cola (12owns/340g)	45.6
Diet Coke (12 owns/340g)	45.6
Pepsi Cola (12 owns/340g)	38.4
Diet Pepsi (12 owns/340g)	36
Pepsi Light (12 owns/340g)	36

Mae'n syndod i rai fod caffein yn gallu cael y fath effeithiau pellgyrhaeddol. Dangoswyd ei fod yn gysylltiedig â bod yn biwis ac mae'n hysbys fod iddo nodweddion sy'n amharu ar gwsg, ac mae llawer o bobl ar binnau pan fyddan nhw'n yfed gormod.

I grynhoi, mae caffein yn un o'r sylweddau hynny y mae'n well ei gymryd mewn cymedroldeb. Mae peth tystiolaeth fod lefel gymedrol (tua thair cwpanaid o goffi parod y dydd) yn cael effaith gwrthiselder eithaf da. Ond os ydych chi'n yfed mwy na hyn efallai y dylech chi ystyried torri i awr, yn ôl i'r lefel ddyddiol honno o dair cwpanaid.

Os ydych chi'n yfed gormod o goffi (a dwi wedi dod ar draws pobl sy'n yfed deg cwpanaid ar hugain y dydd), y ffordd orau o dorri i lawr yw haneru faint rydych chi'n ei yfed i ddechrau. Ac yna cadwch at y lefel honno am wythnos neu ddwy. Yna hanerwch hynny eto. Yna arhoswch ar y lefel honno am wythnos neu ddwy, a'i haneru eto os oes angen – gan gadw i fynd nes eich bod yn cyrraedd tua thair cwpanaid y dydd.

Efallai y byddwch yn ei chael hi'n syndod o anodd torri i lawr, oherwydd er bod y rhan fwyaf o bobl yn credu nad ydyn nhw'n gaeth i faint o gaffein y maen nhw'n ei gael, efallai eich bod chi. Mae symptomau diddyfnu (*withdrawal symptoms*) cyffredin yn cynnwys cur pen poenus a lludded, ac mae'n ymddangos fod caffein ar y cyfan yn lleihau eich lefelau egni yn hytrach na'u hybu. Mae rhai pobl sy'n cael cur pen y peth cyntaf yn y bore neu ar benwythnosau yn gweld ei fod yn gysylltiedig â diffyg caffein am nad ydyn nhw, yn ddigon naturiol, ddim fel arfer yn cael caffein drwy'r nos ac am fod llawer o bobl yn yfed tipyn mwy o gaffein yn ystod yr wythnos waith nag ar y penwythnosau.

I grynhoi felly, cyfyngwch eich hun i ryw dair cwpanaid o goffi parod neu rywbeth sy'n cyfateb i hynny bob dydd. A hyd yn oed wedyn, peidiwch â chael un o'r rheini gyda'r nos neu mae'n debyg y bydd yn amharu ar eich cwsg. Mae gan gaffein 'hanner bywyd' o ryw chwe awr, felly os cewch chi gwpanaid o goffi am 2 p.m., bydd hi'n 8 p.m. cyn y bydd wedi lleihau i hanner ei heffaith wreiddiol, a hyd yn oed am 2 a.m. bydd chwarter ei heffaith yn dal ynoch chi.

Alcohol

Mae'r un peth yn wir am alcohol, fwy neu lai. Mae'n iawn mewn cymedroldeb, ond mae'n troi'n broblem os ydyn ni'n yfed gormod.

Uchafswm yr unedau yr wythnos sy'n cael eu hargymell yn y Deyrnas Unedig yw 14. Mae hyn yn 350 ml o wirodydd 40%, 1 litr (un botel a thraean) o win 14% nodweddiadol, neu 2.8 litr (ychydig llai na 5 peint) o gwrw 5%.

Mae argymhellion cyfredol yr Unol Daleithiau ychydig yn is; mae'r Conneticut Clearinghouse ('un o raglenni'r Wheeler Clinic Inc., sydd wedi'i chyllido gan y Department of Mental Health and Addictions Service') yn dweud na ddylid yfed mwy na lefel gymedrol, ac mae'n diffinio 'cymedrol' fel un ddiod y dydd i fenywod a dwy ddiod y dydd i ddynion, lle mae un ddiod yn cyfateb i 1.5 owns o wirodydd distyll (40% alcohol), 5 owns o win a 12 owns o gwrw arferol.

Dwi'n disgwyl y bydd uchafswm y Deyrnas Unedig yn cael ei ostwng ymhen amser. Beth bynnag, os byddwch chi'n yfed llawer mwy na hyn a hefyd yn gweld eich bod chi'n flin, yna mae angen i chi weithio'n galed i leihau'r alcohol rydych chi'n ei yfed i lefel yr argymhellion yma ar y mwyaf.

Y broblem fawr gydag alcohol yw ei fod yn amharu ar eich cwsg. Yn groes i'r gred boblogaidd, y tebygolrwydd yw bod ansawdd eich cwsg yn cael ei amharu yn hytrach na'i wella wrth yfed alcohol. Yn amlwg, o yfed llawer ohono, mae'n eich gadael gyda phen mawr, a hyd yn oed wrth yfed ychydig mae'n dal i'ch gadael heb fod ar eich gorau drannoeth.

Prosiect alcohol

- Mae hwn yn glir ac yn syml: ceisiwch leihau eich lefel i'r uchafswm o unedau alcohol yr wythnos sy'n cael ei argymell.

- Yn amlwg, mae hwn yn un pwysig, nid yn unig oherwydd y goblygiadau o ran eich tymer flin, ond hefyd o ran lleihau'r niwed y mae alcohol yn ei wneud i'ch afu a'ch ymennydd yn benodol.

- Os gallwch chi lwyddo i wneud hyn drosoch eich hun, dim ond drwy ddechrau arferiad newydd o yfed llai, yna bydd hynny'n wych. Os oes angen help allanol arnoch chi, mae'n werth ei gael. Efallai y bydd eich meddyg teulu'n gallu argymell rhywun, neu gallwch gysylltu ag Alcoholigion Anhysbys (mae manylion cyswllt lleol yn y llyfr ffôn); does dim rhaid i chi fod yn yfed cymaint ag y credwch chi er mwyn cael help ganddyn nhw. Hefyd, ac mae hyn yn bwysig, mae llawer o bobl yn cael yr holl gymorth sydd ei angen arnyn nhw o lyfrau hunangymorth.

Cyffuriau hamdden (cyffuriau'r 'stryd')

Mae'r categori hwn yn cynnwys llawer iawn o gyffuriau, rhai ohonyn nhw yn gallu rhyngweithio â'i gilydd, felly dydw i ddim yn bwriadu dweud llawer fan hyn. Byddai'n well gen i adael hyn i chi ei benderfynu. O wybod beth dwi wedi'i ddweud uchod am y cyffuriau 'arferol' sef caffein ac alcohol a'r effeithiau newidiol y maen nhw'n eu cael arnon ni, gallwch farnu drosoch eich hun, mae'n debyg, pa effaith y gallai cyffuriau eraill ei chael arnoch chi, os ydych chi'n cymryd rhai, a beth ddylech chi fod yn ei wneud am y peth!

Smygu

Mae rhai ymchwilwyr yn honni bod smygu'n lleihau tymer flin. Mae eraill yn gwrthod hyn ac yn dweud nad yw'r effaith ond yn wir ar gyfer rhai sy'n smygu – hynny yw, os yw smygwr yn crefu am sigarét, yna mae ef neu hi'n fwy tebygol o fod yn flin neu'n ddig ac mae'r effaith hon yn cael ei lleihau os yw'n cael sigarét, ond nid yw bwydo sigaréts i bobl sydd ddim yn smygu (neu bobl sydd wedi rhoi'r gorau i smygu) yn lleihau eu tueddu i fod yn flin ac yn ddig. Sut bynnag, mae'r peryglon iechyd sy'n gysylltiedig â smygu yn golygu mai dim ond un gair o gyngor sy'n bosib fan hyn, ac mae pawb yn gwybod beth yw hwnnw.

Cwsg

Mae'n anodd iawn gorbwysleisio pwysigrwydd cwsg. Os gallwch chi fynd i'r arfer o gael noson dda o gwsg, yna bydd hyn yn cael effaith fawr ar ansawdd eich hwyliau. Mae yna nifer o reolau, ac mae llawer ohonyn nhw wedi cael eu nodi eisoes:

- Codi ar amser rheolaidd; mae'r corff yn hoffi trefn.
- Bwyta ar amser rheolaidd; eto, mae'r corff yn hoffi trefn.
- Osgoi gormod o gaffein (dim mwy na rhyw dair cwpanaid o goffi parod y dydd) a gormod o alcohol (dim mwy na thair uned y dydd i ddynion, dwy i fenywod).
- Cynnwys elfen resymol o weithgaredd corfforol a meddyliol yn eich diwrnod; ceisio torri'r cylch cythreulig o deimlo'n flinedig, felly'n methu â gwneud llawer, felly ddim yn cysgu'n dda iawn ac felly'n teimlo'n flinedig …
- Cael cyfnod o ymlacio cyn mynd i'r gwely; trefn o wneud gweithgaredd ysgafn er mwyn i chi fynd i'r gwely wedi ymlacio.
- Gwneud yn siŵr nad ydych chi'n rhy lwglyd nac yn rhy lawn pan fyddwch chi'n mynd i'r gwely.
- Gwneud yn siŵr eich bod yn mynd i'r gwely ar amser rheolaidd; eto, mae'r corff yn hoffi trefn.
- Mae rhai'n gweld eu bod yn gallu creu cyflwr o hapusrwydd wrth iddyn nhw orwedd yn y gwely; os gallwch chi wneud hyn mae'n syniad da – mae pobl hapus yn cysgu'n well na phobl anhapus!
- Gwnewch yn siŵr eich bod wedi cael gwared ar unrhyw synau annisgwyl o'r gwres canolog neu unrhyw beth arall, a'ch bod yn ddigon cynnes ond heb fod yn rhy boeth.

Efallai nad yw hyn yn ddisgrifiad cynhwysfawr o sut i newid eich arferion cysgu, ond mae'n ddechrau da iawn. Os byddwch chi wir yn gwneud yn siŵr eich bod yn gwneud yr holl bethau hyn, i gyd ar yr un pryd, yna ddylech chi ddim bod yn cysgu'n rhy wael o gwbl. Dim ond un peth arall; peidiwch â *thrio* mynd i gysgu – hyd yn oed os mai dim ond gorwedd yno rydych chi drwy'r nos, yn effro ond wedi ymlacio, bydd eich ymennydd yn mynd i fodd gwahanol ac fe gewch orffwys rhesymol, ond i chi beidio â cheisio gorfodi eich hun i fynd i gysgu.

Prosiect cwsg

- P'un a ydych chi'n meddwl fod gennych chi broblemau cysgu ai peidio, mae'n dal i fod yn syniad gwych cael noson gystal o gwsg ag y gallwch chi. Mae'n anodd gorbwysleisio pwysigrwydd noson dda o gwsg.

- Felly cyfeiriwch eich meddwl at weithredu cymaint o'r pwyntiau y soniwyd amdanyn nhw ag y gallwch chi, yn cynnwys gosod amserau realistig ar gyfer mynd i'r gwely a chodi er mwyn sicrhau eich bod yn cael digon o amser yn y gwely, ond dim gormod.

- Wrth gwrs, os ydych chi'n gweithio shifftiau, gall hyn fod yn broblem. Mae rhai pobl yn gallu ymdopi'n ddigon hawdd â gweithio shifftiau, eraill ddim cystal. Beth bynnag sy'n wir amdanoch chi, gwnewch yn siŵr eich bod yn mynd yn syth i'r drefn newydd cyn gynted ag y bydd eich shifft yn newid;

dydy'r corff ddim fel arfer yn rhy anfodlon gyda newidiadau achlysurol yn y drefn cyn belled â'ch bod chi wedyn yn cadw ati am gyfnod sylweddol o amser. Mae yna bobl eraill sy'n methu ag ymdopi â gweithio shifft nos, er enghraifft. Os ydych chi'n un o'r rhain, yna efallai y bydd rhaid i chi gymryd camau mwy eithafol fel ceisio gweld a oes modd i chi ddod o hyd i swydd nad yw'n cynnwys gwaith nos.

Doed a ddelo, gwnewch bopeth a fedrwch i gael noson dda o gwsg.

Salwch

Os ydych chi'n mynd drwy gyfnod o salwch, yna'r tebygolrwydd yw y bydd hyn yn effeithio ar eich hwyliau.

Efallai nad oes yna lawer y gallwch chi ei wneud am hyn. Gadewch i ni gymryd yn ganiataol eich bod chi'n gwneud popeth o fewn eich gallu i orchfygu'r salwch, boed hwnnw'n salwch tymor byr neu dymor hir, yn gorfforol neu'n feddyliol.

Yr hyn sy'n ddiddorol i ni fan hyn yw eich lefelau o dymer flin a dicter, a'ch tuedd i fod yn flin ac yn ddig. O ran hynny mae yna un peth mawr y gallwch chi ei wneud: pan fyddwch yn dod ar draws person sy'n eich cythruddo chi a'ch bod chi'n amau bod hyn oherwydd eich salwch, gwnewch yn siŵr eich bod yn rhoi'r bai yn glir ar eich *salwch*, ac nid ar y *person*. Os ydych chi eisiau rhegi a diawlio unrhyw beth, cofiwch wneud y salwch yn gocyn hitio ac nid y person. Ac os ydych chi'n gwneud hynny, gwnewch e dan eich gwynt! Neu'n well fyth, gwnewch yn siŵr eich bod y tu hwnt i glyw ac wedyn rhegwch a diawliwch y salwch fel y mynnoch.

Mae yna reol gyffredinol bwysig iawn fan hyn: mae hi bob amser yn dda i fwrw'r bai ar y peth iawn yn hytrach nag ar ryw berson anffodus sy'n digwydd bod gerllaw!

Mae yna un salwch, fodd bynnag, yr hoffwn i ni edrych arno'n fwy gofalus, gan ei fod mor aml yn cael ei gysylltu â thymer flin a dicter. A salwch meddwl yw hwnnw, sef iselder.

Iselder

Mae fy ffrind a'm cyd-weithiwr Paul Gilbert wedi ysgrifennu llyfr arbennig o dda, *Overcoming Depression,* yn y gyfres hon. Fodd bynnag, am y tro, yn hytrach na'ch bod yn dechrau darllen llyfr newydd sbon, gadewch i mi roi rhai awgrymiadau i chi. Dyna'r cyfan ydyn nhw; ond efallai y bydd rhai yn ateb eich anghenion chi.

- Meddwl llai, gwneud mwy. Meddwl yw un o faglau mawr iselder. Mae llawer o bobl, pan fyddan nhw'n teimlo'n isel, yn cael eu hunain yn defnyddio dau fath o feddwl di-fudd. I ddechrau, maen nhw'n hel meddyliau am eu problemau; ac yn ail, maen nhw'n 'mewnsyllu'
  - hynny yw, maen nhw'n meddwl gormod am ble gallen nhw fod yn mynd o chwith. Fel rheol

gyffredinol, dydy meddwl gormod ddim yn gwneud lles i ni. Mewn gwirionedd, mae'n ein sugno'n ddyfnach i'r gors rydyn ni'n ceisio dringo allan ohoni. Mae gweithredu, ar y llaw arall, fel arfer yn ddefnyddiol. Does dim llawer o ots beth yn union ydy'r gweithredu. Mae gwneud pethau o unrhyw fath fel pe bai'n syniad da.

- Dychmygwch ddyfodol rydych chi eisiau ei gael. Ni waeth a ydych chi'n meddwl yn y tymor byr neu'r tymor hir, y penwythnos nesaf neu ymhen deng mlynedd, mae edrych ymlaen at ddyfodol da yn wrthiselydd pwerus. Byddwch â darlun clir o'r hyn rydych chi ei eisiau; ysgrifennwch neu tynnwch luniau o'r hyn rydych am ei gael. Ond beth bynnag wnewch chi, gwnewch yn siŵr fod gennych chi ddelweddau clir iawn o'r dyfodol rydych am ei gael ac o sut gallech chi ei gyrraedd. A gwnewch hyn yn rheolaidd; nid gweithgaredd 'unwaith ac am byth' yw hwn.
- Pan fyddwch chi'n meddwl, byddwch yn ofalus ynghylch *beth* fyddwch chi'n meddwl amdano. Weithiau mae pobl yn treulio amser yn meddwl am bethau sy'n eu gwneud yn anhapus. Weithiau mae'r cysylltiad yn amlwg – mae meddwl am bethau trist yn gwneud y rhan fwyaf o bobl yn drist. Weithiau mae'n llai amlwg; gallech chi, er enghraifft, dreulio amser yn meddwl am berthynas dda oedd gennych yn y gorffennol, ond pan fyddwch yn stopio meddwl amdani rydych yn canfod eich bod wedi mynd yn drist. Ceisiwch fod yn ymwybodol o'r effaith y mae

eich meddyliau'n ei chael arnoch chi, a threuliwch lai o amser yn meddwl am bethau sy'n eich gwneud chi'n drist a mwy o amser yn meddwl am bethau sy'n eich gwneud chi'n hapus.

- Gwnewch yn siŵr eich bod yn cael trefn dda gyda digon o ymarfer corff a chwsg a maeth da, a cheisiwch beidio â chymryd gormod o gyffuriau di-fudd. Mae'n debyg ein bod wedi dweud digon am hyn, ond os cewch chi'r holl bethau yma'n iawn rydych chi'n mynd i gael dechrau arbennig o dda.

- Gweithredwch fel pe baech chi'n hapus ac wedi ymlacio. Mae'r ffordd rydyn ni'n cerdded, yn eistedd, yn sefyll ac yn siarad yn rhoi signalau i'r ymennydd ynghylch sut rydyn ni'n teimlo. Felly mae'n syniad da anfon signalau 'dwi ddim yn isel' i'r ymennydd. Gwnewch arbrawf os dymunwch. Fel arfer, os ydych chi'n teimlo'n isel, byddwch chi'n eistedd mewn ffordd sy'n dangos hynny. Pe bai rhywun yn dod i mewn ac yn eich gweld chi, byddai'n dweud eich bod chi'n *edrych* yn isel. Felly, nawr, eisteddwch mewn ffordd nad yw'n dangos eich bod yn isel. Yn fuan iawn, bron ar unwaith, byddwch chi'n teimlo'r gwahaniaeth. Mae'n anodd iawn eistedd mewn ffordd nad yw'n dangos eich bod yn isel ac eto *teimlo'n* isel. Os byddwch yn gweithredu *fel pe baech* chi'n hapus ac wedi ymlacio, bydd eich ymennydd, i raddau, yn dilyn eich arweiniad.

- Mwynhewch *ddiwrnod da*. Cyfres o ddyddiau yw bywyd; os gallwch chi wneud pob un yn eithaf da, yna byddwch yn cael bywyd pleserus. Wrth gwrs, mae'r rhan fwyaf o ddyddiau'n cynnwys rhai pethau nad ydyn ni wir eisiau eu gwneud a phethau eraill rydyn ni eisiau eu gwneud. Y slogan gorau fan hyn yw: 'Gwnewch y peth gwaethaf yn gyntaf.' Drwy wneud hynny, rydych chi wastad ar y 'daith i lawr y rhiw', a phopeth yn arwain at rywbeth gwell. Os gwnewch chi bethau'r ffordd arall, rydych chi wastad yn cael eich 'cosbi' am bopeth rydych chi'n ei wneud. Hefyd, byddwch yn wyliadwrus wrth geisio cynllunio pethau fydd yn eich gwneud chi'n hapus: mae'n debyg na fydd hyn yn llwyddiannus. Mae hapusrwydd yn beth anodd ei ddal: mwya'n y byd y byddwch yn mynd ar ei ôl e, mwya'n y byd y bydd e'n rhedeg i ffwrdd oddi wrthych chi. Efallai ei bod hi'n well cynllunio pethau rydych chi'n credu sy'n 'iawn' neu o bosib hyd yn oed bethau fydd 'yn gwneud i chi deimlo'n dda amdanoch eich hun'.

- Trefnu eich amgylchedd. Weithiau pan fyddaf yn galw i weld pobl sydd wedi bod yn dioddef iselder ers tro, mi fydda i'n edrych ar y lle maen nhw'n byw ynddo ac yn meddwl nad oes syndod eu bod nhw'n isel. Byddai unrhyw berson rhesymol yn teimlo'n isel pe bai'n byw yn y fath le. A does gan hyn fel arfer ddim byd i'w wneud ag arian; dim ond amgylchedd sy'n ddi-drefn. Mae tair egwyddor allweddol:

(1) Trefnu pethau fel eich bod chi'n teimlo'n ddiogel (fel na fyddwch chi'n baglu, yn cael sioc drydanol, yn cerdded i mewn i gorneli siarp, ac ati); (2) trefnu

pethau fel eich bod yn gysurus (cadeiriau, gwely, bwrdd, arwynebau gwaith); (3) bod â phethau o'ch cwmpas rydych chi'n eu hoffi ac sy'n gwneud i chi deimlo'n dda (dodrefn, lluniau, lliwiau penodol, ac ati). Ewch â hyn ymhellach os hoffech chi. Gwyliwch a gwrandewch ar raglenni teledu a radio sy'n gwneud i chi deimlo'n dda yn hytrach nag yn wael. Gwrandewch ar gerddoriaeth sy'n codi eich calon yn hytrach na'ch digalonni, ac ati.

- Rhowch drefn ar eich bywyd cymdeithasol. Mae'r rhan fwyaf o bobl yn fodau cymdeithasol, felly mae'n bwysig cael trefn weddol ar y rhan yma o'n bywydau. Yn y lle cyntaf, mae perthnasoedd mynwesol yn bwysig iawn i ni, felly os oes gennych chi un mae'n bwysig eich bod yn gwneud eich gorau glas i'w gwneud cystal ag y gall fod. Gweithiwch ar ddatblygu perthynas dda gyda'ch partner. I rai pobl, nid oes y fath beth â pherthynas dda iawn, ond gweithiwch i gael y berthynas i fod ar ei gorau! Un gair o rybudd: os ydych chi'n isel, rydych yn tueddu i fod yn isel ynghylch eich partner (yn yr un modd â'ch bod yn debyg o fod yn isel ynghylch eich tŷ, eich swydd, eich car, ac ati). Dydy hyn ddim yn golygu mai eich partner sydd, o anghenraid, yn *achosi* eich iselder. Wrth gwrs, efallai fod hyn yn wir; ond byddwch yn ofalus, meddyliwch cyn i chi wneud neu ddweud rhywbeth rhy fyrbwyll.

- Mae perthnasoedd sydd heb fod yn rhai mynwesol yn bwysig hefyd. Gwnewch iddyn nhw fod cystal ag y gallan nhw fod. Ond gwnewch nhw'n berthnasoedd 'go iawn'. Hynny yw, i aralleirio'r Arlywydd Kennedy, 'Peidiwch â holi beth all eich ffrindiau ei wneud i chi, ond yn hytrach beth allwch chi ei wneud i'ch ffrindiau.' Mae gwneuthuriad pobl yn golygu os byddwch yn dilyn yr awgrym hwn, y bydd eich ffrindiau'n elwa'n fawr *a byddwch chithau hefyd*. Mae'n fater o feithrin diddordeb gwirioneddol yn eich ffrindiau yn hytrach na'u 'defnyddio' nhw i gael bywyd cymdeithasol i chi'ch hun.

- Byddwch yn dyner gyda chi'ch hun. Weithiau mae pobl yn gallu bod yn llawdrwm iawn arnyn nhw'u hunain pan maen nhw'n isel. Mewn gwirionedd, weithiau y weithred o fod yn llawdrwm arnyn nhw'u hunain sy'n achosi'r iselder. Maen nhw'n gwneud rheolau iddyn nhw'u hunain sy'n llym, yn eithafol ac yn gorgyffredinoli, rheolau fel: 'Mae'n rhaid i mi gael fy ngharu gan bawb', ac 'Mae'n rhaid i mi fod 100 y cant yn berffaith ym mhopeth dwi'n ei wneud', ac 'Mae'n ofnadwy nad yw pethau'n union fel rydw i am iddyn nhw fod'. Er mwyn bod yn fwy caredig tuag atoch chi'ch hun, meddalwch y rheolau hyn i: 'Mae'n braf cael rhai pobl sy'n fy hoffi i (ond does dim modd i bawb fy hoffi i)', 'Mae'n braf gwneud pethau'n iawn (ond weithiau mae pethau'n llai na pherffaith)', 'Byddai'n well gen i gael pethau fel rydw i am iddyn nhw fod (ond eto, nid dyna fel mae bywyd bob amser)'. Mae'r rheolau rydyn ni'n eu creu ar ein cyfer ein hunain yn aml yn digwydd yn ddiarwybod bron, felly weithiau mae'n rhaid i ni weithio'n galed i'w llacio.

Prosiect iselder

- Os ydych chi'n teimlo'n isel a bod eich tymer flin yn cael ei hachosi gan eich iselder, yna mae angen i chi ddatrys eich iselder.

- Mae'r pwyntiau sydd wedi eu rhestru uchod yn debyg o fod yn hynod berthnasol i chi. Mae angen i chi fynd i'r afael â nhw'n drefnus. Mewn geiriau eraill, dewiswch ddim ond un o'r ffactorau uchod a gweithio'n galed arno am yr wythnos neu ddwy nesaf. Wedyn dewiswch ffactor arall, wedyn un arall, nes eich bod wedi edrych ar bob un y credwch ei fod yn berthnasol i chi. Mae hwn yn brosiect da a phwysig gan y bydd yn gwneud i chi deimlo'n hapusach ac yn llai blin. Yn wir, gall drawsnewid eich bywyd.

- Os ydych chi am wneud gwaith mwy cynhwysfawr ar eich iselder, trowch at lyfr Paul Gilbert, *Overcoming Depression,* neu lyfr David D. Burns, *The Feeling Good Handbook*; mae'r ddau ohonyn nhw'n rhagorol. Ac mae yna nifer o lyfrau rhagorol eraill hefyd.

- Fel arall (neu yn ogystal), gallwch fynd at eich meddyg; mae iselder mor gyffredin fel bod system dda ar gael i'ch helpu. Bydd eich meddyg hefyd yn cadw llygad barcud am glefydau fel isthyroidedd (*hypothyroidism*) sy'n gorfforol eu natur ond y mae eu symptomau'n debyg i symptomau iselder.

- Beth bynnag, mae'n drueni i chi fynd drwy eich bywyd yn teimlo'n isel, felly trefnwch brosiect go iawn i chi'ch hun er mwyn ei ddatrys. Mae modd ei wneud, hyd yn oed os ydych chi wedi bod yn isel am gyfnod hir.

Awgrym

Cofiwch, p'un a yw eich salwch yn iselder neu'n rhywbeth arall, cyflwr corfforol efallai, datblygwch yr arfer o feio'r salwch pan fyddwch chi'n teimlo'n flin, yn hytrach na beio'r person sydd i'w weld yn achosi'r dymer flin.

Straen bywyd

Mae o leiaf ddau fath o ddigwyddiadau straen mewn bywyd: straen ailadroddus megis gorweithio; a digwyddiadau unigol megis profedigaeth ac ysgariad. Mae'r ddau fath yn gallu effeithio'n sylweddol ar ein hwyliau.

Gadewch i ni edrych ar straen ailadroddus i ddechrau. Rydyn ni'n sôn fan hyn am bethau fel gorweithio, aelodau o'r teulu sy'n mynnu sylw (fel plant anodd, neu orfod gofalu am riant sy'n heneiddio) neu ffrindiau sy'n mynnu eich sylw hefyd. Gall unrhyw un o'r rhain fynd yn flinderus; neu gall pwysau gan ddau neu ragor gyda'i gilydd gyrraedd pwynt lle mae'n cael effaith ddifrifol ar eich hwyliau. Mae yna dri pheth y gallwch eu gwneud:

- Lleihau'r straen

- Dysgu ymdopi'n well â'r straen
- Gweld y straen mewn goleuni gwahanol

Fe edrychwn ar y rhain yn eu tro mewn munud, ond cyn i ni wneud hynny mae yna un pwynt pwysig arall i'w wneud. Eto, fel gyda salwch, os ydych chi'n teimlo'n flin oherwydd eich bod dan straen, gwnewch yn siŵr eich bod yn rhoi'r bai yn y lle iawn, hynny yw, ar y straen: gorweithio, neu beth bynnag yw'r rheswm. Peidiwch â'i ddisodli a'i roi ar bwy bynnag sy'n digwydd bod wrth law ar y pryd.

Ystyriwch Nish, er enghraifft, ein swyddog gweithredol dan straen. Mae Nish dan straen oherwydd ei waith, nid oherwydd ei fywyd cartref. Serch hynny, oherwydd ei fod dan straen, pan fydd yn mynd adref at ei wraig Nadia, mae'n flin. Mae hyn yn golygu bod bron unrhyw beth y mae Nadia'n ei wneud yn gwneud Nish yn flin, nid oherwydd ei bod hi'n *bryfoclyd* ond oherwydd ei fod e'n *flin*. Felly roedd rhaid i Nish ddysgu *peidio* ag arthio ar Nadia, ond yn hytrach ar ei lwyth gwaith. Roedd yn gwneud hyn braidd yn drwsgl ar y dechrau. Byddai Nadia'n dweud rhywbeth fel, 'Beth ddylen ni ei gael i swper heno?' ac roedd rhaid i Nish ddysgu ei hun, yn hytrach nag ateb "Sdim ots 'da fi,' mewn ffordd flin, i ddweud: 'Mae'r holl bethau yma sy'n digwydd yn y gwaith yn fy ngwneud i'n isel.' Roedd hyn braidd yn rhyfedd i Nadia ar y dechrau, gan ei fod yn ateb od iawn i'r cwestiwn 'Beth ddylen ni ei gael i swper heno?' Er hynny, daeth Nish yn well am wneud hyn, ac yn y pen draw roedd yn gallu ei ddweud yn dawel wrtho'i hun – gan wneud y pwynt ei fod yn cael ei roi dan straen gan ei waith ac nid gan Nadia. Yn nes ymlaen fe wnaeth ei bwysau gwaith leihau, a hyn wrth gwrs oedd yr ateb yn y tymor hir.

(Ond gweler hefyd y drafodaeth yn nes ymlaen yn y llyfr lle byddwn yn edrych ar straen mewn goleuni gwahanol.)

Beth dwi'n ceisio'i ddweud yw: beiwch yr hyn sy'n haeddu cael ei feio, yn hytrach na'r person sy'n digwydd bod o'ch blaen chi. Wedyn, yn well fyth, ewch ati i ddatrys y broblem sylfaenol.

Felly, i ffwrdd â ni. Y peth cyntaf i'w wneud oedd *lleihau'r straen*. Ymateb cyntaf y rhan fwyaf o bobl i hyn yw 'haws dweud na gwneud', ac mae peth gwir yn hynny. Er enghraifft, roedd un fenyw a welais, Jasmin, yn byw nid nepell oddi wrth ei mam, ac roedd angen sylw mynych ar ei mam am resymau da iawn. Dywedodd Jasmin nad oedd modd iddi roi llai o sylw i'w mam nag yr oedd hi'n ei wneud, felly sut ar y ddaear allai hi leihau'r pwysau arni ei hun? Ac roedd hi'n ymddangos yn iawn; roedd angen y sylw roedd hi'n ei ddisgrifio ar ei mam. Fodd bynnag, wrth i ni siarad fe ddysgais fod Jasmin (a) yn gwneud swydd eithaf heriol, (b) yn dod adref at ei gŵr a'i dau blentyn ac yn mynd ati i wneud pryd o fwyd traddodiadol o'r dechrau, ac (c) wedyn yn mynd i roi'r sylw oedd ei angen ar ei mam. Yn wir, fe lwyddai hefyd i daro golwg ar ei mam rhwng dod adref a dechrau gwneud y pryd bwyd. Felly er bod rhaid iddi barhau i roi'r un faint o sylw i'w mam, gallai Jasmin leihau'r pwysau arni ei hun oedd yn dod o feysydd eraill. Dewisodd leihau'r gwaith oedd yn gysylltiedig â gwneud y pryd bwyd. Doedd hi ddim cweit yn gallu gwneud iddi'i hun ei ddirprwyo i'w gŵr, ond fe ddechreuodd wneud prydau gan ddefnyddio cynhwysion cyflymach a symlach, a daeth hynny â'i phwysau gwaith i lawr i lefel yr oedd modd iddi ei rheoli.

Lleihau straen

Os ydych chi'n gwybod eich bod yn cael eich rhoi dan ormod o straen gan fod gormod o bethau'n pwyso arnoch chi, edrychwch ar y pethau hyn a gwnewch beth bynnag a allwch er mwyn lleihau'r pwysau yma. Efallai na fydd modd newid y prif bethau sy'n achosi'r pwysau, neu efallai mai dim ond newidiadau bach fydd yn bosib. Ond peidiwch â gadael i hynny eich digalonni; gweithiwch ar rai o'r pethau eraill sy'n pwyso arnoch chi. Hefyd, byddwch yn ofalus nad ydych chi'n codi wal i chi'ch hun drwy ragdybio bod y pwysau mawr yn amhosib ei newid. Weithiau dydy hynny ddim yn wir, hyd yn oed pan mae'n ymddangos felly. Gwnewch beth dadansoddi gofalus i weld ble mae modd i chi leihau'r straen arnoch eich hun.

Yr ail ddull o weithredu yr edrychon ni arno oedd *dysgu i ymdopi'n well â straen.* Ystyr hyn yw nad ydych chi'n newid nifer neu swm yr achosion straen sy'n effeithio arnoch chi; dim ond gweithredu'n wahanol.

Dwi'n teimlo y dylwn i ddechrau sôn wrthych chi fan hyn am reoli amser, hyfforddiant hunanaddysgu ac ati. Ar y llaw arall, dydw i ddim yn gwybod digon am yr hyn sy'n achosi straen i *chi* i sicrhau bod y drafodaeth yn gwbl berthnasol i chi. Felly y cyfan dwi am ei awgrymu yw hyn:

- Ceisiwch gael yn glir yn eich meddwl yn union beth sy'n achosi'r straen (sy'n gallu bod yn anoddach nag y mae'n ymddangos ar y dechrau)

- Yna gofynnwch i nifer o bobl rydych chi'n eu hadnabod sut maen nhw'n ymdopi â'r achosion straen hynny.

Er enghraifft:

- Os ydych chi'n cael eich rhoi dan straen wrth roi dau blentyn yn y gwely, lle nad oes yr un ohonyn nhw eisiau mynd ac mae'r ddau yn dueddol o fod yn ddrygionus mewn amryw ffyrdd, gofynnwch i rywun rydych chi'n ei adnabod sut mae'n ymdopi â hynny. Does dim rhaid i'r person fod yn un o'ch cyfoedion, er y gall fod os mai dyna sydd orau gennych chi; gall fod yn rhywun hŷn sy'n gwybod beth fyddai'n ei wneud 'pe bai'n cael ei amser yn ôl'.
- Os ydych chi dan straen oherwydd bod gennych chi dri pheth i'w gorffen cyn rhyw ddyddiad penodol a'ch bod yn ymwybodol ei bod hi'n amhosib i chi gyflawni'r tri, gofynnwch i rywun arall sy'n ei gael ei hun yn yr un math o sefyllfa beth mae ef neu hi'n ei wneud.
- Os ydych chi dan straen oherwydd bod gennych chi ffrind goregnïol sydd bob amser eisiau eich llusgo i'r lle newydd a chyffrous diweddaraf, gofynnwch i rywun arall sy'n ei gael ei hun yn yr un math o sefyllfa beth mae ef neu hi'n ei wneud. Unwaith eto, does dim rhaid i'r gyfatebiaeth fod yn union yr un fath. Efallai fod gan y person y byddwch yn ei holi ffrind sydd bob amser yn ei lwytho gyda'i broblemau ond ei fod wedi dod o hyd i ddull o ymdopi â hynny.

Efallai y gallech chi deilwra ateb y person hwnnw i'ch sefyllfa chi eich hun.

- Os ydych chi dan straen oherwydd nad oes gennych chi swydd, a'ch bod eisiau swydd a bod gennych chi ormod o amser ar eich dwylo, unwaith eto, holwch bobl eraill sydd yn yr un sefyllfa sut maen nhw'n ymdopi. Mae'n bosib iawn y gallech chi lunio ateb i chi'ch hun o'r gwahanol atebion y byddwch yn eu cael.

Dysgu ymdopi â straen

- Os ydych chi'n teimlo bod hwn yn faes perthnasol i chi, gwnewch eich 'prosiect ymchwil' eich hun ar sut gallech chi ymdopi'n well â'r achosion straen sy'n effeithio arnoch chi. Mae'r dull hwn yn dibynnu ar yr elfennau canlynol:
- Gallu adnabod yn glir iawn beth sy'n achosi straen i chi.
- Gallu cynnal 'arolwg' gydag un neu ragor o bobl a allai o bosib gynnig ateb, neu ateb rhannol, i chi.
- Llunio cynllun personol sy'n addas i'ch sefyllfa eich hun.
- Bod â'r penderfyniad i weithredu'r cynllun personol hwnnw.

Y trydydd ateb oedd gennym ni ar gyfer straen bywyd oedd *edrych arno mewn ffordd wahanol*.

Dyma enghraifft i chi. Mae gen i ffrind sy'n hoff iawn o Bangladesh. Mae ganddo gydymdeimlad enfawr â phobl Bangladesh a'r dioddefaint maen nhw'n ei wynebu yn sgil llifogydd, stormydd a gwyntoedd. Mae'n torri ei galon o hyd i weld faint o bobl sy'n colli eu bywydau yn y wlad, faint o ddioddefaint sydd yno, ac mae'n anfon arian yn rheolaidd i raglenni cymorth sy'n gysylltiedig â Bangladesh.

Er hynny, dydy e ddim yn or-ddwys o gwbl ynghylch y pryder difrifol hwn, a phryd bynnag y daw problem i'w ran, mae'n dweud, 'O gymharu â'r problemau sydd ganddyn nhw ym Mangladesh, dydy hyn ddim yn broblem o gwbl.' Ac er ei fod yn dweud hyn mewn ffordd reit ysgafn, mae'n amlwg yn cael effaith fawr ar ei ffordd o feddwl. Dyma ei ffordd ef o 'ailfframio' ei broblemau ei hun.

Yn amlwg, amrywiad yw hwn ar y dywediad oesol, 'Mae digon o bobl mewn sefyllfa lawer gwaeth na chi.' Serch hynny, mae'n amrywiad da iawn ar gyfer fy ffrind oherwydd mae'n llawer mwy penodol. Mae fy ffrind wir yn dychmygu yn ei feddwl ei hun ei fod yn ceisio esbonio ei broblem i rywun ym Mangladesh, a pha mor fach a dibwys y byddai ei broblem ef yn ymddangos i'r person hwnnw. Dyma enghraifft o ailfframio sydd wir yn argyhoeddi rhywun.

Cam ymlaen o ailfframio – ffurf hyd yn oed yn fwy eithafol arno – yw cwestiynu'r hen ragdybiaeth fod straen yn ddrwg i ni. Mae yna ymchwil ryfeddol wedi ei gwneud yn ddiweddar sy'n awgrymu nad y straen sy'n ddrwg i ni, ond mai *y gred fod straen yn ddrwg i ni* sy'n ddrwg i ni mewn gwirionedd. Mae astudiaeth hirdymor dros nifer o flynyddoedd, a ddyfynnir gan Kelly McGonigal, wedi dangos fod pobl oedd dan straen mawr, ond nad oedden nhw'n credu fod straen yn ddrwg iddyn nhw, wedi byw yn hirach na phobl oedd dan straen canolig. A'r bobl a gafodd yr oes fyrraf yw'r rhai oedd dan straen mawr ac a oedd yn credu fod straen yn ddrwg iddyn nhw. Yn bersonol, dwi wrth fy modd â'r ymchwil yma gan fy mod i wedi byw bywyd â lefelau straen reit uchel ac wedi meddwl bod hynny'n gamgymeriad, ond mae'n ymddangos efallai nad yw hyn yn wir; efallai nad oes ots faint o straen sydd arnon ni cyn belled nad ydyn ni'n credu ei fod yn gwneud niwed i ni. Dyma ymchwil ryfeddol y byddwn yn ei hargymell i chi (gweler 'Mynd gam ymhellach' ar ddiwedd y bennod hon).

Ailfframio straen

- Mae ailfframio yn arf pwerus iawn os gallwch chi lwyddo i'w wneud. Mae ganddo'r gallu i drawsnewid sefyllfa yn gyflym ac yn barhaol os ydych chi'n barod i'w wneud.
- Defnyddiwch yr enghreifftiau a roddwyd uchod i weld a oes rhywbeth sy'n cyfateb i'ch sefyllfa eich hun. Sut allech chi ailfframio eich sefyllfa eich hun?
- Sylwer: Nid dim ond ymarfer deallusol yw hwn! Unwaith y byddwch wedi dod i ddeall sut mae hi'n bosib ailfframio eich sefyllfa eich hun, yna rhaid i chi fynd ati i wneud hynny. Ewch i'r arfer o weld eich sefyllfa o'r safbwynt newydd hwn.

Ffactorau cymdeithasol

Gan ein bod yn fodau cymdeithasol, mae hynt ein bywydau cymdeithasol yn effeithio'n fawr ar ein hwyliau.

Mae yna dri maes pwysig y mae angen i ni eu hystyried:

- Ein perthnasoedd mwyaf mynwesol: gyda'n partneriaid os ydyn ni'n oedolion, ond yn fwy tebygol gyda'n cyfoedion, ein rhieni neu'n gofalwyr os ydyn ni'n blant.
- Perthnasoedd cymdeithasol yn y gwaith neu ble bynnag rydyn ni'n treulio'n hamser.
- Perthnasoedd cymdeithasol y tu hwnt i'n hanwyliaid mynwesol a'n cyd-weithwyr, yn enwedig gyda ffrindiau, cymdogion ac ati.

Er mwyn cynnal hwyliau da yn y tymor hir mae angen i ni feithrin pob un o'r tri maes cystal ag y gallwn ni: nid dim ond 'defnyddio' pobl eraill i ddarparu bywyd cymdeithasol i ni'n hunain, ond cymryd diddordeb gwirioneddol mewn pobl eraill i roi sylfaen gymdeithasol gadarn i ni'n hunain.

Yn anorfod, fodd bynnag, mae pethau'n mynd o chwith mewn un maes neu'r llall. Er enghraifft, efallai y byddwch yn cael trafferth gyda'ch perthnasoedd yn y gwaith – gyda'ch bòs, eich cyd-weithwyr, eich cleientiaid neu bwy bynnag. Y camgymeriad mwyaf cyffredin yn yr achos hwn yw dod adref a bod yn bigog gyda'r rhai sydd yn eich cartref. Mewn geiriau eraill, rydych chi'n trosglwyddo problemau o un maes i ail faes, gan ddyblu'r broblem ar unwaith.

Mae arfer amgen yr un mor hawdd i'w feithrin. Mae'n rhaid i ni dderbyn fod problemau'n codi weithiau, felly yn anorfod fe fydd yna broblemau mewn perthnasoedd ar adegau, yn y gwaith, er enghraifft. Mae hi wedyn yn fater o ddisgyblu ein hunain i newid i 'gêr' gwahanol pan fyddwn ni'n cyrraedd adref: gêr sy'n gwerthfawrogi cefnogaeth y rhai rydyn ni'n byw gyda nhw, neu o leiaf un sy'n ein symud i le gwahanol iawn gartref i'r gêr roedden ni ynddo yn y gwaith.

Ac mae'r un peth yn wir fel arall: weithiau mae yna broblemau gartref nad oes angen iddyn nhw gael eu trosglwyddo i'r gwaith neu i gyfeillgarwch. Pan fydd un maes yn mynd am i lawr dros dro, mae angen i ni wneud yn siŵr nad ydyn ni'n llygru'r ddau faes arall.

Dyma'r union fagl yr oedd Maya'n cerdded i mewn iddi. Hi oedd y ferch yn ei harddegau oedd yn isel ac yn flin oherwydd ei bod yn cael problemau parhaus gyda'i chariadon: felly, yn ei chartref, byddai'n bigog gyda'i rhieni a'i brawd oherwydd 'problemau cariadon'. Fel hyn roedd hi'n gelyniaethu'r union bobl fyddai'n naturiol wedi darparu cefnogaeth iddi hi.

Roedd Maya'n enghraifft ddiddorol iawn i mi gan ei bod wedi deall y cysyniad yma ar unwaith. Roedd hyn yn rhoi boddhad mawr i mi fel therapydd, oherwydd roeddwn i'n gallu gweld effaith ei dealltwriaeth yn syth. Cyn gynted ag y sylweddolodd hi beth roedd hi'n ei wneud, fe weithredodd ar y syniad mai'r adegau pan oedd hi'n drist am ei sefyllfa gyda'i chariad oedd yr union adegau pan ddylai hi roi *mwy* o ymdrech i'w sefyllfa (dda) yn ei chartref, a'r perthnasoedd da oedd ganddi gyda ffrindiau eraill.

Prosiect cymdeithasol

Mae dwy ran i'r prosiect yn y maes hwn:

- Yn gyntaf, os oes angen, ewch ati i feithrin eich cefnogaeth gymdeithasol yn y tri math o berthnasoedd mynwesol: perthnasoedd gwaith (os ydych chi'n mynd i'r gwaith) a pherthnasoedd eraill megis y rhai gyda'ch cymdogion a'ch ffrindiau.

- Yn ail, byddwch yn ymwybodol drwy'r amser o'r fagl o symud trafferth mewn un maes i un o'r meysydd eraill, gan ddyblu neu dreblu eich trafferth. Ceisiwch osgoi'r fagl hon drwy weithredu pan fyddwch yn sylweddoli bod gennych chi drafferth mewn un o'r tri maes, ac mai dyma'r union amser i bwyso ar y ddau faes arall a'u meithrin.

Crynodeb

Mae hon wedi bod yn bennod fawr sydd wedi edrych ar ddylanwad hollbresennol ein hwyliau ar dymer flin a dicter. Newidiadau mewn hwyliau sy'n arwain at yr effaith annymunol o 'deimlo'n flin' heb unrhyw sbardun amlwg. Mewn gwirionedd, pan fyddwch chi'n teimlo'n flin, gall bron unrhyw beth sbarduno tymer flin.

Ond nid yw hwyliau'n digwydd ar hap. Gallwch weithio i gynhyrchu hwyliau da, sefydlog drwy wneud y canlynol:

- Datblygu rhythm circadaidd neu drefn ddyddiol dda, yn enwedig mewn perthynas â bwyta a chysgu ar amseroedd rheolaidd.
- Gwneud ymarfer corff – unrhyw ymarfer corff!

- Bwyta deiet cytbwys, ei fwyta'n dda, ac yfed digon o ddŵr.
- Bod yn ofalus gyda chaffein (tua thair cwpanaid o goffi parod y dydd), alcohol, nicotin a chyffuriau 'hamdden' eraill.
- Datblygu patrwm o gysgu'n dda, sy'n eich dadflino.
- Os mai salwch yw'r rheswm am eich hwyliau blin, mae'n fater o wella'r salwch os oes modd, ac os nad yw hynny'n bosib, yna gwneud yn siŵr eich bod yn beio eich tymer flin ar y salwch yn hytrach nag ar y bobl o'ch cwmpas chi.
- Lleihau effaith yr achosion straen yn eich bywyd drwy (a) gael gwared ar un neu ragor o'r achosion straen – nid yr un mwyaf amlwg bob amser; (b) dysgu ymdopi'n well ag achosion straen, gan gynnwys gofyn i eraill sut maen nhw'n ymdopi ag achosion straen; a/neu (c) ailfframio'r achosion straen, gan gynnwys sylweddoli nad oes dim byd yn bod ar straen mewn gwirionedd oni bai eich bod yn meddwl bod rhywbeth yn bod arno!
- Meithrin y tri maes allweddol yn eich bywyd cymdeithasol a phan fyddwch chi'n cael trafferth yn un o'r tri maes, sicrhau nad ydych chi'n trosglwyddo hynny i'r ddau arall.

Prosiect

- Mae llawer o brosiectau unigol wedi cael eu gosod yn ystod y bennod hon. Mae'ch tasg chi nawr yn un bleserus: darllenwch drwy'r bennod, penderfynwch pa feysydd sydd fwyaf perthnasol i chi, a gwnewch y prosiect(au) sy'n cael eu disgrifio yn y meysydd hynny.
- Mae codi eich hwyliau yn dasg wych i'w gwneud ac yn un werth chweil. Bydd hyn nid yn unig yn eich gwneud chi'n llai blin, ond bydd yn llonni popeth o'ch cwmpas yn barhaol hefyd!

Mynd gam ymhellach

I weld fideo o sgwrs am yr ymchwil ar straen y soniais i amdani sy'n dangos nad y straen sy'n ddrwg i ni ond *y gred fod straen yn ddrwg i ni*, ewch i www.ted.com a chwiliwch am Kelly McGonigal. Teitl y sgwrs yw *How to make stress your friend* ac mae'n rhagorol.

RHAN TRI

RHOI PETHAU AR WAITH

Rydyn ni wedi dod yn bell; ar ddechrau'r llyfr roedden ni'n edrych ar ystyr y geiriau dicter a thymer flin. Rydyn ni nawr yn gallu edrych yn dawel ein meddyliau ar achos cymhleth a'i drafod gyda pheth hyder, felly mae Rhan Tri yn ymwneud â medi'r manteision: defnyddio'r hyn rydyn ni wedi'i drafod er mwyn gwneud synnwyr o achos diddorol, a chydosod hynny â chi eich hun, neu â phobl eraill rydych chi'n eu hadnabod.

24

Astudiaeth achos

Mae'n bwysig gallu gwneud synnwyr o'r hyn sy'n gwneud i ni golli ein tymer neu golli rheolaeth drosom ein hunain, felly dwi eisiau disgrifio digwyddiad y byddwn ni'n edrych arno. Roedd yn ddigwyddiad mawr; mae Andy, y person dan sylw, yn disgrifio sut, ar ôl sadio ei dymer, roedd yn teimlo fel pe bai wedi cael ffit – roedd wedi cymryd tua 48 awr iddo ymlonyddu'n llawn a theimlo fel fe ei hun unwaith eto. Ac i gyd-fynd â hynny, mae Stephanie (ei wraig) yn disgrifio sut roedd yn edrych braidd yn od am y cyfnod hwnnw. Mae hyn yn cyd-fynd â'r sylw am 'herwgipiad yr amygdala', lle mae'r ymennydd yn cael ei lethu'n llythrennol wrth i ddicter ymosod arno. Gall fod yn gyfarwydd i lawer o bobl sy'n darllen y llyfr hwn.

Fy mwriad yw rhoi haenau cynyddol o wybodaeth i chi a'ch gwahodd i ddyfalu beth achosodd i Andy golli ei dymer. Wedyn fe roddaf ddadansoddiad i chi er mwyn i chi allu gweld sut mae'ch syniadau chi'n cymharu â'm rhai i.

Digwyddodd hyn yn Paphos, tref fechan ar ynys Cyprus. Roedd Andy a'i wraig Stephanie ar eu gwyliau, ac roedden nhw wedi mynd i Paphos i weld sut le oedd e – roedden nhw wedi bod yno rai blynyddoedd ynghynt. Fe aethon nhw i gaffi bach am ginio ac, yn anarferol iddyn nhw, fe rannon nhw botel o win coch dros ginio canol dydd. Roedd y bwyd a'r gwin ychydig yn siomedig, a thua diwedd y pryd fe gollodd Andy ei limpin yn llwyr, gan fynd yn ddig iawn tuag at Stephanie a dweud 'pethau ofnadwy' amdani hi ymhell y tu hwnt i'r hyn oedd, mae'n debyg, wedi achosi'r ddadl. Wrth ddisgrifio'r digwyddiad nawr, ddwy flynedd yn ddiweddarach, dydy e ddim hyd yn oed yn gallu cofio beth oedd wrth wraidd y ddadl; y broblem oedd, am ba reswm bynnag, ei fod wedi colli ei dymer yn llwyr.

Pwynt penderfynu 1: Beth yw eich cynnig gorau wrth ddyfalu pam y collodd Andy ei dymer? Gwnewch nodyn o hyn ar bapur (o ddewis) neu o leiaf gwnewch nodyn meddyliol cadarn ohono cyn darllen ymlaen.

Eich darn nesaf o wybodaeth yw bod gwraig Andy, Stephanie, yn dweud ei bod hi'n cofio'n glir beth oedd y sbardun. Mae'n dweud ei bod hi'n boeth a'u bod nhw'n yfed a'i bod wedi gwneud sylw am lyfr da roedden nhw'n ei ddarllen; mae'n debyg iddi ddweud y byddai James, yr un oedd wedi argymell y llyfr, wrth gwrs yn gallu argymell llyfr da oherwydd 'dyna'r math o beth mae e'n dda am ei wneud'. Dywedodd fod Andy heb ymateb yn ffafriol i hyn gan ei fod yntau hefyd wedi argymell llyfr i Stephanie a'i bod hi wedi dewis anwybyddu hynny.

Pwynt penderfynu 2: Nawr beth yw eich cynnig gorau wrth ddyfalu pam y collodd Andy ei dymer? Efallai na fyddwch wedi newid eich barn ers y cynnig cyntaf, ond ar y llaw arall efallai y byddwch chi. Unwaith eto, nodwch ar bapur eich cynnig gorau ar hyn o bryd, neu gwnewch nodyn meddyliol cadarn ohono cyn darllen ymlaen.

Y darn nesaf o wybodaeth yw bod Andy a'i wraig Stephanie ar fordaith o gwmpas dwyrain Môr y Canoldir, a doedd yr un o'r ddau wedi cysgu'n dda iawn ers sawl noson bellach. Nid yn wael iawn, ond nid yn dda iawn chwaith. A doedd y bwyd ar y llong ddim cystal â'r bwyd roedden nhw'n arfer ei fwyta gartref; roedd y ddau wedi arfer bwyta deiet da, ac roedd arlwy'r llong wrth gwrs wedi'i fwriadu i fwydo tair mil o bobl oedd i gyd eisiau bwyta fwy neu lai yr un pryd nifer o weithiau bob dydd. Hefyd, roedd y ddau ohonyn nhw wedi cael diod neu ddau dros ginio canol dydd am y tridiau diwethaf, rhywbeth nad oedden nhw'n ei wneud fel arfer.

Pwynt penderfynu 3: Nawr beth yw eich cynnig gorau wrth ddyfalu pam y collodd Andy ei dymer? Efallai na fyddwch wedi newid eich barn ers y cynnig cyntaf, ond ar y llaw arall efallai y byddwch chi. Unwaith eto, nodwch ar bapur (o ddewis) eich cynnig gorau ar hyn o bryd, neu gwnewch nodyn meddyliol cadarn ohono cyn darllen ymlaen.

Eich darn nesaf o wybodaeth yw bod Andy a Stephanie, flynyddoedd ynghynt, wedi treulio eu mis mêl yn Paphos.

Pwynt penderfynu 4: Nawr beth yw eich cynnig gorau wrth ddyfalu pam y collodd Andy ei dymer? Efallai na fyddwch wedi newid eich barn o gwbl, ond ar y llaw arall efallai y byddwch chi. Unwaith eto, nodwch ar bapur (o ddewis) eich cynnig gorau ar hyn o bryd, neu gwnewch nodyn meddyliol cadarn ohono cyn darllen ymlaen.

Eich darn nesaf o wybodaeth yw bod Andy, pan oedd yn ddwy ar bymtheg, wedi bod mewn damwain ffordd drasig lle cafodd ei anafu'n ddifrifol a chafodd ei gariad ei lladd. Roedd yn caru'r ferch yn fawr iawn ac yn teimlo ar y pryd – ac yn dal i deimlo – yn rhannol gyfrifol am y ddamwain.

Pwynt penderfynu 5: Nawr beth yw eich cynnig gorau wrth ddyfalu pam y collodd Andy ei dymer? Nodwch ar bapur (o ddewis) eich cynnig gorau ar hyn o bryd, neu gwnewch nodyn meddyliol cadarn ohono cyn darllen ymlaen.

Eich darn nesaf o wybodaeth yw bod Andy a Stephanie wedi aros yn un o'r gwestai rhatach yn y dref fechan pan oedden nhw ar eu mis mêl, er nad oedd ymhell o'r gwesty gorau yn y dref. Roedden nhw wedi tynnu coes y bydden nhw'n dod yn ôl i aros yn y gwesty gorau pan fydden nhw'n gallu ei fforddio ymhen blynyddoedd. Cyn cael cinio yn y caffi siomedig gyda'r gwin coch siomedig, roedden nhw wedi mynd i mewn i'r gwesty hyfryd yma, ac am ba reswm bynnag, doedden nhw ddim wedi teimlo eu bod yn gallu archebu cinio yn y bwyty crand. A dyna pam y gwnaethon nhw adael a dod o hyd i gaffi.

Pwynt penderfynu 6: Nawr beth yw eich cynnig gorau wrth ddyfalu pam y collodd Andy ei dymer? Nodwch ar bapur (o ddewis) eich cynnig gorau ar hyn o bryd, neu gwnewch nodyn meddyliol cadarn ohono cyn darllen ymlaen.

Eich darn nesaf o wybodaeth yw mai deunaw oed oedd Andy pan gwrddodd e â Stephanie oedd yn ddwy ar bymtheg. Roedd hyn flwyddyn ar ôl damwain Andy. Fe fuon nhw'n caru am dair blynedd, er nad oedden nhw'n gweld ei gilydd mor aml â hynny gan fod Andy yn y brifysgol yng Nghaeredin a Stephanie yn y brifysgol yn Newcastle. Wedi i Andy orffen ei radd cafodd y rhan fwyaf o'i ffrindiau gorau swyddi y tu allan i Gaeredin, felly roedd Andy'n unig. Dyma pryd y dywedodd Stephanie wrtho oni bai eu bod yn dyweddïo ei bod hi eisiau dod â'r berthynas i ben oherwydd doedden nhw ddim yn mynd yn iau. Felly dyma nhw'n dyweddïo, er bod Andy bob amser wedi teimlo fod Stephanie rhywsut wedi cymryd mantais o'r eiliad.

Pwynt penderfynu 7: Nawr beth yw eich cynnig gorau wrth ddyfalu pam y collodd Andy ei dymer? Nodwch ar bapur (o ddewis) eich cynnig gorau ar hyn o bryd, neu gwnewch nodyn meddyliol cadarn ohono cyn darllen ymlaen.

Eich darn nesaf o wybodaeth yw bod Andy yn chwe deg dwy oed a Stephanie'n chwe deg un oed ar y diwrnod dan sylw (y diwrnod y collodd Andy ei dymer mor wael). Mewn geiriau eraill, roedden nhw wedi bod yn briod am ryw ddeugain mlynedd.

Pwynt penderfynu 8: Nawr beth yw eich cynnig gorau wrth ddyfalu pam y collodd Andy ei dymer? Nodwch ar bapur (o ddewis) eich cynnig gorau ar hyn o bryd, neu gwnewch nodyn meddyliol cadarn ohono cyn darllen ymlaen.

Eich darn nesaf o wybodaeth yw bod Andy wedi cael affêr ryw ugain neu bum mlynedd ar hugain yn ôl, a gychwynnodd pan oedd tua thri deg pump oed ac a ddaeth i ben pan oedd yn ei bedwardegau cynnar. Mae'n ei ddisgrifio fel affêr o ddifri gyda menyw oedd yn ei atgoffa o'i gariad pan oedd yn ddwy ar bymtheg. Roedd Stephanie'n gwybod am yr affêr ac fe ddaethon nhw'n agos iawn at wahanu er mwyn iddo allu mynd at y fenyw arall yma.

Pwynt penderfynu 9: Nawr nodwch ar bapur eich cynnig gorau olaf pam y collodd Andy ei dymer, neu gwnewch nodyn meddyliol cadarn cyn darllen ymlaen.

Sut wnaethoch chi? Yn nodweddiadol, mae pobl yn mynd drwy wahanol gamau, gan fod yn glir iawn i ddechrau ynghylch beth achosodd i Andy golli ei dymer, yna'n fwy ansicr, ac yna'n aml yn mynnu cael rhagor o wybodaeth cyn teimlo eu bod yn gallu gwneud penderfyniad o unrhyw fath. Dyma un cofnod o'r pwyntiau penderfynu gwahanol:

Pwynt penderfynu 1. Dim ond achos o ffrae wyliau ydy hwn, canlyniad peidio â chael digon o gwsg ac yfed mwy nag arfer.

Pwynt penderfynu 2. Ie, efallai fod Stephanie braidd yn ddi-dact, ond yn y bôn dim ond ffrae wyliau yw hon.

Pwynt penderfynu 3. Dydy hyn ond yn cadarnhau fy mhenderfyniad gwreiddiol: mae'r ddau braidd yn flinedig, wedi gwneud y camgymeriad o yfed hanner ffordd drwy'r dydd pan nad ydyn nhw eisiau gwneud mewn gwirionedd, ac mae'r cyfan yn ffrwydro.

Pwynt penderfynu 4. Dwi'n cadw at fy marn, dwi ddim

yn credu bod y ffaith iddyn nhw dreulio eu mis mêl yma flynyddoedd yn ôl yn berthnasol.

Pwynt penderfynu 5. Mae hyn i gyd yn drist iawn, ond yn amherthnasol, mae'n debyg; wedi'r cyfan, mae'n dweud 'flynyddoedd lawer yn ôl', felly mae'n debyg bod Andy a Stephanie wedi bod yn briod am sawl blwyddyn.

Pwynt penderfynu 6. Ydy, mae hyn yn cadarnhau i mi fod fy marn wreiddiol yn iawn, mai dim ond rhyw ffrae wyliau yw hon: rydych chi braidd yn flinedig, rydych chi wedi cael gormod i'w yfed, dydy pethau ddim yn digwydd yn union fel roeddech chi am iddyn nhw wneud (yn yr achos yma dydych chi ddim yn cael cinio yn y gwesty roeddech chi wedi bwriadu mynd iddo), rydych chi'n cael eich hun mewn caffi siomedig, ac wedyn mae popeth yn ffrwydro.

Pwynt penderfynu 7. Wel, gallai hyn daflu goleuni gwahanol ar y peth. Efallai fod yna elfen o chwerwder ym meddwl Andy a bod hyn wedi dod i'r amlwg nawr eu bod yn ôl yn lleoliad eu mis mêl.

Pwynt penderfynu 8. Na, mae'n edrych fel 'mod i wedi bod yn iawn o'r dechrau; does bosib fod Andy wedi bod yn magu'r chwerwder yma am ddeugain mlynedd?

Pwynt penderfynu 9. Unwaith eto, mae hyn yn taflu goleuni gwahanol ar y mater. Efallai ei fod wedi bod yn magu chwerwder. Neu efallai'n difaru nad oedd e wedi aros gyda'r fenyw arall. Ac mae'r cyfan yn ffrwydro dros ginio blinedig a siomedig yn lleoliad eu mis mêl. Ond roedd y fenyw arall yma bum mlynedd ar hugain yn ôl, felly mae'n rhaid ei fod wedi dod drosti hi erbyn hyn? Ond efallai ddim. Dydw i ddim yn gwybod. Byddai'n rhaid i mi gael rhagor o wybodaeth.

Mewn gwirionedd, mae'r cwestiwn 'Pam y collodd Andy ei dymer?' yn un anodd i'w ateb. Mae'n ymddangos fel cwestiwn syml ar yr olwg gyntaf, ond fel rydyn ni wedi gweld, mae'n mynd yn anoddach po fwyaf trylwyr y byddwch chi'n ei ystyried. Ac os edrychwch chi ar yr adegau pan fyddwch *chi'n* colli eich tymer, byddwch yn gweld yr un peth yn union. Ar yr olwg gyntaf mae'r rheswm fel pe bai'n amlwg, ond wedyn, wrth i chi edrych arno'n fwy gofalus, mae'n ymddangos yn llai a llai amlwg.

Felly dwi am i ni edrych ar system gadarn yn seiliedig ar y fformiwla y mae gweithwyr iechyd meddwl proffesiynol o'r radd flaenaf yn ei defnyddio. Ac mae'n ddigon hawdd; beth rydyn ni'n ei wneud yw rhannu'r cwestiwn yn ddau:

1. Beth sy'n rhagdueddu'r person i golli ei dymer? Hynny yw, beth yw'r ffactorau yng nghefndir y person sy'n ei wneud yn barod i ffrwydro o gael y sbardun iawn?

2. Beth sy'n ysgogi pobl i golli eu tymer? Hynny yw, beth yw'r sbardun ar gyfer y ffrwydrad?

Yn ddiweddarach, dwi'n mynd i ofyn i chi archwilio un o'ch ffrwydradau eich hun, ond dewch i ni ymarfer ar Andy yn gyntaf. (Gyda llaw, ar yr olwg gyntaf efallai ei bod hi'n swnio'n anghwrtais i siarad am eich 'ffrwydradau' neu, yn wir, am ffrwydradau Andy. Ond dydw i ddim yn siŵr fod hynny'n wir, oherwydd pan fyddwch chi'n edrych ar y fflach o danio niwronaidd pan fydd rhywun yn colli ei dymer, mae e wir yn debyg i ffrwydrad.)

Felly, o edrych ar Andy, beth oedd y ffactorau rhagdueddol – y ffactorau a oedd yn golygu ei fod yn barod i ffrwydro o gael y sbardun iawn? Dyma rai posibiliadau:

1. Roedd wedi cael damwain car drasig yn ddwy ar bymtheg oed a allai fod wedi arwain at anhwylder straen wedi trawma, ac a allai hefyd fod wedi arwain at 'alar cymhleth' wedi colli ei gariad. Felly efallai y byddai unrhyw gariad neu wraig a gawsai wedi hynny mewn sefyllfa fregus. Yn enwedig wrth ailymweld â lleoliad eu mis mêl.

2. Rydyn ni hefyd yn gwybod ei bod hi'n dwym, nad oedd Andy wedi cysgu'n dda am rai nosweithiau, nad oedd wedi bod yn bwyta bwyd maethlon, a'i fod wedi bod yn yfed gwin (sâl?). Mae'r rhain i gyd yn ffactorau llawer mwy diweddar na'r ddamwain car yn ddwy ar bymtheg oed, ac efallai eu bod yn ymddangos yn bethau mwy 'arwynebol', ond maen nhw'n bendant yn ffactorau sy'n mynd i'w ragdueddu i 'ffrwydro' o gael y sbardun iawn. (Rydyn ni wedi gweld y ffactorau biolegol hyn yn y bennod ar Hwyliau.)

3. Mae'n bosib hefyd fod yna rai 'camsyniadau meddwl' ar waith. Er enghraifft, efallai fod ganddo syniad chwyddedig o 'gariad delfrydol'. Felly efallai ei fod yn dychmygu pe bai wedi priodi ei gariad dwy ar bymtheg oed, neu efallai ei feistres yn ddiweddarach, y byddai wedi byw bywyd anhygoel o hapus byth wedyn, bywyd hapusach nag y byddai modd ei ddychmygu. Mewn gwirionedd, pwy a ŵyr, efallai y byddai hynny wedi digwydd, ond efallai hefyd y byddai hi wedi ei adael am rywun arall ar ôl pum mlynedd. Mae'n amhosib i ni – nac Andy – wybod. Ond mae'n ddigon posib i Andy ddychmygu y gallai hynny fod wedi digwydd!

   Neu, yn wir, os oes ganddo syniad chwyddedig o 'gariad delfrydol' gallai gymryd ffurf lai eithafol. Er enghraifft, efallai ei fod wedi cael ei ddenu gan y syniad y byddai ef a'i wraig, wrth ddychwelyd i leoliad eu mis mêl flynyddoedd yn ddiweddarach, yn ddigon cyfoethog i fynd i'r gwesty gorau ac archebu cinio bendigedig. Ond mewn gwirionedd, pan nad oedden nhw naill ai ddim yn gallu neu heb awydd i wneud hyn, gallai fod wedi bod yn siom enfawr ac wedi chwalu breuddwyd.

Neu efallai nad hynny oedd y camsyniad meddwl o gwbl, ond yn hytrach y syniad oedd gan Andy bod rhaid iddo, yn fwy na dim byd arall, ddarparu incwm a safon byw dda iawn i'w wraig. Wedyn, bod dod yn ôl i leoliad eu mis mêl ar ôl deugain mlynedd a chanfod nad ydyn nhw ond wedi symud ymlaen mor bell â chaffi gwael yn gweini bwyd a gwin gwael wedi magu arwyddocâd y tu hwnt i bob rheswm.

Felly, yn sicr, mae yna rai ffactorau pwysig sy'n rhagdueddu Andy i ffrwydro. Ond beth oedd y ffactorau a achosodd y ffrwydrad – y sbardun?

1. Mae'n ymddangos mai un sbardun oedd y pryd o fwyd, y caffi a'r gwin sâl. Wrth gwrs, ar unrhyw adeg arall fyddai hyn ddim wedi bod yn sbardun; mae Andy'n dweud iddo fod i lawer o gaffis gwael a chael prydau bwyd siomedig cyn hyn.

2. Y sbardun y mae gwraig Andy'n ei gofio yw sylw a wnaeth hi am lyfr roedden nhw'n ei ddarllen – yn wir, roedd hi'n ei ddarllen iddo yn ystod y gwyliau ac roedden nhw'n ei fwynhau'n fawr. Roedd y llyfr wedi cael ei argymell iddyn nhw gan ffrind, James, ac

roedd Stephanie wedi gwneud sylw yn dweud y byddai ef, wrth gwrs, wedi gallu argymell llyfr da oherwydd mai 'dyna'r math o beth y mae e'n dda am ei wneud'. Roedd hynny wedi corddi Andy gan ei fod yntau wedi argymell llyfr i Stephanie a hithau heb gymryd iot o sylw – roedd hi wedi dilyn argymhelliad James yn hytrach na'i un e.

Felly, i ateb y cwestiwn 'Beth achosodd i Andy golli ei dymer?' gallwn roi ateb llawn:

Yr achos uniongyrchol oedd sylw gan ei wraig oedd yn awgrymu y byddai un o'u ffrindiau yn fwy tebygol o wneud argymhelliad da am lyfr i'w ddarllen nag y byddai Andy.

At hynny, roedd yn gyfnod pan nad oedd Andy a'i wraig wedi bod yn cysgu'n dda, roedden nhw wedi bod yn yfed amser cinio am sawl diwrnod, roedd hi'n dwym, a doedden nhw ddim wedi cael maeth cystal ag arfer.

Roedd sylw Stephanie hefyd wedi cael ei waethygu oherwydd iddo ddigwydd yn ystod ymweliad â chaffi siomedig, oedd yn gweini bwyd a gwin siomedig. Roedd gan hyn i gyd arwyddocâd arbennig gan ei fod wedi digwydd yn y dref fechan lle roedden nhw wedi bod ar eu mis mêl ddeugain mlynedd ynghynt, felly roedd hi'n ymddangos nad oedden nhw wedi symud ymlaen rhyw lawer mewn deugain mlynedd, gan symud o westy rhad bryd hynny i gaffi rhad nawr. I rwbio halen yn y briw, ar ôl deugain mlynedd roedd hi'n ymddangos fod Stephanie'n fwy parod i dderbyn barn ffrind na barn Andy wrth ddewis llyfr i'w ddarllen. Efallai ei fod yn dymuno ei fod wedi priodi'r ferch a gafodd ei lladd yn y ddamwain car flynyddoedd ynghynt, neu hyd yn oed y fenyw y cafodd affêr gyda hi yn fwy diweddar, ond ugain mlynedd yn ôl yr un fath.

Ac eto, gallai pethau fod wedi bod mor wahanol: pe baen nhw ond wedi bod yn cael bwyd yn y gwesty crand gerllaw, fe allen nhw fod wedi llongyfarch eu hunain ar wneud cystal, a hwythau wedi symud dros gyfnod eu priodas o westy rhad i fod ar fordaith ac yn bwyta yn y bwyty gorau yn y dref, ac wedi ennill ffrindiau diwylliedig a oedd yn gallu gwneud argymhellion da o ran y math o lenyddiaeth a fyddai'n apelio atyn nhw. Gallai gweithred mor fach fod wedi gwneud gwahaniaeth mawr. Yn yr un modd, pe na bai Andy wedi bod â syniadau mor ddelfrydol am sut beth ddylai priodas fod, gallai pethau fod wedi bod yn wahanol iawn hefyd.

Felly gallwn ddeall pam y collodd Andy ei dymer, o leiaf yn yr ystyr ein bod yn gallu disgrifio'r digwyddiadau yn eu trefn a dweud pam eu bod yn debyg o fod wedi cael yr effaith a gawson nhw ar Andy. Ond wrth gwrs, mae Andy eisiau peidio â cholli ei dymer fel hyn yn y dyfodol. Felly, er mwyn ei helpu, pa gyngor allen ni ei gynnig iddo? Pa gyngor fyddech chi'n ei roi iddo? Dyma rai opsiynau:

1. Gadael Stephanie, a mynd i chwilio am y fenyw y cawsoch chi affêr gyda hi ugain mlynedd yn ôl i weld a fydd hi'n fodlon eich cymryd yn ôl.

2. Ailystyried eich syniadau am briodas; doedd priodas erioed i fod yn stori dylwyth teg; cyn belled â bod y ddau ohonoch yn gymharol iach a hapus yna mae hynny'n ganlyniad da.

3. Cadw Stephanie os bydd hi'n fodlon eich cael chi, a chadw eich syniadau am briodas. Wedi'r cyfan, mae'n

ymddangos eich bod ar fordaith braf, ac y gallech fod wedi cael cinio yn y gwesty gorau yn y dref pe baech chi wedi dewis gwneud hynny. Ac roedd hi'n darllen llyfr da i chi wedi'i argymell gan eich ffrind soffistigedig. Mae'n rhaid bod hyn yn ganlyniad da, felly beth am gydnabod hynny? Os byddwch chi'n cael rhai nosweithiau da o gwsg, ddim yn yfed gwin am sawl amser cinio ar ôl ei gilydd pan ydych chi ar wyliau mewn tywydd poeth, ac yn bwyta deiet eithaf da ac efallai'n cael peth ymarfer corff, yna bydd yr holl bethau hynny yn eich helpu i weld pethau'n gliriach. Wedyn, os bydd Stephanie yn gwneud sylw rydych chi'n credu ei fod yn ddi-dact, rydych yn llai tebygol o orymateb. Wedi'r cyfan, mae'n debyg eich bod chithau'n gwneud sylwadau di-dact weithiau hefyd.

4. Peidiwch â gwneud môr a mynydd o'r peth; yn y frwydr rhwng yr hyn rydych chi'n ei wneud a'r hyn rydych chi'n ei feddwl, edrychwch ar yr hyn rydych chi'n ei wneud gyntaf bob amser. Felly, os ydych chi'n mynd yn ôl i leoliad eich mis mêl ar ôl deugain mlynedd, yna gallwch naill ai fynd i'r un llefydd ag y gwnaethoch chi ar eich mis mêl, dim ond i hel atgofion ac i gofio'r dyddiau da, neu gallwch fynd i'r bwyty gorau yn y dref a mwynhau bywyd. Y peth i beidio â'i wneud yw mynd i ryw gaffi rhad ar hap a dechrau yfed alcohol dan haul canol dydd. Os gwnewch chi hynny a bod y peth lleiaf yn mynd o chwith, rydych chi'n sicr o fynd i ddyfroedd dyfnion. Ac mae'r un peth yn wir ble bynnag rydych chi a beth bynnag rydych chi'n ei wneud; mae angen i chi weld pethau'n weddol glir a gweithredu'n unol â hynny.

Pa un o'r rhain fyddech chi'n ei ddewis? Does dim un ateb cywir mewn gwirionedd. Fy hoff un i yw rhif (4). Ond mae rhifau (2) a (3) yn dda hefyd. Pan fyddwch chi'n gweld claf, fedrwch chi ddim wir argymell rhif un, er, yn achlysurol bydd rhywun yn dod i'w gasgliadau ei hun yn hynny o beth.

Ydy'r achos yma'n eich atgoffa ohonoch chi eich hun mewn unrhyw ffordd? Os felly, sut?

25

Codi pais ar ôl piso – dysgu gwers ar ôl damwain

Mae'r diwydiant awyrennau wedi bod yn eithriadol o lwyddiannus yn sicrhau bod hedfan mor ddiogel ag y mae posib iddo fod. O fewn cyfnod o gan mlynedd rydyn ni wedi gweld hedfan yn cael ei drawsnewid o fod yn weithgaredd lle roedd arloeswyr yn peryglu – ac yn colli – eu bywydau yn rheolaidd i sefyllfa lle mae miliynau, yn llythrennol, o bobl yn hedfan yn ddiogel o gwmpas y byd mewn awyrennau sy'n llwyddo i beidio â hedfan i mewn i'w gilydd. Felly, mae'n werth edrych ar y systemau sydd ganddyn nhw i gyflawni hyn.

Y peth cyntaf dwi am i ni edrych arno yw'r hyn a elwir yn 'godi pais ar ôl piso'. Mewn geiriau eraill, bob tro y bydd 'digwyddiad mawr' maen nhw'n archwilio'r peth yn fanwl iawn i weld pa wersi y gellir eu dysgu. Nid er mwyn gallu troi'r cloc yn ôl, ond er mwyn sicrhau na fydd yr un peth yn digwydd eto. A byddan nhw'n gwneud hyn mewn ysbryd 'dim bai, a dim beio' er mwyn i bawb sy'n gysylltiedig â'r digwyddiad fod mor agored â phosib. A dyma'r union ysbryd y dylen ni ei ddefnyddio wrth i ni archwilio ein chwalfeydd ein hunain, heb feio ein hunain na beio eraill.

Mae hyn yn rhoi model gwych i ni ei efelychu. Mae hefyd yn dangos bod haul y tu ôl i'r cwmwl du o golli ein tymer. Wrth gwrs bod colli ein tymer yn newyddion drwg i ni, ond os yw'n rhywbeth y gallwn ddysgu ohono, gwella o'i herwydd, a gwneud achosion tebyg yn llai tebygol, yna o leiaf bydd peth daioni yn deillio ohono.

Felly, mae'r egwyddor yn dda, a gadewch i ni fynd yn ôl at Andy o'r bennod flaenorol a gweld sut mae'n gweithio yn ymarferol. Ac rydyn ni eisoes wedi gwneud llawer o'r gwaith, rydyn ni eisoes wedi dadansoddi'r digwyddiad yn eithaf manwl, felly rydyn ni'n barod i ateb y cwestiwn allweddol, sef: Beth all Andy ei wneud o hyn ymlaen i wneud digwyddiadau tebyg yn llai tebygol?

Ymarfer

Yn dilyn damwain awyren, mae'r awdurdodau'n llunio adroddiad yn gwneud argymhellion am y camau y dylid eu cymryd i rwystro rhywbeth tebyg rhag digwydd eto. Yn yr un ysbryd, pa rai o'r argymhellion canlynol fyddech chi'n eu gwneud ar gyfer Andy, er mwyn lleihau'r siawns y bydd yn cael digwyddiad tebyg eto? Rhowch gylch o amgylch Ie neu Na ar gyfer pob un o'r argymhellion posib isod. Cofiwch mai ar gyfer Andy'n benodol y mae eich argymhellion, nid ar gyfer pobl yn gyffredinol.

1. Peidio â chael damwain car drasig yn ddwy ar bymtheg oed.

   Argymhelliad? Ie / Na

2. Gwneud eich gorau i gael noson dda o gwsg.

   Argymhelliad? Ie / Na

3. Ceisio sicrhau eich bod yn cael bwyd maethlon.

   Argymhelliad? Ie / Na

4. Peidio ag yfed (gwin sâl) mewn hinsawdd boeth amser cinio.

   Argymhelliad? Ie / Na

5. Osgoi cael affêr.

   Argymhelliad? Ie / Na

6. Peidio â bod yn rhy uchelgeisiol eich syniadau am sut y bydd pethau ar ôl i chi fod yn briod am ddeugain mlynedd, a chithau'n mynd yn ôl i leoliad eich mis mêl.

   Argymhelliad? Ie / Na

7. Peidio â bod â syniadau chwyddedig am yr incwm a'r safon byw rydych chi am eu cynnig i'ch gwraig.

   Argymhelliad? Ie / Na

8. Peidio â mynd i gaffis eilradd.

   Argymhelliad? Ie / Na

9. Peidio â gadael i Stephanie wneud sylwadau di-dact, naill ai am ffrindiau'n argymell llyfrau neu am unrhyw beth arall.

   Argymhelliad? Ie / Na

10. Peidio â phoeni pa lyfrau mae eich gwraig yn eu darllen.

    Argymhelliad? Ie / Na

11. Peidio â gadael i James fyth argymell llyfrau i Stephanie eu darllen.

    Argymhelliad? Ie / Na

12. Gwneud yn siŵr eich bod yn bwyta mewn gwestai crand.

    Argymhelliad? Ie / Na

13. Mynd i chwilio am y fenyw y cawsoch chi affêr gyda hi ugain mlynedd yn ôl i weld a fydd hi'n fodlon eich cymryd yn ôl.

    Argymhelliad? Ie / Na

14. Ailystyried eich syniadau am briodas; doedd priodas erioed i fod yn stori dylwyth teg; cyn belled â bod y ddau ohonoch chi'n gymharol iach a hapus yna mae hynny'n ganlyniad da.

    Argymhelliad? Ie / Na

15. Datblygu gwell ymwybyddiaeth o'r sefyllfa rydych chi ynddi – er enghraifft, yn yr achos yma roeddech chi'n mynd yn ôl i leoliad eich mis mêl, ddeugain mlynedd yn ôl, gyda'ch gwraig – a cheisio gofalu bod eich ymddygiad yn gydnaws â'r sefyllfa, beth bynnag yw'r sefyllfa honno.

Argymhelliad? Ie / Na

Wrth wneud eich argymhelliad efallai y byddwch am gadw mewn cof bod angen osgoi dwy fagl:

1. Does dim modd i ddim byd sy'n golygu troi'r cloc yn ôl fod yn argymhelliad, oherwydd dydyn ni ddim yn gallu mynd yn ôl mewn amser.
2. Does dim modd i ddim byd sy'n dibynnu ar bobl eraill yn gwneud pethau fod yn argymhellion i Andy.

Nawr rhowch eich argymhellion mewn trefn, er mwyn i chi fod ag ateb parod os bydd Andy'n holi 'Beth yw eich prif argymhelliad?' neu 'Beth yw eich tri phrif argymhelliad?' Mae hyn yn cyfateb i hedfan eto: yn aml iawn dydy'r awdurdodau ddim yn gweithredu pob un o'r argymhellion sy'n cael eu gwneud gan yr ymchwiliad, dim ond y rhai pwysicaf. Felly rhowch '1' wrth eich argymhelliad pwysicaf uchod, ac yn y blaen.

Gyda llaw, mae'r 'atebion cywir' ar gyfer yr ymarfer hwn ar ddiwedd y bennod, ond dwi'n awgrymu i chi beidio ag edrych arnyn nhw nes eich bod wedi penderfynu'n derfynol beth rydych chi'n ei feddwl eich hun.

Yn y cyfamser, efallai eich bod chi'n meddwl nad ydych chi o anghenraid eisiau aros am ddigwyddiadau mawr cyn y gallwch chi wella eich hun. Wel, does dim angen i chi bryderu, oherwydd mae'r diwydiant hedfan yn meddwl yn union yr un peth: dydyn nhw ddim eisiau aros i awyrennau daro yn erbyn ei gilydd cyn iddyn nhw wneud pethau da. Yn wir, yr hyn maen nhw'n ei wneud yw dadansoddi 'digwyddiadau fu bron â digwydd' neu ddigwyddiadau 'cael a chael'. A gallwn ninnau wneud yn union yr un peth.

Ystyr hyn i ni yw ein bod ni'n dadansoddi adegau pan na wnaethon ni golli ein tymer yn llwyr, ond ein bod wedi mynd ran o'r ffordd tuag at hynny. Er enghraifft, gydag Andy, roedd y digwyddiad rydyn ni wedi bod yn edrych arno yn un mawr iawn. Fe gymerodd hi tua 48 awr iddo ymdawelu, a hwn oedd digwyddiad mwyaf cofiadwy'r gwyliau yn nwyrain Môr y Canoldir. Os oes gennych chi ddigwyddiadau fel hyn, yna byddwch chi'n gyfarwydd iawn â'r math yma o beth; ac yn yr un modd, os ydych chi'n byw gyda rhywun sy'n cael digwyddiadau fel hyn, yna bydd hyn yr un mor gyfarwydd i chi. Felly sawl gwaith allwn ni ddisgwyl i Stephanie ddioddef y rhain? Yn amlwg, mae angen i Andy weithio arno'i hun rhwng digwyddiadau o'r fath. A gallwn ni i gyd wneud yn union yr un peth drwy sylwi ar ein 'digwyddiadau cael a chael' a'u dadansoddi nhw fel pe bydden nhw'n ddigwyddiadau mawr.

Yn y cyfamser, dyma'r 'atebion cywir' ar gyfer yr ymarfer.

1. Peidio â chael damwain car drasig yn ddwy ar bymtheg oed.

    Na, does dim modd i hwn fod yn argymhelliad gan nad ydyn ni'n gallu troi'r cloc yn ôl; mae'n rhaid i ni gychwyn o ble rydyn ni'n awr.

2. Gwneud eich gorau i gael noson dda o gwsg.

   Ydy, mae hwn yn argymhelliad oherwydd rydyn ni'n gwybod ei fod yn ffactor wrth reoli dicter ac mae'n amlwg ei fod wedi bod yn ffactor yn yr achos yma.

3. Ceisio sicrhau eich bod yn cael bwyd maethlon.

   Ydy, mae hwn yn gallu bod yn argymhelliad, am yr un rheswm.

4. Peidio ag yfed (gwin sâl) mewn hinsawdd boeth amser cinio.

   Ydy, mae hwn yn bendant yn gallu bod yn argymhelliad. Ar wahân i fod yn fater o synnwyr cyffredin, roedd yn amlwg yn ffactor yn y digwyddiad hwn.

5. Osgoi cael affêr.

   Na, does dim modd i hwn fod yn argymhelliad oherwydd eto, dydyn ni ddim yn gallu troi'r cloc yn ôl.

6. Peidio â bod yn rhy uchelgeisiol eich syniadau am sut y bydd pethau ar ôl i chi fod yn briod am ddeugain mlynedd a chithau'n mynd yn ôl i leoliad eich mis mêl.

   Na, does dim modd i hwn fod yn argymhelliad oherwydd hyd yn oed pe byddai gan Andy syniadau gwahanol, efallai na fyddai hynny wedi atal y digwyddiad.

7. Peidio â bod â syniadau chwyddedig am yr incwm a'r safon byw rydych chi am eu cynnig i'ch gwraig.

Na, dydy hwn ddim yn argymhelliad i Andy oherwydd mae'n ymddangos eu bod wedi gwneud yn eithaf da yn ariannol, felly doedd hyn ddim wir yn ffactor. Gallai fod yn argymhelliad i bobl eraill, ac efallai yn athroniaeth gyffredinol ar gyfer bywyd hefyd.

8. Peidio â mynd i gaffis eilradd.

Na, does dim modd i hwn fod yn argymhelliad oherwydd dywedodd Andy wrthon ni yn ei dystiolaeth ei fod yn aml yn mynd i gaffis eilradd, ac yn yr ymchwiliad hwn rydyn ni'n ceisio defnyddio 'rhesymu rhesymegol, seiliedig ar dystiolaeth'. Yn rhesymegol, os yw'n mynd i gaffis eilradd heb golli ei dymer, yna does dim modd i hwn fod yn ffactor o bwys.

9. Peidio â gadael i Stephanie wneud sylwadau di-dact, naill ai am ffrindiau'n argymell llyfrau neu am unrhyw beth arall.

Na, does dim modd i hwn fod yn argymhelliad gan ei fod yn dibynnu ar ymddygiad rhywun arall. Un o'n rheolau ar gyfer argymhellion yw bod rhaid iddyn nhw ymwneud â'n hymddygiad ni ein hunain yn unig; rhaid iddyn nhw beidio â dibynnu ar beth mae unrhyw un arall yn ei wneud.

10. Peidio â phoeni pa lyfrau mae Stephanie'n eu darllen.

Na, mae hyn yn rhoi sylw i fanylyn nad yw'n arbennig o berthnasol.

11. Peidio â gadael i James fyth argymell llyfrau i Stephanie eu darllen.

Na, does dim modd i hwn fod yn argymhelliad gan ei fod unwaith eto'n dibynnu ar ymddygiad rhywun arall.

12. Gwneud yn siŵr eich bod yn bwyta mewn gwestai crand.

Na, mae Andy wedi dweud wrthyn ni eu bod yn bwyta ym mhob math o lefydd ac nad yw'n mynd yn ddig o ganlyniad i hynny. Mae yna ffactorau eraill sy'n berthnasol i'r digwyddiad penodol hwn.

13. Mynd i chwilio am y fenyw y cawsoch chi affêr gyda hi ugain mlynedd yn ôl i weld a fydd hi'n fodlon eich cymryd yn ôl.

Na, mae'n anodd argymell hyn oherwydd does gennym ni ddim syniad beth sydd wedi digwydd i'r fenyw honno a beth bynnag, mae Andy a Stephanie'n cyd-dynnu'n hollol iawn fel arfer.

14. Ailystyried eich syniadau am briodas; doedd priodas erioed i fod yn stori dylwyth teg; cyn belled â bod y ddau ohonoch yn gymharol iach a hapus yna mae hynny'n ganlyniad da.

Na, fe edrychon ni ar hyn a dydy e ddim wir yn ymddangos fel pe bai'n berthnasol.

15. Datblygu gwell ymwybyddiaeth o'r sefyllfa rydych chi ynddi – er enghraifft, yn yr achos yma roeddech chi'n

mynd yn ôl i leoliad eich mis mêl, ddeugain mlynedd yn ôl, gyda'ch gwraig – a cheisio gofalu bod eich ymddygiad yn gydnaws â'r sefyllfa, beth bynnag yw'r sefyllfa honno.

Ydy, mae hwn yn sylw pwysig ac yn tynnu sylw at faes a oedd yn dipyn o fan gwan i Andy. Roedd yn llawdrwm arno'i hun ac yn disgwyl y byddai'n ymddwyn yn gyson ac yn ddibynadwy ym mhob amgylchiad. Ond nid felly mae bywyd; mae angen i ni edrych o'n cwmpas, asesu'r sefyllfa ac ymddwyn yn unol â'r sefyllfa honno. Dyma fethodd Andy â'i wneud mewn modd trawiadol yn y sefyllfa yma, ac mewn rhai eraill hefyd. Roedd yn faes datblygu mawr i Andy.

Dyma'r drefn dwi'n ei hawgrymu ar gyfer y tri pheth pwysicaf:

1. Peidio ag yfed (gwin sâl) mewn hinsawdd boeth amser cinio.

   Mae cymhareb cost a budd yr un yma mor enfawr. Dydy hwn ddim yn un anodd ei wneud (rydyn ni'n gwybod nad yw Andy fel arfer yn yfed amser cinio), felly pam mae'n dewis gwneud hynny mewn hinsawdd boeth? Dylai'r manteision fod yn anferth.

2. Gwneud eich gorau i gael noson dda o gwsg a bwyta deiet da.

   Eto, pam na fyddech chi'n cael noson dda o gwsg a bwyta'n dda? Beth yw'r ddadl yn erbyn hynny? Mae'n beth braf i'w wneud a bydd yn arwain at fanteision o ran rheoli emosiynau.

3. Datblygu gwell ymwybyddiaeth o'r sefyllfa rydych chi ynddi – er enghraifft, yn yr achos yma roeddech chi'n mynd yn ôl i leoliad eich mis mêl, ddeugain mlynedd yn ôl, gyda'ch gwraig – a cheisio gofalu bod eich ymddygiad yn gydnaws â'r sefyllfa, beth bynnag yw'r sefyllfa honno.

Dyma fy ffefryn personol i a dwi'n siomedig i'w weld yn y trydydd safle er mai fi sydd wedi ei roi yno. Roedd hwn yn gyfle gwych i Andy weithio arno, ond wrth gwrs, roedd angen cryn dipyn o ymarfer iddo ddod i'w wneud yn well. Hyd yn oed wedyn, roedd y manteision yn enfawr iddo.

Yn wir, y strategaeth fwyaf llwyddiannus i ni ei chanfod ar gyfer hyn oedd bod Andy'n sylwi ar yr adegau pan fyddai'n teimlo *ychydig* yn ddig neu'n flin ac yn edrych a oedd ei ymddygiad mewn cytgord â'r sefyllfa. Er enghraifft, fe ddisgrifiodd sut y cafodd newyddion siomedig ryw ddiwrnod gan ymateb heb newid ei ymddygiad o gwbl; mewn geiriau eraill fe wnaeth barhau â'i waith fel pe na bai dim wedi digwydd. Yna fe'i cafodd ei hun yn gwneud gwaith o safon eilradd ac achosodd hynny iddo fod yn flin ag ef ei hun, gan wneud pethau ganwaith gwaeth. A dyna pryd y gofynnodd iddo'i hun a oedd yn ymddwyn mewn cytgord â'r sefyllfa. Yn amlwg, doedd e ddim; doedd e ddim wedi rhoi unrhyw amser iddo'i hun i ymdopi â'i siom cyn mynd yn ôl at ei waith. Yn yr achos hwn fe roddodd gwta ddau funud iddo'i hun i gymryd egwyl a dod i delerau â'r newyddion cyn iddo fynd yn ôl at ei waith, ond fe wnaeth y ddau funud hynny fyd o wahaniaeth. Bu nifer o enghreifftiau fel hyn yn gyfrwng i wella ei allu i fonitro'r sefyllfa a gweithredu'n unol â hynny.

Bu trosiad yn gymorth iddo hefyd: roedd Andy wrth ei fodd yn gyrru, felly buon ni'n trafod doethineb gyrru'n syth ymlaen gan wneud 50 milltir yr awr yn gyson waeth beth fyddai amodau'r ffordd. Fe chwarddodd ar y syniad o wneud hyn, gan ddweud y byddech chi'n amlwg yn llywio i'r chwith ac i'r dde ac yn amrywio eich cyflymder yn unol â'r hyn sy'n digwydd o'ch cwmpas. Yn ffodus, gallai weld sut roedd yr egwyddor hon yn berthnasol i weddill bywyd hefyd.

26

Canolbwyntio arnoch chi eich hun

Felly rydyn ni wedi gwneud gwaith eithaf trylwyr ar Andy, gwaith cystal os nad gwell nag y byddech chi'n ei gael yn y rhan fwyaf o leoliadau clinigol. Felly gadewch i ni weld a fedrwch chi wneud yr un math o waith arnoch chi eich hun!

Dylai fod yn dasg ddiddorol i chi, dadansoddi un o'ch 'digwyddiadau' chi yn yr un ffordd ag y gwnaethon ni ddadansoddi un Andy, felly beth am atgoffa ein hunain beth i'w wneud:

1. Meddyliwch am ddigwyddiad diweddar pan golloch chi eich tymer. (Neu os yw'n well gennych chi, digwyddiad lle bu'n agos i chi golli eich tymer.)
2. Defnyddiwch bapur a phìn ysgrifennu – neu defnyddiwch eich cyfrifiadur neu ddyfais llaw – i nodi'r ffactorau a achosodd i chi golli eich tymer yn yr achos penodol hwn. Dyma'r 'sbardunau'. (Yn achos Andy y prif sbardun oedd sylw di-dact gan ei wraig.)

3. Nodwch unrhyw ffactorau rhagdueddol a fyddai wedi achosi i chi golli eich tymer yn yr achos penodol hwn. Roedd nifer o'r rhain yn achos Andy. Er enghraifft: yfed gwin rhad mewn hinsawdd boeth pan nad oedd yn arfer yfed o gwbl amser cinio; cael dwy neu dair noson ddi-gwsg un ar ôl y llall; peidio â bwyta deiet maethlon am rai dyddiau; a pheidio ag ymddwyn mewn ffordd oedd yn addas i'r sefyllfa – mewn geiriau eraill, mynd i gaffi digon garw wrth ailymweld â lleoliad eu mis mêl ddeugain mlynedd yn ddiweddarach! Efallai y byddwch yn cael y ffactorau rhagdueddol yma'n ddiddorol iawn yn eich achos eich hun, beth bynnag ydyn nhw; maen nhw'n tueddu i fod yn ffactorau y mae'r rhan fwyaf o bobl yn eu hesgeuluso, ac eto mae'n debyg mai'r rhain yw'r rhai mwyaf pwysig; mwy pwysig hyd yn oed na'r sbardun, sef yr hyn y mae'r rhan fwyaf o bobl yn canolbwyntio arno.

4. Cynhaliwch ymchwiliad tebyg i ymchwiliad y cwmni hedfan i'r digwyddiad, gan ysgrifennu rhestr o argymhellion a fyddai'n rhwystro'r digwyddiad hwn rhag digwydd eto.

5. Rhowch eich rhestr o argymhellion yn y drefn orau.

6. Gwnewch yn siŵr eich bod yn gweithredu ar eich argymhellion!

Wrth ysgrifennu hyn dwi'n teimlo'n ddiymadferth, oherwydd byddwn wrth fy modd yn gallu bod wrth eich ochr a gweld beth rydych chi wedi'i ysgrifennu ac aros gyda chi a'ch gweld yn gweithredu ar eich argymhellion. Os ydych chi wedi cyrraedd y pwynt hwn a heb wneud yr ymarfer, dim ond wedi dal i ddarllen beth rydych chi i fod i'w wneud, byddwn yn eich annog i fynd yn ôl a'i gwblhau; y gobaith yw y byddwch yn ei gael yn hynod fanteisiol. Ac os gwnewch chi hyn bob tro y byddwch yn colli eich tymer neu'n dod yn agos at wneud, yna mae eich tymer yn ymladd brwydr y bydd yn ei cholli! Hynny yw, bob tro y bydd yn dechrau ymddangos mae'n llai tebygol o wneud hynny yn y dyfodol, diolch i'ch dadansoddiad a'ch gweithredu chi.

Yn olaf, efallai fod angen tri 'awgrym':

A.   Gwnewch yn siŵr eich bod yn mynd drwy'r drefn yma bob tro y byddwch yn colli eich tymer neu'n dod yn agos at wneud hynny. Dydy hi byth yn newyddion da pan fyddwn ni'n colli ein tymer, ond mae gwneud eich dadansoddi'n golygu bod y weithred o golli tymer ei hun yn ei gwneud hi'n llai tebygol o ddigwydd eto, ac mae hynny'n ganlyniad da wrth reswm.

B.   Talwch sylw arbennig i'r 'ffactorau rhagdueddol'. Mae'r rhain yn haws gweithio arnyn nhw na'r ffactorau achosi neu 'sbardunau'. A phan fyddwch chi'n gweithio arnyn nhw, fel rheol maen nhw'n llesol iawn i chi. At hynny, weithiau does dim angen llawer o waith arnyn nhw. (Cofiwch, gydag Andy, y prif argymhelliad oedd peidio ag yfed gwin rhad amser cinio mewn tywydd poeth ar wyliau, a gan nad oedd yn arfer yfed amser cinio, doedd hyn ddim yn llawer o ymdrech iddo. Er hynny, os bydd yn dilyn yr argymhelliad hwn mae'n annhebygol y bydd yr un peth yn digwydd iddo eto.)

C. Gwnewch yn siŵr eich bod yn cadw at eich argymhellion. Mewn geiriau eraill, ar ôl i chi wneud y dadansoddi a gallu gweld y camau gweithredu y dylech eu cymryd, gwnewch yn siŵr eich bod yn gwneud hynny. Mae hyn yn swnio'n amlwg, ond weithiau byddwn ni'n teimlo mor falch ohonon ni'n hunain ar ôl gwneud dadansoddiad mor dda fel ein bod yn syrthio wrth y glwyd olaf drwy beidio â gweithredu yn y modd rhagorol y gallwn weld ei fod yn angenrheidiol. Yn eironig, gall hyn fod yn arbennig o wir pan fydd y weithred yn un syml.

Felly pob hwyl i chi; os gallwch gael unrhyw fath o feistrolaeth ar ddadansoddi a gweithredu fel hyn, gallwch wneud pethau sy'n debygol o drawsnewid eich bywyd yn llythrennol. Byddwn i wrth fy modd yn cael bod yno i'w weld yn digwydd.

27

Canllaw datrys problemau

Os ydych chi eisiau bod yn llai blin a dig, rwy'n awgrymu'r canlynol, heb fod mewn trefn benodol:

Mynd i'r afael â ffactorau biolegol:

Efallai fod hyn yn ymddangos braidd yn sylfaenol ond ar y llaw arall, os ydych chi wedi cael noson dda o gwsg, yn bwyta'n dda, yn gwneud ymarfer corff, yn cynnal trefn ddyddiol (mynd i'r gwely tua'r un pryd y rhan fwyaf o nosweithiau a chodi tua'r un amser yn y bore, a bwyta eich bwyd fwy neu lai'r un amser bob dydd), mae'n syndod cymaint llai blin y gallwch fod. Ac os ydych chi'n llai blin rydych chi'n llai dig. Os gwnewch chi'r holl bethau hyn a'ch bod yn gweld bod hynny'n arwain at ganlyniad da iawn, peidiwch â thybio eich bod wedi eich gwella: os byddwch chi'n rhoi'r gorau i rai o'ch arferion da newydd, yna byddwch yn mynd yn ôl i'r man cychwyn.

Yn yr un modd, os ydych chi'n sâl, naill ai gyda salwch tymor byr neu salwch tymor hir, mae hyn yn debygol o'ch gwneud yn fwy blin. Felly, yn amlwg byddech chi'n ceisio ei ddatrys, a beth bynnag, pan fyddwch chi'n teimlo yn anorfod o flin, gwnewch yn siŵr eich bod yn beio'r salwch ac nid y bobl o'ch cwmpas!

Edrychwch ar beth rydych chi'n ei wneud

Pan fyddwn ni'n mynd yn flin ac yn ddig, byddwn yn tueddu i ganolbwyntio ar bobl eraill a'r hyn y maen nhw wedi'i wneud i'n gwneud ni fel hyn. Yn aml iawn gallwn atal pethau rhag cyrraedd y cam yma drwy newid yr hyn rydyn ni ein hunain yn ei wneud. Er enghraifft:

- Dwi wir wedi mwynhau ysgrifennu'r llyfr yma, felly fe ges i syndod un diwrnod i ganfod fy mod i'n gweithio arno heb fwynhau – roeddwn i'n teimlo braidd yn flin a dweud y gwir. Doedd y ffaith fod gen i annwyd ddim yn helpu, a 'mod i heb gysgu'n dda y noson gynt, a heb ymarfer corff am rai dyddiau oherwydd yr annwyd. Felly beth yw'r peth gorau i'w wneud? Brwydro ymlaen, gan ddiawlio bod croen fy nhin ar fy nhalcen? Dwi ddim yn credu. Mae'n well rhoi'r gorau iddi am y tro a dod yn ôl at y gwaith yn ddiweddarach neu'r diwrnod wedyn.
- Yn aml, mae pobl yn diflasu oherwydd nad ydyn nhw'n gallu meddwl am ddim y maen nhw eisiau ei wneud, ac mae bod yn ddiflas yn achosi i rywun fod yn flin. Wedi'r cyfan, beth yw bywyd ond yr hyn a wnawn ni? Os yw hyn yn canu cloch i chi, dwi wedi rhoi rhestr o bethau posib i'w gwneud yn yr Atodiad. Mae'n rhestr dwi wedi cymryd cryn amser i'w llunio, felly mae'n cynnwys

llawer o bethau – fe ddylai fod yno un sy'n iawn i chi ar unrhyw adeg benodol.

- Mae swyddi rhai pobl wir yn eu llethu. Dwi'n adnabod rhywun sy'n dod adref yn rheolaidd wedi ei llethu'n llwyr gan ei gwaith, gyda dim ond digon o egni ar ôl i fod yn flin â'r rhai sydd o'i chwmpas hi. Weithiau mae hi'n bosib gwneud newidiadau bach ond arwyddocaol i'r gwaith sy'n arwain at welliant i chi. Dro arall, mae hi'n werth newid y gwaith rydych chi'n ei wneud, ond peidiwch â gwneud hyn fel cam cyntaf; rhowch gynnig ar bopeth arall yn gyntaf, oherwydd mae'n bosib eich bod yn flin yn barod a hynny'n cael ei briodoli i'r swydd yn hytrach na bod y swydd yn achosi'r teimladau blin.

Efallai fod yr enghreifftiau yma'n canu cloch, ond efallai nad ydyn nhw. Y naill ffordd neu'r llall, mae hi bob amser yn werth cymryd golwg ar beth rydych chi'n ei wneud: nid yw'r ateb bob amser yn fiolegol neu'n seicolegol; weithiau dim ond mater o wneud rhywbeth gwahanol yw e. Os yw'r plant drws nesaf yn mynd ar eich nerfau drwy chwarae pêl-droed y tu allan i'r tŷ ac mai eich ymateb arferol yw eistedd yn y tŷ yn corddi, yna efallai – dim ond efallai – y byddai'n well ichi fynd allan i chwarae gyda nhw.

Ymatebwch i'ch emosiynau

Mae pawb weithiau'n teimlo'n drist, yn bryderus, yn siomedig, mewn galar, wedi ypsetio ac yn y blaen. Yn ffodus, os byddwn ni'n aros yn ddigon hir, mae emosiynau da a chadarnhaol hefyd yn ein taro ni! Pan fyddwn ni yn un o'r cyflyrau negyddol hynny, wrth gwrs bod pob un ohonom yn debygol o fod yn flin ac o fynd yn ddig gyda phawb a phopeth; ond mae hyn yn cael ei waethygu os nad ydyn ni'n sylweddoli ein bod mewn lle drwg ac yn gweithredu'n unol â hynny. Beth yw ystyr 'gweithredu'n unol â hynny'? Fel arfer mae'n golygu bod yn arbennig o garedig â ni'n hunain a pheidio â disgwyl gormod gennym ein hunain. Mae Paul Gilbert yn ysgrifennu'n dda am therapi sy'n canolbwyntio ar dosturi ac mae ei bwynt yn un dilys: mae angen i ni ddysgu bod yn dosturiol tuag aton ni'n hunain.

Byddwch yn sensitif i'ch amgylchedd

Weithiau mae hi'n amlwg iawn beth yw'r sbardun sy'n ysgogi'ch teimladau blin; efallai'r ffaith bod y tŷ'n flêr, neu'r car yn fudr, neu – mewn bwyty – fod yna ddrafft oer sy'n dod i mewn bob tro y bydd rhywun yn agor y drws. Os ydych chi'n gwybod beth yw'r sbardun a'ch bod yn gallu cael gwared arno, yna mae'n syniad da i chi wneud hynny. Efallai y gallwch chi dacluso'r tŷ, glanhau'r car, symud i fwrdd arall yn y bwyty.

Ond weithiau nid mater o'r amgylchedd ffisegol yw e, ond y bobl sydd o'ch cwmpas sy'n mynd ar eich nerfau! Mae'r un peth yn wir eto: os gallwch chi symud oddi wrth y bobl hynny, yna mae'n debyg fod hynny'n beth da i'w wneud (ac eto, os nad ydych chi'n gallu eu gadael, yna rhowch gynnig ar un o'r pethau eraill sydd gennym fan hyn).

Meddyliwch sut rydych chi'n meddwl

Mae yna gryn dipyn o driciau pleserus y gallwn eu chwarae fan hyn, a dyma rai ohonyn nhw:

- Gallwch newid y ffordd rydych chi'n edrych ar rywbeth. Er enghraifft, o dro i dro, byddwn yn meddwl bod rhywun yn ein corddi'n fwriadol, ond mewn gwirionedd anaml iawn y mae hynny'n digwydd – fel arfer mae'n digwydd yn ddamweiniol.

- Gwybod pan ydych chi wedi cael eich sensiteiddio i rywbeth. Dyma pryd rydych chi'n hynod orsensitif i rywbeth sydd mewn gwirionedd yn rhywbeth bach iawn – eich partner yn siarad a'i geg yn llawn bwyd, er enghraifft; y math o beth nad ydych chi'n sylwi arno bron pan fyddwch chi'n cwrdd gyntaf, ond ar ôl byw gyda hyn am ugain mlynedd, sy'n gallu eich gyrru'n wallgof. Yr hyn sydd angen i chi ei wneud yma (gan ddiolch i Alcoholigion Anhysbys ac ymddiheuriadau am yr aralleirio) yw: ei newid os gallwch chi ei newid, byw gydag e os nad ydych yn gallu ei newid, a sylweddoli a yw'n rhywbeth sy'n gallu cael ei newid neu'n rhywbeth nad oes modd ei newid.

- Ymddygiad rheoledig. Mae gan bob un ohonom reolau sy'n rheoli ein hymddygiad a ni sy'n eu creu nhw i ni'n hunain. Felly, er enghraifft, bydd gan y rhan fwyaf ohonom reol nad ydyn ni'n llofruddio pobl waeth pa mor ddig ydyn ni tuag atyn nhw, ac mae'r ffaith fod y rheol hon gennym ni yn ein hatal rhag gwneud hyn. Yn yr un modd gallwn greu rheol fel: 'Wna i fyth weiddi ar neb mewn dicter'. Mae rheolau da yn golygu popeth neu ddim (byth/bob amser, ac ati). Maen nhw hefyd yn cael eu hystyried yn ofalus, felly yn yr achos hwn mae'r rheol yn caniatáu i chi weiddi ar bobl i'w rhybuddio fod cerbyd yn dod, ond nid am eich bod yn ddig.

- Gallwch newid y ffordd rydych chi'n meddwl am ddicter. Er enghraifft, mae rhai'n meddwl ei bod hi'n dda 'gadael y cyfan allan' ond wrth iddyn nhw ystyried y peth yn fwy manwl maen nhw'n gweld mai anaml y mae 'gadael dicter allan' yn brofiad pleserus – iddyn nhw nac i'r rhai o'u cwmpas. A dweud y gwir, mae dicter yn cael ei ollwng allan dros gyfnod o amser; does dim angen ei adael allan – mae'n mynd ar ei liwt ei hun.

- Mae pobl yn ymbleseru mewn 'dicter adloniadol' oherwydd ei fod yn gwneud iddyn nhw deimlo'n llawn egni, mor llawn bywyd ac mor gywir. Dicter adloniadol yw pan fyddwch chi'n treulio amser yn meddwl cymaint rydych chi wedi cael eich tramgwyddo a pha gamau gwych rydych chi am eu cymryd er mwyn gwneud pethau'n iawn. Mae hwn yn llwybr peryglus i'w droedio oherwydd mae'r dicter yn ystumio eich barn gan ei fod yn dod o'r rhan o'r ymennydd sy'n llai datblygedig. Mae'n well i chi fynd â'ch cwyn at gyfaill da a gofyn am gyngor – a derbyn y cyngor hwnnw.

- Gallwch benderfynu beth yw egwyddorion cyffredinol eich bywyd – y mathau o bethau y byddech am i rywun eu dweud amdanoch chi mewn dathliad pen-blwydd mawr – a mynd ati'n ddyfal i gyflawni'r pethau hynny yn eich bywyd. Mae'r ymdeimlad o gyfeiriad y mae hyn yn ei roi i ni yn aml yn ddefnyddiol iawn wrth reoli sut rydyn ni'n teimlo ac yn gweithredu.

- Gallwn weithio ar yr hyn rydyn ni'n ei gredu am bobl eraill. Er enghraifft, os credwn ni fod pobl eraill yn gyffredinol yn elyniaethus a diwerth, yna rydyn ni'n fwy tebygol o fynd yn ddig tuag atyn nhw na phe bydden ni'n credu bod pobl eraill yn gyffredinol gymwynasgar a chefnogol. Y drafferth fan hyn yw ein bod yn meddwl bod ein credoau yn ffeithiau go iawn. Mewn geiriau eraill, oherwydd ein bod hi'n credu bod pobl yn elyniaethus a diwerth rydyn ni'n credu eu BOD nhw'n elyniaethus a diwerth go iawn. Mewn gwirionedd, dydy'r ffaith ein bod ni'n meddwl bod rhywbeth yn wir ddim yn ei wneud yn wir, ac mae'n ymarfer da i ni weld a ydyn ni'n gallu newid yr hyn rydyn ni'n ei gredu. Mae'n gallu cymryd amser, ond mae'n werth ei wneud.

Byddwch yn arbenigwr ar eich dicter

Eto, mae hyn yn ddiddorol gan ei fod yn golygu ein bod yn meddwl amdanom ein hunain. Mae sawl ffordd o ddod yn arbenigwr ar eich dicter:

- Cadw dyddiadur, efallai gan ddefnyddio'r ffurflenni dyddiadur yn y llyfr yma (mae copïau ychwanegol yn yr Atodiad), fel y gallwch weld beth sy'n eich gwneud yn ddig a blin. Mae gwybodaeth yn rymus: os ydych chi'n gwybod beth sy'n eich gwneud chi'n ddig a blin, yna mae'n aml yn amlwg beth ddylech chi ei wneud am y peth.

- Pan gewch chi bwl o ddicter neu o fod yn flin eich tymer, dadansoddwch e. Holwch eich hun beth agorodd y drws i chi fynd yn ddig ar yr adeg honno (er enghraifft, oeddech chi wedi blino, neu eisiau bwyd, neu wedi yfed gormod?). Beth achosodd y pwl – beth oedd y sbardun (er enghraifft, sylw di-dact gan rywun)? Beth arall allech chi fod wedi'i wneud? Beth allech chi ei wneud i atal hyn rhag digwydd eto y tro nesaf? (Mae hwn yn gwestiwn allweddol, ac yn un y mae angen i chi weithredu arno.)
- Edrychwch ar 'ddigwyddiadau cael a chael' neu rai a fu bron â digwydd yn yr un ffordd (lle na wnaethoch chi fynd yn ddig ond buoch o fewn trwch blewyn i wneud). Dyma ffynhonnell wybodaeth ragorol, ac os byddwch yn gweithredu ar eich casgliadau bydd yn llesol iawn i chi.
- Edrychwch ar adegau pan ydych chi wedi bod yn falch eich bod wedi llwyddo i aros yn ddigynnwrf yn wyneb rhywbeth a fyddai fel arfer wedi eich gwneud chi'n ddig. Dadansoddwch hynny er mwyn i chi weld beth wnaethoch chi i lwyddo. Beth bynnag oedd e, gwnewch e eto'r tro nesaf!

Cofiwch drin eich hun gyda thosturi a pharch

Weithiau, pan fyddwn ni'n mynd yn ddig, mae'n sigo'r tosturi a'r parch a deimlwn tuag aton ni'n hunain. Mae hyn yn drueni am ddau reswm: i ddechrau mae'n deimlad annymunol i ni, ac yn ail dydy e ddim yn gweithio'n dda. Felly fel arfer, mae pethau'n gweithio'n well pan fyddwn ni'n tywys ein hunain mewn ffordd gefnogol a thosturiol yn hytrach na beirniadu a dwrdio ein hunain.

Os ydych chi'n cymhwyso hyn i ffrind

Dwi'n gwybod bod llawer o bobl yn prynu'r llyfr hwn er mwyn helpu ffrind agos neu berthynas; mae hynny'n syniad ardderchog, ac mae'n amlwg sut dylech chi ei ddefnyddio – dim ond defnyddio'r adrannau rydych chi'n credu sydd fwyaf perthnasol, neu helpu'r person arall i'w defnyddio. Un awgrym olaf: mae 'dilysu' yn ffasiynol yn y proffesiwn, a hynny'n ddigon teg; ei ystyr mewn perthynas â dicter a thymer flin yw ei bod hi weithiau'n ddefnyddiol i chi gytuno â'r person sy'n ddig yn hytrach na cheisio ei dawelu. Weithiau mae pethau'n mynd o ddrwg i waeth wrth geisio tawelu rhywun. Ac wrth gwrs, mae gen i enghraifft o hyn. Rydyn ni'n byw yn agos at ysgol a dwi'n cael fy nghythruddo gan y ffaith y bydd rhiant yn aml yn parcio car ar draws ein dreif ni. Does dim ots gan fy ngwraig, ond yn hytrach na 'nhawelu i, mae hynny'n fy nghythruddo fwy fyth. Yr hyn dwi wir am iddi ei ddweud yw, 'Ydy, mae e wir yn niwsans, on'd yw e, mae pobl mor anystyriol o bobl eraill. Dwi'n teimlo fel mynd allan a rhoi pryd o dafod iddo.' Pe bai hi'n dweud hyn, mae'n siŵr y byddwn i'n gwneud fy ngorau i'w thawelu a'i chysuro hi, a byddai popeth yn iawn!

Pob lwc!

Gobeithio eich bod wedi mwynhau darllen y llyfr hwn, ac yn fwy perthnasol, gobeithio ei fod wedi bod yn ddefnyddiol i chi. Dwi wir wedi mwynhau ei ysgrifennu a dwi'n cyfaddef 'mod i'n hapus gyda'r canlyniad. Dwi'n credu bod yr holl wybodaeth fan hyn sydd ei hangen arnoch chi i ddatrys eich dicter a'ch tymer flin yn llwyddiannus ac yn barhaol.

Efallai, yn wir, eich bod wedi gwneud hynny'n barod, dim ond wrth ddarllen y llyfr am y tro cyntaf. Mae hyn yn fwy tebygol os ydych chi wedi dewis y prosiectau ar eich cyfer eich hun yn ofalus ac wedi eu gwneud yn drylwyr.

Gair o rybudd ac anogaeth, fodd bynnag. Mae'n anodd newid hen arferion, ac efallai y gwelwch chi fod rhaid i chi ailddarllen rhannau o'r llyfr dros fisoedd a hyd yn oed blynyddoedd i gynnal eich llwyddiant. Yn wir, byddwn yn eich annog i wneud hynny, oherwydd po fwyaf o ddarnau o'r jig-so a rowch chi yn eu lle, hawsaf fydd hi i weld darlun clir. Efallai, wrth i chi ddarllen y llyfr am y tro cyntaf, y byddwch yn 'dethol' y darnau mwyaf perthnasol i chi. Wrth ailddarllen efallai y byddwch yn gweithredu darnau eraill sy'n berthnasol, ond nid mor berthnasol â'r lefel gyntaf. Ond mae'n werth gwneud hyn, fodd bynnag, gan ei fod yn gwneud y broses gyfan yn haws ac yn fwy clir. Felly darllenwch eto, sawl gwaith os dymunwch, oherwydd mae'r prosiectau'n rhai da a byddan nhw wir yn datrys pethau i chi os byddwch chi'n eu dilyn.

Ac un sylw cyn cloi: Mae'n debyg eich bod wedi troi at y llyfr hwn am eich bod chi am fod yn ystyriol o'r rhai sydd o'ch cwmpas chi – ac mae hynny i'w ganmol wrth gwrs. Serch hynny, dwi'n gobeithio y byddwch yn gweld ei fod wedi gwneud rhyfeddodau ar gyfer eich mwynhad chi eich hun o fywyd hefyd!

ATODIAD

Dyddiadur 1

Cadwch gofnod o'r adegau pan fyddwch chi'n mynd yn ddig neu'n flin. Llenwch hwn cyn gynted â phosib ar ôl y digwyddiad. Nodwch mor glir â phosib beth sbardunodd eich dicter/tymer flin a sut gwnaethoch chi ymateb.

Sbardun (gan gynnwys diwrnod, dyddiad ac amser)

Ymateb (Beth wnaethoch chi?)

Dyddiadur 1

Llenwch hwn cyn gynted â phosib ar ôl y digwyddiad.

Sbardun (gan gynnwys diwrnod, dyddiad ac amser)

Ymateb (Beth wnaethoch chi?)

Dyddiadur 1

Llenwch hwn cyn gynted â phosib ar ôl y digwyddiad.

Sbardun (gan gynnwys diwrnod, dyddiad ac amser)

Ymateb (Beth wnaethoch chi?)

Dyddiadur 1

Llenwch hwn cyn gynted â phosib ar ôl y digwyddiad.

Sbardun (gan gynnwys diwrnod, dyddiad ac amser)

Ymateb (Beth wnaethoch chi?)

Dyddiadur 1

Llenwch hwn cyn gynted â phosib ar ôl y digwyddiad.

Sbardun (gan gynnwys diwrnod, dyddiad ac amser)

Ymateb (Beth wnaethoch chi?)

Dyddiadur 2

Llenwch hwn cyn gynted â phosib bob tro y byddwch wedi bod yn flin neu'n ddig.

Sbardun: Disgrifiwch yma beth fyddai camera fideo wedi ei weld neu ei glywed. Nodwch y diwrnod a'r dyddiad, ond peidiwch â nodi beth roeddech chi'n ei feddwl na sut gwnaethoch chi ymateb.

_____

_____

_____

_____

Gwerthusiad/Barn: Ysgrifennwch yma yr hyn a aeth drwy eich meddwl, mor glir ag y gallwch ei gofio.

_____

_____

_____

_____

Dicter: Gadewch hwn yn wag am y tro.

_____

_____

_____

_____

Ataliadau: Gadewch hwn yn wag am y tro.

_____

_____

_____

_____

Ymateb: Ysgrifennwch yma beth fyddai camera fideo wedi eich gweld yn ei wneud a'ch clywed yn ei ddweud, mor glir ag y gallwch chi.

_____

_____

_____

_____

Rhagor o werthuso/barn ddefnyddiol: Ym mha ffyrdd eraill allech chi fod wedi gwerthuso'r sefyllfa? Er mwyn penderfynu ar hyn efallai y gallech chi ystyried y canlynol: Pa gamsyniadau ydych chi'n eu gwneud (canfyddiad dethol, darllen meddyliau, meddylfryd popeth neu ddim, iaith emosiynol, gorgyffredinoli)?

_____

_____

_____

_____

Pe bai gennych chi ffrind hollwybodus, holl-ddoeth, sut fyddai wedi gweld y sefyllfa?

Ydy hi'n bosib ailfframio'r sefyllfa? (Mae gwydr sy'n hanner gwag hefyd yn hanner llawn.)

Beth fyddai eich dadansoddiad cost a budd o weld y sefyllfa fel y gwnaethoch chi?

_____

_____

_____

_____

Dyddiadur 2

Llenwch hwn cyn gynted â phosib bob tro y byddwch wedi bod yn flin neu'n ddig.

Sbardun: Disgrifiwch yma beth fyddai camera fideo wedi ei weld neu ei glywed. Nodwch y diwrnod a'r dyddiad, ond peidiwch â nodi beth roeddech chi'n ei feddwl na sut gwnaethoch chi ymateb.

_____

_____

_____

_____

Gwerthusiad/Barn: Ysgrifennwch yma yr hyn a aeth drwy eich meddwl, mor glir ag y gallwch ei gofio.

_____

_____

_____

_____

Dicter: Gadewch hwn yn wag am y tro.

_____

_____

_____

_____

Ataliadau: Gadewch hwn yn wag am y tro.

_____

_____

_____

_____

Ymateb: Ysgrifennwch yma beth fyddai camera fideo wedi eich gweld yn ei wneud a'ch clywed yn ei ddweud, mor glir ag y gallwch chi.

_____

_____

_____

_____

Rhagor o werthuso/barn ddefnyddiol: Ym mha ffyrdd eraill allech chi fod wedi gwerthuso'r sefyllfa? Er mwyn penderfynu ar hyn efallai y gallech chi ystyried y canlynol: Pa gamsyniadau ydych chi'n eu gwneud (canfyddiad dethol, darllen meddyliau, meddylfryd popeth neu ddim, iaith emosiynol, gorgyffredinoli)?

_____

_____

_____

_____

Pe bai gennych chi ffrind hollwybodus, holl-ddoeth, sut fyddai wedi gweld y sefyllfa?

Ydy hi'n bosib ailfframio'r sefyllfa? (Mae gwydr sy'n hanner gwag hefyd yn hanner llawn.)

Beth fyddai eich dadansoddiad cost a budd o weld y sefyllfa fel y gwnaethoch chi?

_____

_____

_____

_____

Dyddiadur 2

Llenwch hwn cyn gynted â phosib bob tro y byddwch wedi bod yn flin neu'n ddig.

Sbardun: Disgrifiwch yma beth fyddai camera fideo wedi ei weld neu ei glywed. Nodwch y diwrnod a'r dyddiad, ond peidiwch â nodi beth roeddech chi'n ei feddwl na sut gwnaethoch chi ymateb.

_____

_____

_____

_____

Gwerthusiad/Barn: Ysgrifennwch yma yr hyn a aeth drwy eich meddwl, mor glir ag y gallwch ei gofio.

_____

_____

_____

_____

Dicter: Gadewch hwn yn wag am y tro.

_____

_____

_____

_____

Ataliadau: Gadewch hwn yn wag am y tro.

_____

_____

_____

_____

Ymateb: Ysgrifennwch yma beth fyddai camera fideo wedi eich gweld yn ei wneud a'ch clywed yn ei ddweud, mor glir ag y gallwch chi.

_____

_____

_____

_____

Rhagor o werthuso/barn ddefnyddiol: Ym mha ffyrdd eraill allech chi fod wedi gwerthuso'r sefyllfa? Er mwyn penderfynu ar hyn efallai y gallech chi ystyried y canlynol: Pa gamsyniadau ydych chi'n eu gwneud (canfyddiad dethol, darllen meddyliau, meddylfryd popeth neu ddim, iaith emosiynol, gorgyffredinoli)?

_____

_____

_____

_____

Pe bai gennych chi ffrind hollwybodus, holl-ddoeth, sut fyddai wedi gweld y sefyllfa?

Ydy hi'n bosib ailfframio'r sefyllfa? (Mae gwydr sy'n hanner gwag hefyd yn hanner llawn.)

Beth fyddai eich dadansoddiad cost a budd o weld y sefyllfa fel y gwnaethoch chi?

_____

_____

_____

_____

Rhestr o bethau y gallech chi eu gwneud

Gwneud y peth iawn ar yr adeg iawn yw un o'r cyfrinachau mawr wrth drechu tymer flin. Mae rhai'n dda am wybod beth maen nhw eisiau ei wneud, ond mae'r rhan fwyaf ohonom yn elwa'n fawr o gael 'dewislen'. Dyma ddewislen i chi, wedi ei rhannu'n benawdau yn union fel y byddai bwydlen go iawn. Mae'n eithaf cynhwysfawr, ond efallai y byddwch am ychwanegu pethau ati, croesi rhai allan, ac 'addasu' eraill i'ch siwtio chi.

Adloniant

- Gwyliwch ffilm ar y teledu.
- Gwyliwch raglen ddogfen ar y teledu.
- Gwyliwch 'sioe' ar y teledu.
- Gwyliwch gomedi.
- Gwrandewch ar rywbeth addysgiadol ar y radio.
- Gwrandewch ar rywbeth ysgafn ar y radio.
- Gwrandewch ar gerddoriaeth.
- Dewiswch DVD i'w wylio.
- Ewch i'r sinema.
- Ewch i'r theatr.
- Ewch i glwb.
- Ewch i ddigwyddiad chwaraeon.
- Syrffiwch y we.
- Ewch ar Facebook.
- Ewch ar Twitter.
- Gwyliwch rywbeth ar YouTube.
- Darllenwch lyfr/Kindle.
- Darllenwch gylchgrawn.
- Darllenwch bapur newydd.

- Chwaraewch gêm (cardiau, dartiau, gemau bwrdd).
- Gwnewch hobi.
- Gwnewch ychydig o beintio.
- Gwnewch ychydig o waith llaw.
- Paratowch bryd o fwyd blasus.

Ymarfer corff a gweithgareddau corfforol

- Ewch am dro.
- Gwnewch ymarferion ymestyn.
- Ewch i redeg.
- Ewch i'r gampfa.
- Chwaraewch bêl-droed/pêl-fasged/pêl-fas.
- Rhwyfwch, go iawn neu ar beiriant.
- Ewch i gael rhyw.
- Gwnewch ychydig o arddio.
- Golchwch y car.
- Ewch i gysgu am ychydig.
- Ewch i ymarfer dawnsio.

Gwnewch rywbeth i bobl eraill

- Helpwch rywun i arddio.
- Helpwch rywun i addurno'r tŷ.
- Gwnewch ychydig o siopa i rywun sydd ei angen.
- Ewch i weld rhywun sydd mewn trafferth neu'n unig.
- Gwnewch waith elusennol.
- Cysylltwch â rhywun.
- Ffoniwch ffrind.
- Ffoniwch berthynas.

- Ffoniwch gyd-weithiwr neu hen gyd-weithiwr.
- Ffoniwch gymydog.
- Ewch i weld unrhyw un o'r uchod.
- Tecstiwch neu e-bostiwch unrhyw un o'r uchod.
- Ysgrifennwch lythyr at unrhyw un o'r uchod.
- Prynwch anrheg i rywun arall.

Gweithgareddau ymlaciol

- Ewch i orwedd yn y bath.
- Ymlaciwch yn fwriadol – gwnewch ymarfer ymlacio.
- Ewch i ymarfer canu.
- Canwch y piano neu offeryn cerdd arall.
- Bwytewch bryd o fwyd iach.
- Cerddwch o gwmpas y dref.
- Ewch am dro yn y wlad.
- Ysgrifennwch eich dyddiadur.

Gweithgareddau meddyliol

- Cynlluniwch eich gyrfa neu'ch dyfodol.
- Synfyfyriwch ar eich gyrfa neu'ch dyfodol.
- Synfyfyriwch am bethau da o'r gorffennol.
- Meddyliwch am ryw.
- Cynlluniwch yfory.
- Meddyliwch am rywbeth rydych chi'n edrych ymlaen ato.
- Gwnewch groesair neu Sudoku.
- Astudiwch.
- Gwyliwch raglen addysgiadol.
- Darllenwch bapur newydd.

Gwaith tŷ

(Noder: mae'r rhain yn gallu bod yn bethau i'w mwynhau, o'u gwneud ar yr adegau iawn!)

- Gwnewch ychydig o dacluso.
- Gwnewch ychydig o lanhau.
- Ewch ati i waredu hen bethau diangen.
- Trwsiwch rywbeth.
- Rhowch drefn ar bethau ariannol.
- Gwnewch ychydig o waith.

Amrywiol

- Prynwch rywbeth o siop.
- Prynwch rywbeth ar y we.
- Symudwch ddodrefn.
- Ewch am reid yn y car, ar y beic, neu ar feic modur.

Adnoddau defnyddiol

ACT

Harris, R., *ACT Made Simple,* New Harbinger, 2009.

Hayes, S., Strosahl, K.D., a Wilson, K.G., *Acceptance and Commitment Therapy,* Guilford Press, 1999.

Dicter ac ymosodedd yn y gwaith

Davies, W. a Frude, N., *Preventing Face-to-face Violence: Dealing with Anger and Aggression at Work,* The APT Press, 1999.

Iselder

Burns, D., *The Feeling Good Handbook,* Penguin, 1999.

Gilbert, P., *Overcoming Depression,* Robinson, 2009.

Gilbert, P., *Compassion Focused Therapy,* Taylor and Francis, 2010.

Deiet

Davis, C.M., 'Results of the self-selection of diets by young children', CMAJ (1939), 257–61 (ar gael ar-lein).

Ymwybyddiaeth ofalgar

Zabat-Zin, J., *Mindfulness for Beginners: Reclaiming the Present Moment and Your Life,* Sounds True, 2012.

Hwyliau

Scott, J., *Overcoming Mood Swings,* Robinson, 2010.

Perthnasoedd

Crowe, M., *Overcoming Relationship Problems,* Robinson, 2005.

Cwsg

Espie, C.A., *Overcoming Insomnia and Sleep Problems,* Robinson, 2006.

Straen

Brosan, L. a Todd, G., *Overcoming Stress,* Robinson, 2009.

McGonigal, K., *The Upside of Stress,* Avery, 2015.

Mynegai